拉萨纳金大桥施工技术

彭正勇　吴云　等　编著
刘元泉　主审

人民交通出版社
China Communications Press

内 容 提 要

本书分设计与探讨、试验与应用、施工技术与监控三篇，对拉萨市第一大桥——纳金大桥施工技术进行总结，涵盖从设计到主桥合龙的一系列新技术、新工艺，并收录了相关课题研究成果，包括工法、专利、方案以及合理化建议等，对每项技术工艺的技术要点进行了详细的描述、分析和总结，对西藏高原地区公路桥梁建设有一定的指导意义。

本书可供从事桥梁施工、科研、教学人员参考使用。

本书配有拉萨纳金大桥施工动画视频，请扫封底二维码下载。

图书在版编目(CIP)数据

拉萨纳金大桥施工技术/彭正勇等编著. —北京：人民交通出版社，2013.7

ISBN 978-7-114-10765-8

Ⅰ.①拉… Ⅱ.①彭… Ⅲ.①公路桥-斜拉桥-桥梁施工-工程技术-拉萨市 Ⅳ.①U448.14

中国版本图书馆CIP数据核字(2013)第151229号

Lasa Najin Daqiao Shigong Jishu

书　　名：拉萨纳金大桥施工技术
著 作 者：彭正勇　吴云　等
责任编辑：刘倩　王文华
出版发行：人民交通出版社
地　　址：(100011)北京市朝阳区安定门外外馆斜街3号
网　　址：http://www.ccpress.com.cn
销售电话：(010)59757973
总 经 销：人民交通出版社发行部
经　　销：各地新华书店
印　　刷：北京市密东印刷有限公司
开　　本：787×1092　1/16
印　　张：13.75
字　　数：320千
版　　次：2013年7月　第1版
印　　次：2013年7月　第1次印刷
书　　号：ISBN 978-7-114-10765-8
定　　价：78.00元

本书编写委员会及编写单位

主　　编：彭正勇　吴　云

副 主 编：赵成升　周桃玉　刘　阳　鞠加元　李　响

参编人员：刘英俊　杨　军　沈东平　邓巧林　张具文

张千旺　陈金顺　高红军　戴继涛　颜小强

山　桐　宋顺兵　齐　浩　杨　华　杜元林

（排名不分先后）

审　　核：周　兵　田克平　曹玉新　朱金坤

主　　审：刘元泉

编写单位：

中交一公局第二工程有限公司

拉萨市住房和城乡建设局

江苏省交通规划设计院股份有限公司

四川天接工程咨询监理有限公司

上海同济建设工程质量检测站

柳州欧维姆机械股份有限公司

前　言

拉萨纳金大桥是西藏自治区“十一五”重点建设项目，也是规划的“拉萨市第一大桥”，工程投资规模大，施工工艺复杂，施工技术要求高。

为了进一步总结和提炼在高原高海拔地区大型结构工程施工经验、提高科技含量、拓宽中交一公局知识产权领域、打造核心竞争力，并为以后在西藏地区大型桥梁施工提供借鉴和指导，根据纳金大桥施工技术经验总结和部分成果，编著《拉萨纳金大桥施工技术》一书。

全书分“设计与探讨、试验与应用、施工技术与监控”三方面内容对拉萨纳金大桥施工技术进行总结，涵盖自桥梁设计到主桥顺利合龙的一系列新技术、新工艺，并收录了相关课题研究成果，包括工法、发明专利、优秀方案以及合理化建议等，对每项技术工艺措施关键之处进行了详细的分析、研究和总结。本书对西藏高原地区公路桥梁建设有一定的指导意义。

本书各部分编著分工：第一篇由彭正勇、吴云编著；第二篇由吴云、李响、张千旺编著；第三篇由赵成升、吴云、李响、刘阳、宋顺兵、邓巧林、杨军等编著。

本书经中交第一公路工程局有限公司相关专家审阅，并得到多位专家的指导，全书由中交第一公路工程局有限公司总工程师刘元泉先生主审，在此一并表示感谢！

由于作者学识浅薄，水平有限，加之时间仓促，书中可能存在需要商讨和完善甚至错误的地方，恳请读者给予批评指正。

编者

2013.5

目　录

绪　论

西藏自治区拉萨市纳金大桥是西藏自治区“十一五”重点建设项目，也是规划的“拉萨市第一大桥”。大桥位于拉萨市的东郊，沟通拉萨河两岸，是城市向东发展并连接新规划的百淀区的重要纽带，也是市规划的拉萨市东北绕城公路的组成部分。该桥将国道318线和北绕城公路连接，一起形成了拉萨市环城公路，优化了拉萨市对外交通的总体格局，形成一个城市外围的快速通道，对现有的过境交通和城市交通有效地分流，缩短了过境交通的绕行里程，缓解了市区过境交通压力。

拉萨纳金大桥全长1.28km，道路设计等级为：城市主干道Ⅰ级，双向六车道，设计车速60km/h，桥梁设计荷载采用公路—Ⅰ级，抗震设防类别为B类，桥梁抗震设防措施等级为9级。主桥为三塔四跨单索面预应力混凝土斜拉桥，塔梁固结、墩塔分离，在墩顶设置支座，桥跨结构为70m+117m+117m+70m，总长374.64m，主塔为横向单塔，塔高23.70m。索塔采用C50混凝土实心断面，顺桥向宽度为3.243～5.50m，横桥向宽度为2.5m。拉索在塔上采用扇形布置，每个索塔共锚固7对拉索，拉索与塔柱中心交点间距按1m的等距布置。边中跨的索对称于主塔布置。塔上拉索采用鞍座形式通过，每根索对应1个鞍座，鞍座的设计考虑换索的需要。在塔两侧拉索出口处设置锚固装置，克服运营阶段索的不平衡拉力。

斜拉索参照OVM250AT系列矮塔斜拉索体系设计，采用OVM250AT－43、OVM250AT－37两种型号，该拉索分别由43根、37根7ϕ5的钢绞线组成。OVM250AT－43拉索由锚固段、过渡段、自由段、抗滑锚固段和塔柱内索鞍段构成。鞍座采用分丝管，索鞍分散、均匀传递荷载作用。索体采用$\phi^{S}15.2$环氧树脂涂层预应力钢绞线，具有多层防护结构。在拉索和梁段、塔端的连接处采用全防水结构装置。斜拉索从塔上鞍座中连续穿过，两端锚固在梁体内，所有索鞍半径均为2.5m，为目前已建工程中采用的最小半径值。施工时，在梁内对称一次性张拉到位。

主梁箱梁主体结构采用C50混凝土，采用单箱五室断面，桥宽为33m。箱梁高度从跨中无索区2.5m至距主墩中心2m处按圆弧线变化为4.0m，主桥箱梁采用纵、横、竖向预应力体系。主桥连续箱梁各单“T”箱梁除0号块采用在支架上现浇外，其余分11个梁段，采用对称平衡悬臂逐段浇筑法施工。

拉萨纳金大桥在设计上采用了大量的新技术，如斜拉索采用目前先进的预应力拉索体系，主塔采用最小半径2.5m的抗滑索鞍，主墩采用6 000t大型减震支座。

在施工过程中，技术组通过开展技术攻关活动，先后重点开发应用了三项关键性施工技术，这三项技术在整个西藏高原地区公路桥梁建设中均属首次应用，并取得了较好的经济效益和社会效益。

1. 拉萨河卵石地层钻孔灌注桩旋挖钻成孔施工技术

拉萨河汛期5月底6月初来临，主河道洪水比降2.6‰，水流湍急。大桥主墩设在开阔的河床中，主墩设17根桩基，承台顶设在常水位以下。下部结构桩基施工的成功之处是采用旋挖机成孔，为在拉萨河汛期前完成主墩施工计划提供了有力保障，同时也为拉萨纳金大桥后期顺利建设打下了坚实的基础。该施工技术的应用创下了在海拔最高地区、卵石层厚度最深地质、拉萨地区直径最大、同类桩成桩最快等新纪录，同时开创了在拉萨河卵石地层中成功地采用旋挖钻成孔的先河。

旋挖法成孔成功之处在于优质泥浆的发明和应用。普通黏土和纤维素配制的泥浆性能差，黏度小、含沙量大，因在松散和小颗粒地层中高速钻进，不易很快在孔壁形成致密泥皮，而难以保证槽孔稳定；浆液本身浓度高、相对密度大、摩阻力高，净化和泵送困难，钻孔困难。采用旋挖钻机成孔，由于钻进速度的提高，钻具运动排渣方式的变化，加之拉萨河地质的特殊性，对泥浆的固壁、悬浮、输送等功能提出了更高的要求，因此需要配制一种旋挖桩用施工泥浆，尤其要适合全卵石层、漂石层、地下水活动旺盛等地质地层旋挖钻施工。

旋挖桩用施工泥浆的发明是从传统的固相泥浆到新型的低固相泥浆研究发展过程的重要环节，是工程用泥浆结构稳定理论和流体力学理论知识的丰富和完善，其在卵石、漂石地质地层旋挖桩成孔法施工中的应用具有典型性、普遍性和适用性，同时也拓宽了旋挖钻施工领域和范围，对传统循环钻、冲击钻桩基成孔施工是一次巨大的变革。

2. 青藏高原地区高性能混凝土施工技术

拉萨纳金大桥桥位区属高原温带半干旱大陆性气候，具有高原干湿季节气候分明的大陆性气候特点。全年多晴朗天气，降雨稀少，常年气温偏低，日温差大，日照充分，风力较大，季节性冻土冻深小于50cm。桥位区地下水水质和土样分析资料表明场地地下水化学类型为 HCO_3-Ca 型水，对混凝土具微腐蚀性，对钢结构具弱腐蚀性，粉土及卵石对混凝土结构具微腐蚀性。

为确保混凝土结构的耐久性，保证结构有足够的使用寿命，纳金大桥从设计到施工整个建造过程中，都针对耐久性基本要求采取有效措施，可对西藏地区同类型桥梁混凝土结构抗冻技术、防腐蚀性、温度控制等耐久性研究提供理论依据和实践参考。其措施包括：①耐久性基本措施，如采用环氧涂层钢绞线斜拉索体系、钢筋阻锈剂、高性能混凝土、设计合理的钢筋保护层等。②耐久性附加措施，如采用外加电流阴极保护、渗透性控制模板、混凝土养护膜、混凝土表面防腐涂料。其中，混凝土表面防腐涂料耐久性附加措施具有经济、有效、施工便捷的优点，是目前得到广泛应用的混凝土结构防腐措施。混凝土表面防腐涂料的特点是能有效隔绝氯离子、酸性气体等有害物质在混凝土内的渗透与扩散，尤其适用于以干燥、紫外线强为特征的高原环境下混凝土的保护，是针对高原环境混凝土结构的表面防护技术之一。

体积较大的混凝土浇筑后，水泥在水化过程中产生大量水化热，使混凝土温度上升，由于混凝土表面散热快，内部散热慢，形成混凝土中心温度高，表面温度低，使混凝土内部产生压应力，表面产生拉应力，这种由于温度的升降变化而引起的应力就称为温度应力。混凝土结构温度应力变化规律与其他结构相比有一定的差别，产生这些差别的主要原因有两个方面：一是混凝土的弹性模量随着龄期的变化而变化，二是混凝土徐变的影响。工程实际中，混凝土的温度应力又受结构形式、气候条件、施工工艺、材料特性以及使用条件等多种因素的影响。由于西藏高原地区特殊的地理气候和环境，而目前关于这种特殊高原干燥高温差地区混凝土的研究尚未全面开展，因此，基于拉萨纳金大桥斜拉桥而开展的关于高原干燥高温差地区大跨径混凝土桥梁高性能混凝土技术研究和应用具有重要的理论价值和现实意义。

3. 33m宽幅轻型大断面箱梁整体挂篮施工技术

目前挂篮悬浇箱梁施工中，所用的挂篮多为三角、菱形或者贝雷挂篮，但是普遍存在挂篮自重大、无法自行前移、构件成本高、施工不便等问题。这些问题在一般挂篮施工中产生的弊端不会太影响施工，但是，在大断面箱梁整幅挂篮施工时，却大大影响到现场施工，甚至会影响桥梁自身的受力情况。纳金大桥采用用途广泛的三角桁梁作为挂篮主梁，工厂加工各个部件，现场组装，采用多种组合型钢焊接而成，通过体内预应力增强了梁的刚度，减小了施工挠度，其刚度和强度满足施工要求。此外，整套挂篮成本降低，同时自重下降到梁段重量的26%左右，并在主梁上设置了行走系统，通过行走系统实现主梁自动前移，从而带动整套挂篮自行前移，施工极其方便。

普通挂篮结构一般为三角挂篮或菱形挂篮，结构高度一般在5～8m，挂篮用钢量大、自重大、迎风面积也大。拉萨地区四季多风，最大风速可达25m/s以上，多年平均大于或等于17m/s的大风日数达32.3d；此外，拉萨地区地震场地类别为Ⅱ类。这对挂篮结构稳定性非常不利，因此必须选择横向稳定性好、结构建筑高度低、相对轻型的挂篮结构形式。纳金大桥挂篮结构高度为2.6m，而且横向由6榀三角桁架组成，这对抵御强风和地震非常有利。

按照《公路桥涵施工技术规范》(JTG/T F50—2011)，一般挂篮设计，挂篮与悬浇梁段混凝土的重量比不宜大于0.5，且挂篮的总重量应控制在规定的限重之内。纳金大桥所用挂篮最大重量1 450kN，节段混凝土重量5 475.6kN，挂篮与悬浇梁段混凝土的重量比为0.265，是一种轻型结构挂篮。随着社会和科技的发展，工程中新材料、新设备、新结构和新施工工艺的运用，结构向高(深)、轻、大这三个方向发展，结构形式也由原来的刚性结构转变为柔性结构。所谓柔性结构，形式上表现为宽幅、大跨结构等，几何学上的柔性结构是指其几何非线性因素在分析中影响较大而不可忽略的结构；在数学模型上表现为结构的刚度小，柔性大，几何非线性不能忽略；在计算方法上柔性结构的问题与刚性结构也不相同，需要将结构简化成非线性的柔性结构系统进行计算。

与此同时，为确保技术工作深入开展，拉萨纳金大桥项目特成立了两个课题小组，并申报中交一公局科研课题"高海拔地区矮塔斜拉桥施工技术研究"和"高原干燥高温差地区高性能混凝土技术研究"。结合这两个课题，技术组结合现场施工，不断深化研究，其研究成果直接用于工程施工，取得了明显的效果。为了确保拉萨市纳金大桥全寿命与耐久性，针对拉萨纳金大桥的结构特性、桥区气候地理特征以及地下水和土质的弱腐蚀性等特点，为大桥耐久性措施和防护技术提供了新的研究对象，如：高原干燥高温差地区桥梁工程中的抗冻和防腐措施以及索、塔、梁等的防腐涂层技术，高原干燥高温差地区混凝土抗冻技术指标及材料配比试验研究，高原干燥高温差地区混凝土结构温度应力场分析以及混凝土水化热温度、应力影响因素分析，高原干燥高温差地区大体积混凝土施工温控技术指标及施工工艺与施工监控措施，对高原干燥高温差地区混凝土中钢筋腐蚀量及腐蚀特征时间进行预测，对桥梁结构的耐久性进行评价等也进行专题立项研究和观测。

相关技术研究和应用也及时总结形成成果,从2010年进场到主体工程完工共申报局级课题成果2项,2012年12月,两个课题成功通过局专家组验收;申请局级工法1个,已通过验收,正推荐省部级工法;授权实用新型专利3项、专利发明2项;《拉萨河卵石地层钻孔灌注桩旋挖钻成孔施工技术》获中交第一公路工程局有限公司2011年合理化建议特等奖;在不同技术期刊上发表专业技术论文8篇等。

第1篇 设计与探讨

拉萨纳金大桥锚索索鞍模型设计及受力分析探讨

1 概述

拉萨纳金大桥工程主桥为跨径 70m + 117m + 117m + 70m 的三塔矮塔斜拉桥，如图 1.1 所示，桥宽 33m。该桥按城市主干道 I 级进行设计，设计速度采用 60km/h，设计汽车荷载标准采用公路—I 级。

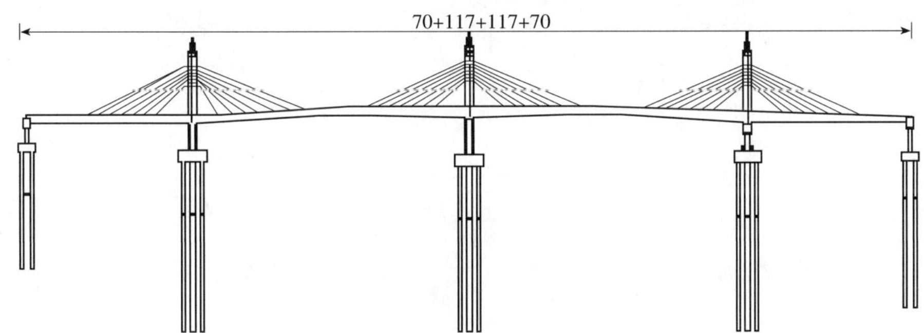

图 1.1 纳金大桥立面布置图(尺寸单位:m)

主桥横向单塔，布置在中分带，索塔顺桥向采用变截面，塔形由两道圆弧相切形成，横桥向为 2.5m 等宽截面。主塔从桥面以上塔高为 17.7m，桥面以上受力部位塔高为 15.7m。索塔采用 C50 混凝土实心断面，顺桥向宽度为 3.243 ~ 5.50m。拉索在塔上采用扇形布置，每个索塔共锚固 7 对拉索，拉索与塔柱中心交点间距按 1m 的等距布置。边中跨的索对称于主塔布置。塔上拉索采用鞍座形式通过，每根索对应 1 个鞍座，鞍座的设计考虑换索的需要，位于塔两侧拉索出口处设置锚固装置，克服运营阶段索的不平衡拉力。

斜拉索参照 OVM250AT 系列矮塔斜拉索体系设计，采用 OVM250AT - 43、OVM250AT - 37 两种型号。该拉索分别由 43 根、37 根 7ϕ5 的钢绞线组成。OVM250AT - 43 拉索由锚固段 + 过渡段 + 自由段 + 抗滑锚固段 + 塔柱内索鞍段构成。鞍座采用分丝管，索鞍分散、均匀传递荷载作用。索体采用 ϕ^S15.2 环氧树脂涂层预应力钢绞线，具有多层防护结构。在拉索和梁段、塔端的连接处采用了全防水结构装置。斜拉索从塔上鞍座中连续穿过，两端锚固在梁体内，所有索鞍半径均为 2.5m，施工时，在梁内对称一次性张拉到位。

由于本桥分丝管鞍座采用圆锥半径 2.5m，目前已建工程中采用的最小半径为 2.8m，为进一步加以研究改进，需要对索鞍受力进行精确分析，对鞍座进行足尺模型试验。

2　试验过程

2.1　鞍座节段模型设计

依据相似理论对主塔鞍座处节段进行模拟，根据几何相似、物理相似以及边界条件相似设计试验模型。

主塔鞍座节段模型采用 1:1 比例设计。模型截面取主塔高 2m，横向宽 2.5m，纵向长 2.326m，斜拉索采用实桥索力最大斜拉索 1 号（43ϕ^S15.2），模型上布置 2 个 2－43ϕ^S15.2 的转向器（鞍座），斜拉索采用环氧涂层钢绞线；模型混凝土强度为 C50 级，钢筋采用 HRB335，按实桥布置。试验模型构造见图 2.1。

主要参数：斜拉索采用 2－43ϕ^S15.2，斜拉角为 19.23°，索鞍圆管弯曲半径为R＝250cm。

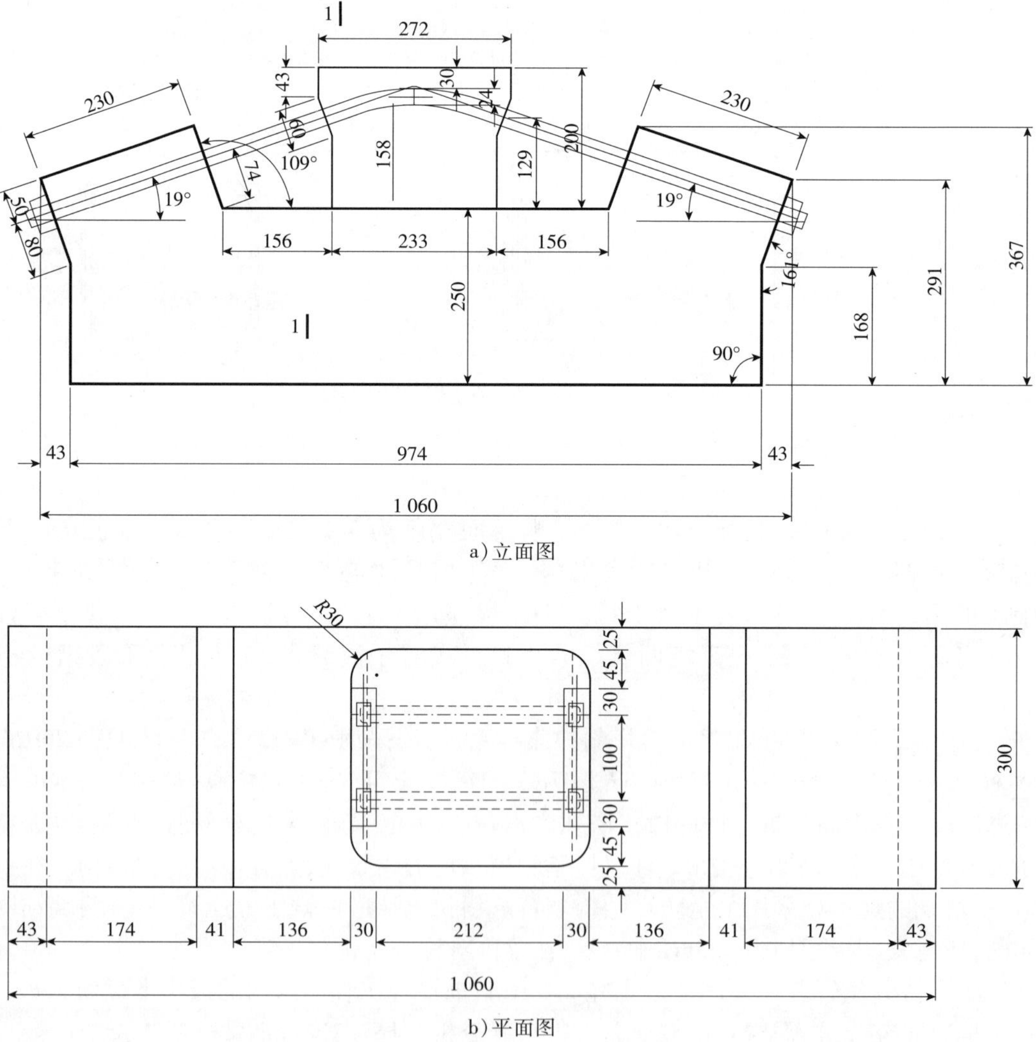

a）立面图

b）平面图

图 2.1　试验模型（尺寸单位：cm）

2.2 加载台座设计

由于实桥斜拉索锚固在主梁上，而模型仅截取主塔高度2m，因此试验需设计专门反力台座，将模型支撑在反力台座上。模型台座采用倒梯形梁，梁高3.67m，纵向长10.6m，宽3m。试验加载采用的千斤顶最大张拉吨位需满足试验荷载要求，安装在台座两侧下部，千斤顶后面安装高精度传感器，试验前在试验机上对传感器进行标定，整个体系可使加载索力值准确可靠，试验过程中索力值稳定性得到很好控制。

2.3 加载台座 ANSYS 分析受力计算结果

根据台座的设计，采用 ANSYS 中的实体单元构造反力台座模型，斜拉索索力采用外力的方式施加到模型及台座上，在台座每个锚垫板上施加压力7 100kN(约设计荷载的1.2倍)，模拟模型内部斜拉索对模型的径向压力。

分析对象主要包括：(1)先对素混凝土台座斜拉索张拉过程进行分析，根据台座应力情况配置预应力钢束及普通钢筋；(2)试验过程包括台座浇筑完成后张拉预应力钢束及张拉斜拉索两个过程，因此需对台座上张拉预应力及张拉斜拉索这两个工况分别进行模拟计算。

(1)工况1：台座上张拉预应力

对台座浇筑完成后张拉预应力过程进行模拟计算，预应力用节点集中力代替。加载台座水平、竖直及主拉应力方向应力如图2.2所示。

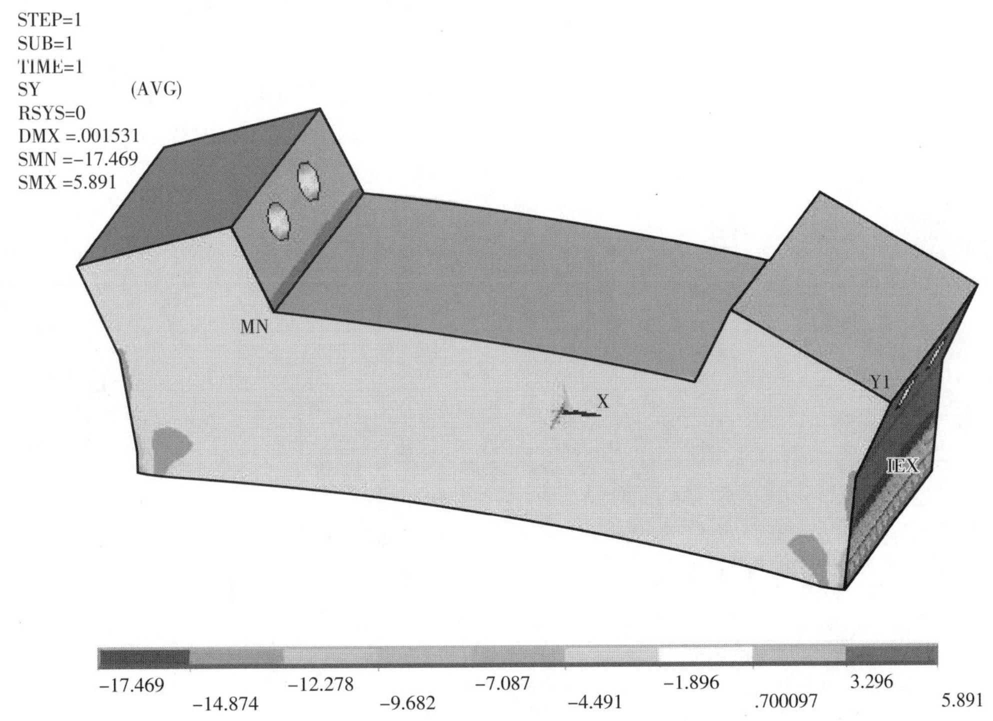

图2.2 加载台座水平、竖直及主拉应力方向应力图

注：单位为MPa，拉应力为正，压应力为负

结果表明,①台座梁顶水平向最大正应力出现在尖角处,值为2.463 6MPa,梁底水平向最小压应力为-5.951 5MPa。②台座竖向最大拉应力分布在侧面,最大值为5.891MPa。③台座梁顶最大主拉应力为3.220 7MPa,出现在尖角应力集中处,多数应力值范围在0.8~1.5MPa;除底部约束处出现的应力之外(最大主拉应力为7.88MPa),主拉应力多小于0.2MPa。

(2)工况2:预应力张拉完成后张拉斜拉索

台座底部预应力张拉完成后,张拉斜拉索并锚固。在这个阶段,加载台座水平、竖直及主拉应力方向应力也可以由图2.2明确显示。

结果表明,①台座梁底水平向最大正应力为1.335MPa。②台座竖向较大正应力分布在锚垫板下方,最大值为11.797MPa。③主拉应力出现在锚垫板下方,应力范围在9~13MPa,锚垫板上方处存在应力集中,最大值为22.63MPa;台座底部的最大主拉应力值为1.335MPa。

2.4　模型加载台座受力简化计算

对台座上张拉预应力和预应力张拉完成后张拉斜拉索这两个工况分别进行模拟计算,验算截面均取1-1截面,如图2.1a)所示。

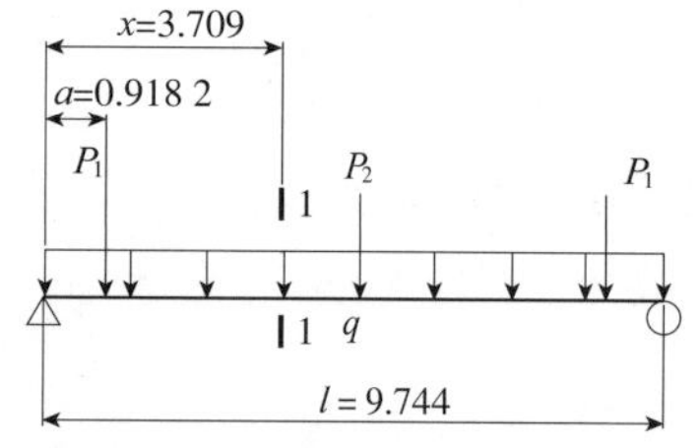

图2.3　工况1台座受力计算简化图示(尺寸单位:m)

(1)工况1:台座上张拉预应力

张拉台座底部预应力钢束时,在台座自重力及预应力共同作用下台座会轻微上拱,可以用简支梁简化计算模型来模拟张拉预应力过程。

台座底部矩形块自重力用均布荷载 q 模拟,塔及斜拉索锚固块混凝土自重力分别用集中力 P_2、P_1 模拟,简支梁跨度取台座长度 $l=9.744$m,如图2.3所示。工况1布置预应力后应力效应值见表2.1。

工况1布置预应力后应力效应值(单位:MPa)　　表2.1

部位	自重引起	预应力引起			合计
		底层	倒数第二层	倒数第三层	
上缘	-0.935 4	0.95	0.59	0.23	0.834 6
下缘	0.935 4	-2.45	-2.09	-1.73	-5.334 6

(2)工况2:预应力张拉完成后张拉斜拉索

台座在斜拉索、自重及预应力共同作用下会轻微翘起。此时,台座受力可简化为一端固定的悬臂梁来计算,如图2.4所示。工况2布置预应力后应力效应值见表2.2。

工况2布置预应力后应力效应值(单位:MPa)　　表2.2

部位	拉索引起	自重引起	预应力引起			合计
			底层	倒数第二层	倒数第三层	
上缘	-13.015	0.571 3	0.95	0.59	0.23	-10.673 7
下缘	9.389	-0.571 3	-2.45	-2.09	-1.73	2.547 7

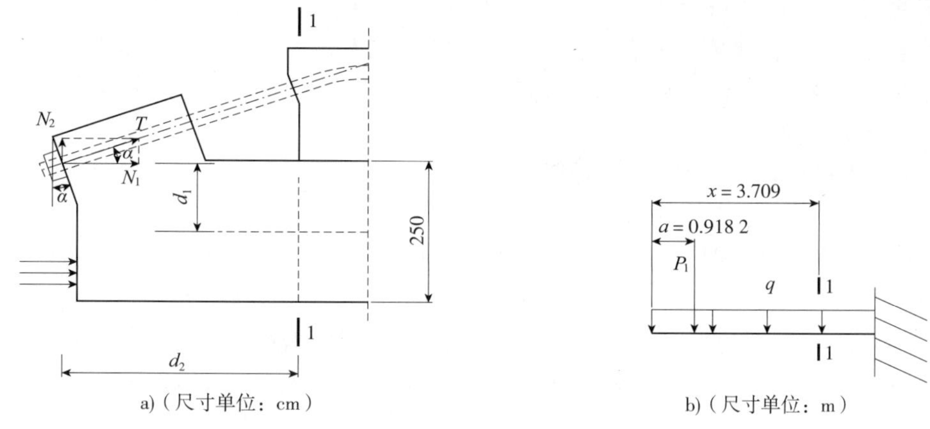

图 2.4　工况 2 台座受力计算简化图示

3　结论

（1）依据相似理论对主塔鞍座处节段设计试验模型，根据节段模型设计了加载台座。先通过 ANSYS 模型对加载台座进行力学分析，再结合手算为台座进行纵向预应力设计，最后决定在台座梁底部沿纵向增加 3 层共 42 根 $\phi32$ 预应力粗钢筋，以抵抗试验模型斜拉索张拉时台座梁底部可能出现的拉应力。

（2）建立 ANSYS 实体模型进行力学计算，通过应力云图考察某个管道拉索竖向分力对相邻管道横向应力的影响以及某一节段受到上部传来的最大竖向力的影响，由于相邻管道间的影响较小，故试验时可以选取单个节段考察横向劈裂应力。

（3）纳金大桥桥塔鞍座单根斜拉索最大加载值为设计荷载 5 930kN 时，对每级荷载下各点应变进行分析比较，荷载增量与应变变化基本呈线性关系，表明结构在设计荷载下各点处于线弹性工作范围；在 1.2 倍的设计荷载下，鞍座主塔混凝土表面没有出现裂纹。

（4）在单根斜拉索最大加载值为 7 100kN 时，最大竖向压应力叠加增量后约为 4.8MPa，最大横向劈裂应力叠加增量后约为 1.5MPa，分别小于混凝土的极限抗压强度和极限抗拉强度，说明鞍座下索塔内部混凝土拉应力均满足设计和规范要求。大部分应变片读数均没有出现突出或者异常变化的情况，表明在 1.2 倍设计荷载下，主塔受力是安全可靠的。

4　探讨

（1）预应力钢筋布置：对于在斜拉索锚下的较大拉应力，需要配置锚下抗裂钢筋，预防混凝土开裂。建议通过计算，在梁底部沿纵向增加 3 层共 42 根 $\phi32$ 预应力粗钢筋，每根张拉 400kN 预应力，以抵抗斜拉索张拉时梁底部可能出现的拉应力。预应力锚固端头布置见图 4.1。

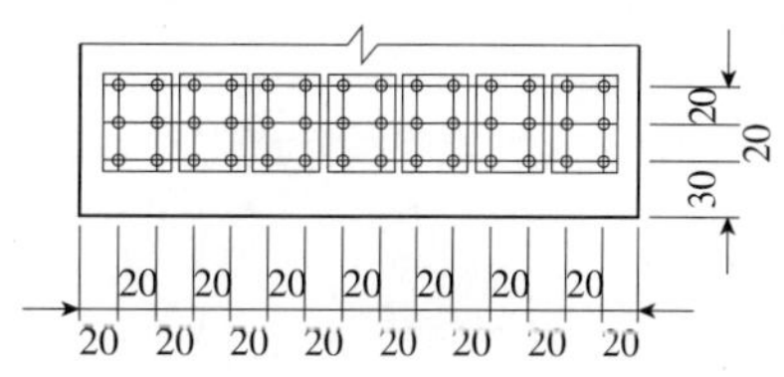

图 4.1　预应力锚固端头布置图（尺寸单位：cm）

（2）钢筋布置：钢筋外侧竖向主筋采用 $\phi32$，内侧竖

向主筋采用 $\phi25$，间距 10cm；箍筋及拉筋采用 $\phi16$，竖向间距 20cm。

(3)虽然该模型试验满足设计要求，但此结果在很大程度上反映模型试验本身特点，现场实桥施工时仍然要引起高度重视。如应严格控制转向鞍的加工精度，条件允许情况下可加设劲性骨架来保证施工中转向鞍的精确定位。

(4)主塔钢筋较密，应保证施工时混凝土浇筑的密实性。在鞍座以内部分钢绞线要保证 PE 管完好，且 PE 管外严禁油污污染。

(5)在进入主梁施工时，一定要保证两侧对称同步施工，尤其要控制施工临时荷载，不可随意堆放。

(6)实桥钢绞线比模型钢绞线要长得多，当钢绞线穿索困难时，严禁在其上面涂抹黄油等可能降低拉索与分丝管摩阻的润滑物。抗滑锚内钢绞线在剥去 PE 管后，一定要将表面油污清洗干净。

(7)从试验情况分析主塔混凝土受力是安全可靠的，但毕竟索鞍半径较小，受力复杂，拉萨地区制造混凝土的原材料质量上或级配上存在很大的不稳定性，加之拉萨高海拔地区气候独特，昼夜温差大、日照时间长、地震频率高，因此建议主塔采用特殊配合比的高性能混凝土。

(8)从设计拉索体系分析，对材料的抗疲劳、抗氧化、抗日照性能已经充分给以考虑，但可以想象，混凝土性能设计如果达不到理想的效果对拉索同样是一种缺陷。

拉萨纳金大桥锚索索鞍抗滑抗摩阻设计过程分析与总结

1 概述

主桥横向单塔，布置在中分带，索塔顺桥向采用变截面，塔形由两道圆弧相切形成，横桥向为2.5m等宽截面。主塔从桥面以上塔高为17.7m，桥面以上受力部位塔高为15.7m，为跨径的1/7.5。索塔采用C50混凝土实心断面，顺桥向宽度为3.243～5.50m；横桥向宽度为2.5m，顺桥向为半径1.25m圆弧倒面。拉索在塔上采用扇形布置，每个索塔共锚固7对拉索，拉索与塔柱中心交点间距按1m的等距布置。边中跨的索对称于主塔布置。塔上拉索采用鞍座形式通过，每根索对应1个鞍座，位于塔两侧拉索出口处设置锚固装置。

斜拉索采用OVM250AT－43、OVM250AT－37两种型号，分别由43根、37根7ϕ5的钢绞线组成。OVM250AT－43拉索由锚固段＋过渡段＋自由段＋抗滑锚固段＋塔柱内索鞍段构成。鞍座采用分丝管，索鞍分散、均匀传递荷载作用。索体采用ϕ^{s}15.2环氧树脂涂层预应力钢绞线，具有多层防护结构。斜拉索从塔上鞍座中连续穿过，两端锚固在梁体内，所有索鞍半径均为2.5m，施工时，在梁内对称一次性张拉到位。

目前国内的矮塔斜拉桥索塔上一般采用索鞍贯通，由于结构原因，在施工和运营时，索塔两侧拉索不可避免地产生受力不平衡，因此对索鞍段两侧的拉索要限制其滑移，即必须有抗滑锚固装置。抗滑锚固装置有机械抗滑和环氧握裹式抗滑。机械式抗滑，必须夹持钢绞线，虽然夹持力比较小，但对施工要求高，如果施工中夹持力控制不好，就会影响拉索的疲劳性能，且结构复杂，成本较高。环氧握裹式抗滑锚固装置采用高强环氧砂浆握裹钢绞线，拉索的各根钢绞线在抗滑锚固装置内是均匀分散的，各根钢绞线的表面均与环氧砂浆接触，各根钢绞线受到的握裹力均匀，使拉索的抗疲劳性能得到极大地改善，且施工操作方便、成本较低。纳金大桥采用环氧握裹式抗滑锚固装置，拉索抗滑移试验是本桥桥塔索鞍节段模型试验的一个重要内容。试验安装现场图见图1.1。

图1.1 试验安装现场图

2　试验过程简述

2.1　试验要解决的问题

按照抗滑试验方案要求，对环氧握裹式抗滑锚固装置进行测试，检验矮塔斜拉桥拉索桥塔锚固构造的静载抗滑移力学性能，具体包括：

(1)锚固装置的抗滑力测试，即锚固装置内的环氧砂浆对拉索的握裹力的大小是否满足 1 000kN 抗滑力(设计抗滑力为 300kN，3.3 倍安全系数)；

(2)检测锚固装置在拉索单侧施加拉力作用下的滑移情况，是否满足理论的设计要求。

2.2　试验装置基本参数

试验装置基本参数的确定根据以下三个原则进行：

(1)斜拉索采用钢绞线型拉索，规格为 15－37 和 15－43，试验采用 15－43 规格的拉索；

(2)试验主要是检测锚固装置的抗滑移性能，在足尺模型的塔上按照实桥进行安装锚固；

(3)试验荷载必须承受实际所需要最大荷载的 3 倍以上。

根据以上原则，综合考虑各方面因素，最终确定试验装置的具体结构参数。

试验材料、主要设备如下：

(1)锚固装置 2 套；

(2)桥塔索鞍节段模型混凝土台座 1 个；

(3)撑脚 2 个；

(4)YCW900A 千斤顶 2 台；

(5)百分表 2 个；

(6)油泵 2 台；

(7)环氧砂浆，其他专用工具。

2.3　锚固装置制作

整个试验关键构件之一是锚固装置，抗滑锚固装置按实际工程设计制作，如图 2.1 所示。

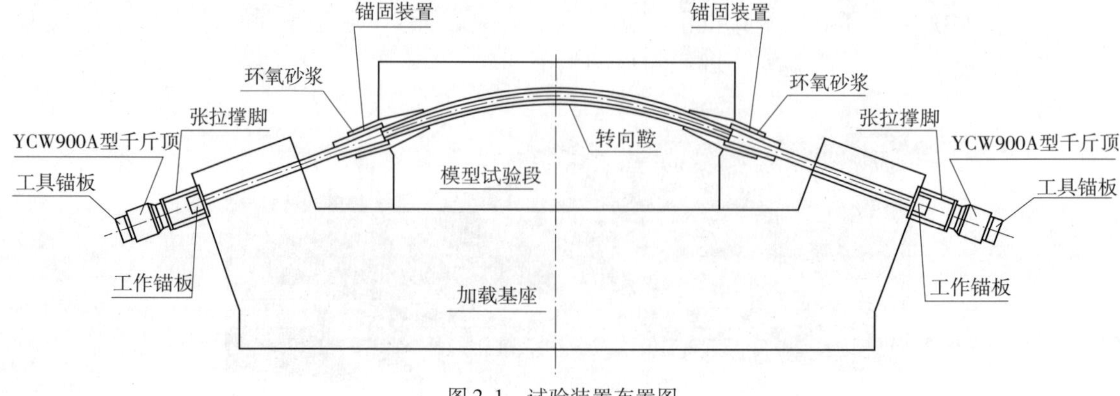

图 2.1　试验装置布置图

由于该试验装置锚固抗滑移力要求达到1 000kN(设计抗滑移力300kN的3倍多),因此试验装置所提供的反力至少是张拉力的2倍以上,必须保证试验装置具有足够的强度和刚度。试验用的撑脚的承载力超过6 500kN。

2.4 试验方案

(1)将试验所需的设备以及工具安装调试完毕。

(2)采用两台千斤顶及油泵在试验台座两侧同时张拉同一根斜拉索,张拉力均为设计荷载5 930kN,将锚具锚固。

(3)在鞍座两侧的抗滑锚固筒上灌注环氧砂浆,环氧砂浆养护期为7~10d,保证达到标准强度。

(4)在两端锚固装置尾端分别安装百分表,测量钢绞线在锚固装置区域内的位移情况。锚固装置实物图见图2.2。钢绞线穿过锚固筒照片见图2.3。

图2.2 锚固装置实物图

图2.3 钢绞线穿过锚固筒照片

(5)先加载A端,A端千斤顶张拉到设计荷载(5 930kN),B端保持固定,不平衡力由100kN、300kN、400kN、600kN、700kN、1 000kN逐级加载,并用百分表监测两侧钢绞线位移,并记录每级百分表的数据。千斤顶卸载到设计荷载(5 930kN),观察百分表是否复位。

(6)B端千斤顶张拉,张拉方法同上,由100kN、300kN、400kN、600kN、700kN、1 000kN逐级加载,并记录每级百分表的数据。千斤顶卸载到设计荷载(5 930kN),观察百分表是否复位。

3 试验过程及测试结果

3.1 拉索张拉到设计荷载

将油泵调试准备好后,两台千斤顶及油泵在试验台座两侧同时张拉同一根斜拉索,张拉力达到设计荷载5 930kN,调整螺母位置,放张后将锚具自动锚固。A端调整螺母锚固过程如图3.1所示。

图3.1 A端调整螺母锚固过程

3.2　锚固区域环氧砂浆灌注

环氧砂浆的灌注是整个试验最重要的一个环节。环氧砂浆各个组分严格满足配比要求,并搅拌均匀(图3.2),然后及时灌注到锚固装置内,保证环氧砂浆在锚固装置内的完好流动性和密实性。灌注好的环氧砂浆必须有7～10d的凝固养护期,要求7d抗压强度≥70MPa,而实际7d抗压强度达到70～75MPa。

3.3　百分表安装

为了测试钢绞线与锚固装置之间的相对轴向位移,在两端锚固装置出口自由段钢绞线处,特制一夹具夹持钢绞线,将百分表固定在锚固筒上(图3.3),百分表的指针顶在夹具上。一边各安装1个百分表,共2个百分表。

图3.2　搅拌环氧砂浆

图3.3　百分表安装图示

3.4　锚固装置加载情况

为得到较可靠的试验结果,确定试验按三次进行加载,如表3.1和表3.2所示。

A端模拟施加抗滑力时两端钢绞线位移量　　表3.1

次序／位移量／加载量	第一次		第二次		第三次	
A端逐级加载(kN)	A端百分表读数(mm)	B端百分表读数(mm)	A端百分表读数(mm)	B端百分表读数(mm)	A端百分表读数(mm)	B端百分表读数(mm)
5 930	0	0	0	0	0	0
5 930 +100	0.011	0	0.010	0	0.008	0
5 930 +300	0.030	0	0.027	0	0.028	0
5 930 +400	0.045	0	0.040	0	0.042	0
5 930 +600	0.065	0	0.060	0	0.063	0
5 930 +700	0.078	0	0.075	0	0.072	0

续上表

次序 位移量 加载量	第一次		第二次		第三次	
A 端逐级加载（kN）	A 端百分表读数（mm）	B 端百分表读数（mm）	A 端百分表读数（mm）	B 端百分表读数（mm）	A 端百分表读数（mm）	B 端百分表读数（mm）
5 930 +1 000	0. 110	0	0. 100	0	0. 095	0
卸载至设计力（5 930）	0. 012	0	0. 010	0	0. 008	0

B 端模拟施加抗滑力时两端钢绞线位移量 表 3. 2

次序 位移量 加载量	第一次		第二次		第三次	
B 端逐级加载（kN）	A 端百分表读数（mm）	B 端百分表读数（mm）	A 端百分表读数（mm）	B 端百分表读数（mm）	A 端百分表读数（mm）	B 端百分表读数（mm）
5 930	0	0	0	0	0	0
5 930 +100	0	0. 007	0	0. 006	0	0. 005
5 930 +300	0	0. 030	0	0. 028	0	0. 025
5 930 +400	0	0. 040	0	0. 038	0	0. 035
5 930 +600	0	0. 065	0	0. 060	0	0. 062
5 930 +700	0	0. 072	0	0. 070	0	0. 068
5 930 +1 000	0	0. 100	0	0. 098	0	0. 095
卸载至设计力（5 930）	0	0. 010	0	0. 007	0	0. 005

加载到 5 930kN +1 000kN 时百分表读数见图 3. 4，卸载到设计张拉力后百分表读数见图 3. 5。

图 3. 4 加载到 5 930kN +1 000kN 时百分表读数

图 3. 5 卸载到设计张拉力后百分表读数

4　总结及分析

(1)拉萨纳金大桥桥塔鞍座在单根斜拉索最大加载值为设计荷载 5 930kN 时,对每级荷载下各点应变进行分析比较,荷载增量与应变变化基本呈线性关系,表明结构在设计荷载下各点处于线弹性工作范围。在 1.2 倍的设计荷载下,鞍座主塔混凝土表面没有出现裂纹,塔受力是安全可靠的。

(2)摩阻试验中索鞍摩阻力值为 335kN,为施工监控单位在施工过程中控制斜拉索两侧的不平衡力提供了依据。

(3)抗滑试验结果表明,在 A、B 两端分别逐级加载不平衡力时,钢绞线产生的位移呈较为均匀的线形发展趋势,且位移量非常小。卸载到设计张拉力 5 930kN 时,百分表回零较好,未出现抗滑力失效的现象,充分说明锚固装置内环氧砂浆对钢绞线的握裹作用是优异的,锚固装置完全能达到抗滑移力 1 000kN(设计抗滑力为 300kN)的要求。

(4)在实桥状态下,当桥塔的一侧拉索不平衡力作用相当于设计抗滑力的 3 倍时,仍可保持其对钢绞线的握裹作用,未出现抗滑移失效的现象,由此可见该锚固筒装置完全能满足设计抗滑能力的安全系数的要求。

5　探讨与研究

(1)虽然鞍索抗滑抗摩阻试验满足设计要求,但此结果在很大程度上反映模型试验本身特点,现场实桥施工时仍然要引起高度重视,比如要严格控制转向鞍的加工精度,并保证施工中转向鞍的精确定位;在鞍座以内部分钢绞线要保证 PE 管完好,且 PE 管外严禁油物污染;在进入主梁施工时,一定要保证两侧对称同步施工,尤其要控制施工临时荷载,不可随意堆放等。

(2)实桥钢绞线比模型钢绞线要长得多,当钢绞线穿索困难时,严禁在其上面涂抹黄油等可能降低拉索与分丝管摩阻的润滑物。抗滑锚内钢绞线在剥去 PE 管后,一定要将表面油污清洗干净。

(3)值得指出,环氧树脂涂层是一种物理防护,化学稳定性极强,具有很强的防腐能力,但它的防护效果取决于涂层的连续性,一旦涂层破损,它的防护体系即失效,因而其涂层加工及索鞍锚固部分施工必须确保其完整性。

(4)本试验是在静力荷载作用下进行的,待环氧砂浆养护 7 ~ 10d 后进行不平衡加载,而在桥梁实际施工中,受风力、施工不平衡力等影响,在环氧砂浆未达到强度时,存在不平衡力,因此建议一方面对拉索受风力影响进行控制,设置风缆及防护措施,另一方面箱梁混凝土要严格对称浇筑,尽量克服施工不平衡力等影响。

(5)建议进行小规模的机械式抗滑锚固装置试验,以验证环氧握裹式抗滑装置的可靠性。

(6)对于预应力混凝土部分斜拉桥运营阶段鞍座区抗滑能力,目前我国还没有规范要求,鞍座模型试验的不平衡力是在静力荷载作用下进行的,而在成桥运营阶段动荷载、风力或者拉萨地区特殊地震荷载作用下,鞍座抗滑能力有待更进一步研究。

拉萨纳金大桥抗震设计中的减隔震及防落梁措施探讨

1 概述

桥梁抗震设计的基础是构件的抗震设计，主要是增强构件的韧性，其目的是在桥梁遭受震害时，构件受到地震作用发生较大变形仍然具有一定的承载力，从而保证桥梁结构体系基本完整，并有一定的通过能力。具体措施为提高支承构件的配箍率，使之在纵筋屈服耗能的情况下仍有一定完整性和对相关构件的承载能力。

在增加构件的韧性受到条件限制，或增加了构件的韧性仍然不能满足构件的抗震要求时，减少构件所受地震力也是构件抗震设计的一个主导思路，这就是减隔震措施。

就整个桥梁结构体系的地震破坏而言，落梁是最严重的，它不但使构件本身破坏、桥梁丧失功能，而且直接导致交通中断，进而阻碍救援、恢复工作的进行，成为引发次生灾害的重要因素。因此，设计中努力防止落梁事故的发生，有其重要的意义。

西藏拉萨市纳金大桥是一座建设在高海拔、强震区的市政桥梁，主桥为跨径 70m + 117m + 117m + 70m 的矮塔斜拉桥，引桥为跨径 30m 的现浇或预制箱梁。桥址区抗震设防烈度为Ⅷ度。由于结构重量大，抗震设防烈度高，本桥的抗震设计具有一定的难度。设计过程中，在遵循抗震规范规定的抗震设计原则基础上，根据桥型特点做了一些与之相适应的特殊设计。

本桥的引桥结构较为常见，设计时基本是按规范建议的措施进行抗震设防的。主桥结构有些特点，尤其是结构重量大导致其对地震反应较强，为使其具有良好的抗震性能采取了一些特殊的抗震措施。

落梁震害原因大多是岸坡滑移、地基失效使桥跨变大或梁体错位，以及桥墩折断、倾斜倒塌等所致。究其根本原因，就是在地震时墩、梁支承错位，使梁丧失了支承而致倒塌。

保证墩(台)、梁在地震时不发生很大的错位，即是防落梁措施的出发点，所采取的相关工程措施就是防落梁措施。

2 防落梁设计

引桥上部结构为预应力混凝土连续梁，属常见结构，横桥向在墩顶外侧设置梁体防震挡块。纵桥向扩大墩帽宽度保证梁非连续端的搭放长度满足规范要求。梁体连续墩只设计横桥向挡块，墩帽不加宽；梁体非连续墩既设计横桥向挡块，墩帽宽度又有所加宽，以满足搭放要求。

中小跨径的桥梁梁端一般搭放在墩台分孔线一侧，在地震发生时水平地震作用将使梁端与墩台之间发生水平错位，根据地震烈度的不同控制梁端在墩（台）上的搭放长度，能够在设计预估的地震错位下防止落梁发生。横桥向变位用挡块约束。

在现行的《公路桥梁抗震设计细则》（JTG/T B02－01—2008）（后简称《抗震细则》）中已明确规定，简支梁梁端（包括连续结构的简支端）至墩、台帽或盖梁边缘应有一定的距离（图3.1），其最小值 a 按下式计算：

$$a \geqslant 70 + 0.5L$$

式中：a——梁端至墩、台帽或盖梁边缘最小距离（cm）；

L——梁的计算跨径（m）。

纳金大桥引桥抗震设计也完全遵照该规范要求。

纳金大桥主桥上部结构自重大，地震反应强，且地震导致的梁体位移大，为满足这一特殊要求，在墩顶和梁底部位设计了如图2.1所示的防落梁限位措施。

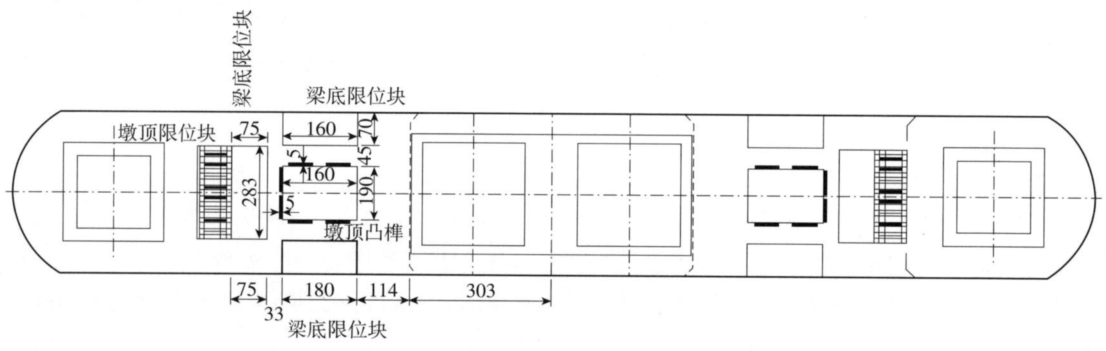

图2.1　防落梁限位措施（尺寸单位：cm）

防落梁限位措施的设计意图是：在墩顶设置凸榫，在其周围的梁底部位设置限位挡块，其间隙满足根据地震反映计算所得出的最大位移。此状况是为了满足在地震情况下，梁体能够自由摆动并且不发生落梁。

由于地震情况下梁体位移较大，影响正常使用，在梁底限位块外侧的墩顶上设置墩顶限位块（钢质的用螺栓栓在墩顶上，地震时首先受到撞击，螺栓断裂退出工作，为梁体摆动腾出空间），同时满足梁体在非震情况下的正常工作性能。

这样的设计方式既满足了梁体在正常使用情况下的变形要求，又满足了梁体在地震情况下的位移要求。

3　减隔震设计

纳金大桥的引桥为预应力混凝土连续梁结构，上部自重较大，地震响应产生的水平剪力导致墩柱配筋困难。为减少墩柱配筋，在设置墩顶支座时加大了橡胶层厚度，减小了水平刚度，延长了自振周期，有效地减小了墩柱所受的水平力，使得配筋难度大大减小。

减隔震设计原理大致有两条：一是减小侧向刚度，延长结构自振周期，从而减小结构所受地震力；二是增大阻尼，消耗地震能量，使地震输入的能量快速衰减，间接减小结构所受地震力。纳金大桥引桥取用其中一种,这样设计已能满足要求。

在具体桥梁设计时也可根据桥型特点设置特殊的减隔震支座。纳金大桥的主桥就采取了这样的支座,KZQZ 支座立面图见图 3.1。

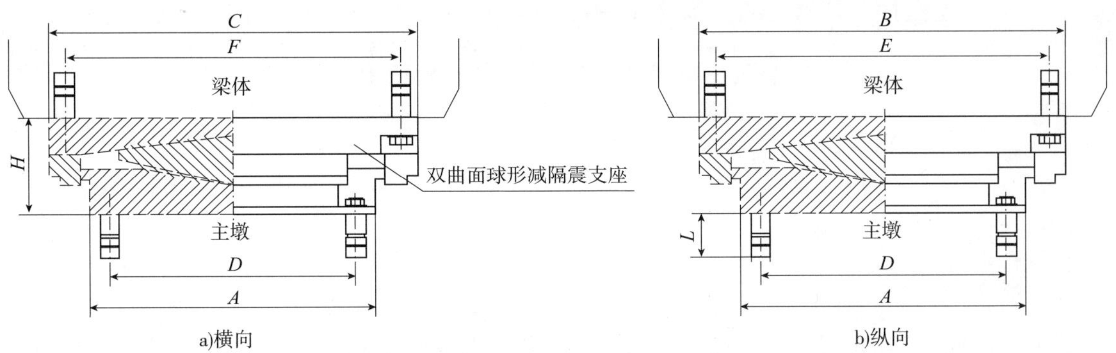

图 3.1 KZQZ 支座立面图

减隔震装置还需具有利于复位、方便维修的特点。在西藏拉萨纳金大桥主桥 9 号墩所采用的减隔震支座为双曲球面支座,具有自复位功能,且具有耗能能力(利用球面形成向心的复位回复力,利用球面的高差形成耗能的能力)。

由于减隔震装置抗侧刚度比正常支座小,为保证桥梁无地震状态的正常工作,还需设置必要的限位装置。这些限位装置一般为弱化的在强震时可失效的装置,无震时维持正常工作,大震时失效,为结构物摆动耗能让出空间。

构件的延性设计是桥梁抗震的基础,其在地震中发生指定的变形并消耗一定的能量,是设计的目的。为达到这一目的,一般采用“强剪弱弯”原则,使构件在特定部位出现塑性铰,在保证结构构架基本稳定的情况下消耗地震能量。为适应这一功能,需要在构件的截面及配筋设计时采取一些措施。纳金大桥下部构件采取了如下具体措施:加大箍筋配置量,使截面抗剪承载力有意识地高于抗弯承载力,在地震发生时首先发生抗弯屈服而不先发生截面剪坏,形成塑性铰(有一定承载力)消耗地震能量。

正是纳金大桥的下部结构构件采取了这样的设计方式,才能使得支承部位的减隔震措施和防落梁装置在地震时起到应有的作用,上部梁体在遭受设计地震时仍能保持畅通。

4 结语

目前国内外对防落梁系统的研究还处于起步阶段,设计理论及设计方法多为经验性的总结,不能精确反映场地土、地震动参数以及结构特性等重要因素的影响,缺乏量化的、可操作的防落梁系统的设计方法,本桥的设计思路仅为一个探索。

拉萨纳金大桥箱梁33m宽幅轻型同步行走挂篮探讨

1 概述

主桥横向单塔，布置在中分带，索塔顺桥向采用变截面，塔形由两道圆弧相切形成，横桥向为2.5m等宽截面。主塔从桥面以上塔高为17.7m，桥面以上受力部位塔高为15.7m，为跨径的1/7.5。索塔采用C50混凝土实心断面，顺桥向宽度为3.243～5.50m；横桥向宽度为2.5m，顺桥向为半径1.25m圆弧倒面。拉索在塔上采用扇形布置，每个索塔共锚固7对拉索，拉索与塔柱中心交点间距按1m等距布置。边中跨的索对称于主塔布置。塔上拉索采用鞍座形式通过，每根索对应1个鞍座，位于塔两侧拉索出口处设置锚固装置，克服运营阶段索的不平衡拉力。

2 宽幅型施工挂篮设计思路

2.1 设计模型

纳金大桥是规划的“拉萨市第一大桥”，设计采用单箱五室断面，桥宽33m，是目前采用挂篮悬臂法施工的单幅断面较宽的桥梁，所以称为宽幅挂篮悬臂法施工，所用挂篮称宽幅挂篮。

为节约成本，纳金大桥挂篮系统有别于普通常用的菱形和三角挂篮，其主梁就地取材，采用六榀定型三角梁作为主梁，分别布置于箱梁六道腹板上方，由35m长40H型钢制作而成的上横梁作为分配梁，三角梁之间加以横向连接，形成整体受力结构。整个挂篮系统属于后支点式挂篮，主要组成部分为：主梁、底模、侧模、翼缘板模板、上横梁、下横梁、梁底纵梁、反压梁以及挂篮行走系统，安装后的挂篮立面图及横断面图分别见图2.1。

挂篮结构计算空间模型见图2.2，包括主桁架、立柱间横向连接系、前上横梁、底篮、导梁等所有的承重系统。挂篮三角桁架组合形式见图2.3。

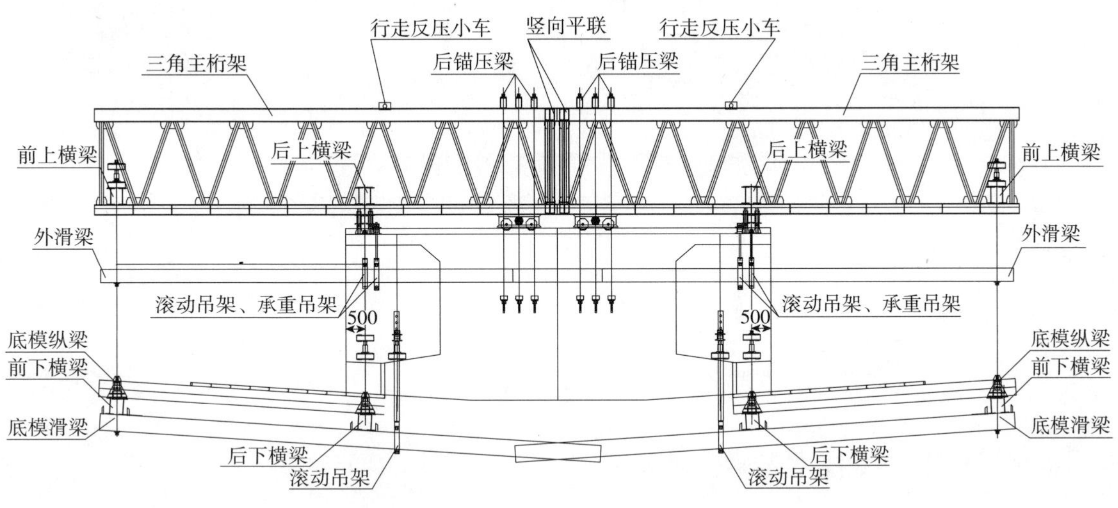

a)立面图

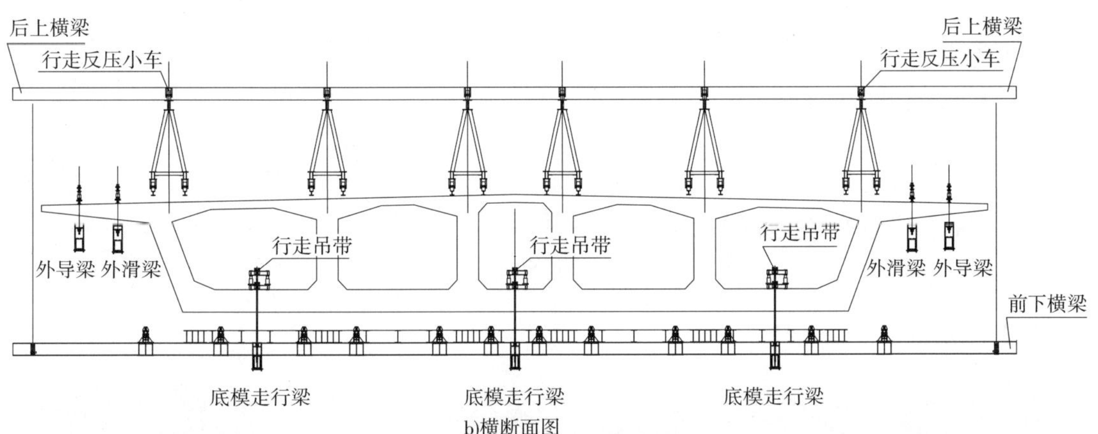

b)横断面图

图2.1　安装后的挂篮图

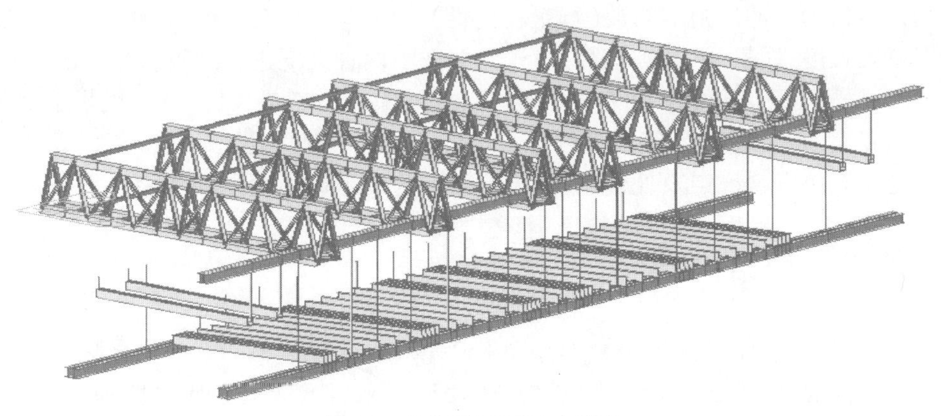

图2.2　挂篮结构计算空间模型

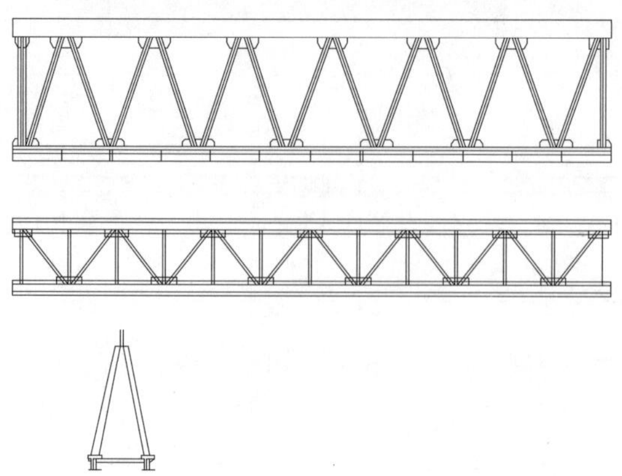

图 2. 3　挂篮三角桁架组合形式图

2. 2　挂篮主要技术参数

(1)悬臂浇筑箱梁梁段最大质量段是 3 号梁段,混凝土浇筑方量 210. 1m^3,按照钢筋混凝土 2. 65t/m^3 计算,最大质量为 556. 765t。

(2)悬臂浇筑箱梁梁段最大分段长度为 5m。

(3)人群及机具荷载取 2. 5kPa。

(4)超载系数取 1. 05。

(5)新浇混凝土动力系数取 1. 2。

(6)挂篮行走时的冲击系数取 1. 2。

(7)抗倾覆稳定系数取 2. 0。

2. 3　验算方法

荷载组合:

①混凝土重力 + 挂篮自重力 + 施工机具、人群重力 + 动力附加系数(强度计算)。

②混凝土重力 + 挂篮自重力(刚度计算)。

③挂篮自重力 + 冲击附加系数(行走稳定性)。

根据梁段长度、质量、梁高等参数,设计时按以下两种工况进行验算。

工况一:3 号梁段混凝土灌注完成工况。此工况梁段长度最长,混凝土质量最大。

工况二:3 号梁段完成,挂篮由 3 号至 4 号梁段行走工况。此工况挂篮行走距离较长,控制挂篮行走状态抗倾覆稳定及外模、底模走行梁行走状态的强度和刚度。

3　关于轻型结构挂篮

按照《公路桥涵施工技术规范》(JTG/T F50—2011)第 16. 5 条第 1 款之规定,一般挂篮设计时,挂篮与悬浇梁段混凝土的质量比不宜大于 0. 5,且挂篮的总质量应控制在规定的限重之内。纳金大桥所用挂篮最大质量 145t,最大节段(3 号)混凝土质量 547. 56t,挂篮与悬浇梁段混凝土的质量比为 0. 265,应该说是一种轻型结构挂篮。

普通挂篮结构一般为三角挂篮或菱形挂篮，结构高度一般在5～8m，挂篮用钢量大、自重大、迎风面相应也大。拉萨地区四季多风，最大风速可达25m/s以上，多年平均大于或等于17m/s的大风日数达32.3d；此外，拉萨地区地震场地类别为Ⅱ类，桥梁抗震设防类别为B类，抗震措施按9度区设防。这对挂篮结构稳定性非常不利，因此必须选择横向稳定性好、结构建筑高度低、相对轻型的挂篮结构形式。纳金大桥挂篮结构高度为2.6m，而且横向由6榀三角桁架组成，这对抵御强风和地震非常有利。

针对该挂篮结构轻型化，为了进一步验证结构刚度，采用加载预压的方法进行荷载试验，图4.4为挂篮荷载试验示意图。

第一次的挂篮预压（8号），由于将前支点、后锚压梁等构件受力变形值全部考虑在挂篮的弹性变量中，非弹性变量无法准确测算，挂篮整体变形偏大。

第二次按照最重梁段的1.2倍质量预压，预压质量高达656t。而施工的1号梁段，质量约为430t，远远低于预压质量。按照挂篮预压数据，其1号块最大下挠达2.3cm，设计理论抛高值为1.9cm。

为了使挂篮刚度满足要求，降低实际施工时的变形量，对三角主桁梁采取加劲措施，每榀三角梁顶部设置一道直径32mm的精轧螺纹钢筋，施加200kN预应力，同时在6榀三角桁梁前吊点位置各加设一道X形剪刀撑，这样挂篮前、中、后都有横向支撑，加强了挂篮的整体受力和稳定性（如图3.1）。

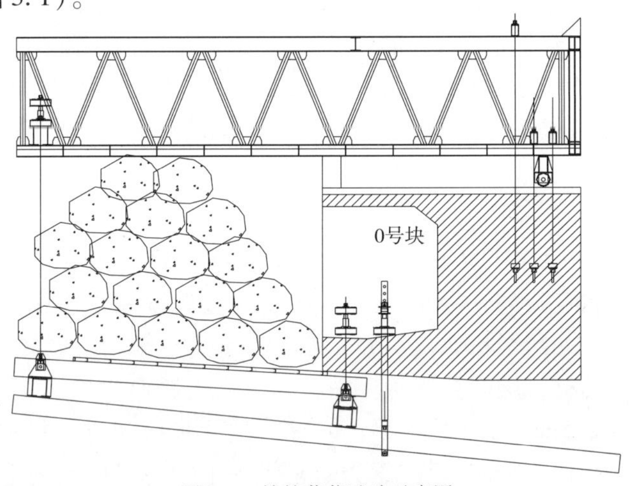

图3.1 挂篮荷载试验示意图

对采取加强措施后的挂篮进行第三次荷载试验，预压过程中逐级加载、逐级测量。挂篮整体性良好，所有构件节点均无变形，挂篮变形量呈线性变化，挂篮最大下挠值1.82cm。通过48h120%荷载测量，变形消除，说明挂篮自身安全、稳定，刚度满足要求。

4 轻型结构挂篮的变形协调性

4.1 柔性结构

所谓柔性结构，形式上表现为宽幅、大跨结构等，几何学上的柔性结构是指其几何非线性因素在分析中影响较大而不可忽略的结构；在数学模型上表现为结构的刚度小，柔性大，几何非线性不能忽略；在计算方法上柔性结构的问题与刚性结构也不相同，需要将结构简化成非线性的柔性结构系统进行计算。随着社会和科技的发展，工程中新材料、新设备、新结构和新施工工艺的运用，结构向高（深）、轻、大这三个方向发展，结构形式也由原来的刚性结构转变为柔性结构。

目前悬臂法施工梁桥梁底线形一般按二次或四次抛物线设计。根据以上分析和假设，斜拉索近似于悬链线形，悬臂梁由于索力和结构内力影响也属于非几何线形，成桥后的线型更接近于悬链线型。这就要求用于悬臂法施工的挂篮设备在允许范围内具有一定的变形，其变形满足桥梁整体变形协调性。纳金大桥制造了宽幅、轻型挂篮结构，通过对10号墩1号节段安装的挂篮进行预压，满载预压监测结果显示其变形符合柔性变形特点。

4.2　部分斜拉桥结构形式的柔性特点

所谓部分斜拉桥是介于连续梁与斜拉桥之间的一种桥型。如果说连续梁桥属于刚性桥梁，斜拉桥属于柔性桥梁，则部分斜拉桥为一种刚柔相济的桥型。一般认为，当斜拉索的竖向荷载承担率超过30%或斜拉索在活载作用下的应力变化幅超过50MPa时，即进入斜拉桥范围，斜拉索容许应力取0.4倍极限应力，安全系数为2.5。部分斜拉桥的拉索应力幅度比一般斜拉桥小，拉索可按体外预应力索的容许应力取值，为0.6倍的极限应力，对应的安全系数为1.67，在施工过程中索力可不作调整。由于斜拉桥是高次超静定柔性结构，而且在施工过程中结构体系不断改变，使主梁内力分布合理且结构线形满足要求。

4.3　斜拉索柔性结构

纳金大桥斜拉索采用OVM250AT－43、OVM250AT－37两种型号，分别由43根、37根7ϕ5的钢绞线组成。OVM250AT－43拉索由锚固段＋过渡段＋自由段＋抗滑锚固段＋塔柱内索鞍段构成。鞍座采用分丝管，索鞍分散、均匀传递荷载作用。索体采用$\phi^{S}15.2$环氧树脂涂层预应力钢绞线，具有多层防护结构。斜拉索从塔上鞍座中连续穿过，两端锚固在梁体内，所有索鞍半径均为2.5m，施工时，在梁内对称一次性张拉到位。斜拉索索力在桥梁纵向相当于主梁的体外预应力，在竖向，斜拉索力产生了向上的力以抵消向下的自重与活载对主梁产生的弯矩，对于活载来说斜拉索提供了弹性支承。从外观线形分析，斜拉索近似于悬链线。合理的索力，使斜拉索、主塔和主梁受力总体合理，是斜拉桥结构设计的关键。斜拉桥的初始索力可以人为设定，是保证斜拉桥成桥合理受力的有利因素。

4.4　悬臂施工方法决定主梁线形的非几何性

纳金大桥斜拉桥采用悬臂施工方法，施工过程中结构体系随着施工进展不断改变，而且混凝土收缩、徐变等时间效应也会导致结构内力发生改变，因此，为了获得成桥状态的结构内力及线形，需要进行施工过程的结构计算分析，通过各施工步骤的应力累计以及考虑施工期间的收缩、徐变影响，得到最终的应力和形状。

悬臂法施工过程中为了尽量减少各根索的调整次数，将各施工阶段所需要的拉力和梁的几何位置预先算出。在每个施工阶段,索力调整后的主梁位置要考虑后续施工中产生的结构变形,包括荷载效应以及收缩徐变变形,因此,必须设置反方向的变形,即预拱。随着后面施工的推进,结构形状逐渐变化到设计线形。斜拉桥是以承受轴力为主的结构体系,预拱大小要考虑轴向变形的影响,同时还需要考虑几何非线性的影响。准确地说,梁底线形是几种几何线形的叠加(图4.1),应该属非几何线形(表4.1)。

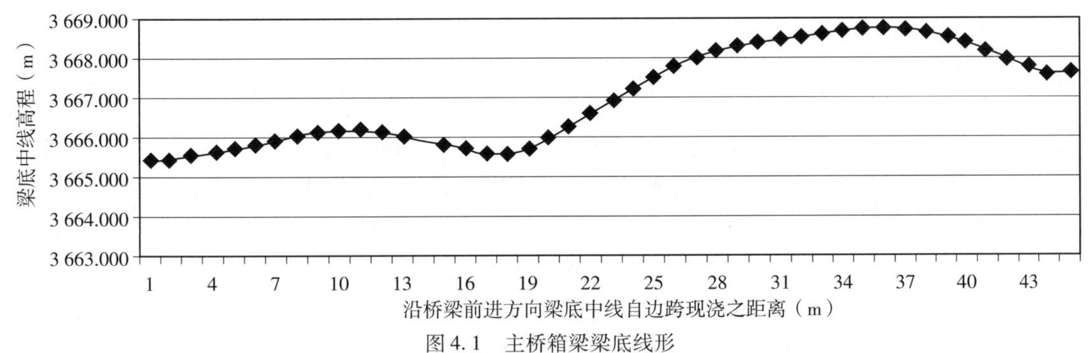

图4.1　主桥箱梁梁底线形

主桥箱梁设计高程　　表4.1

断　面	现　浇　段				11	10	9	8	7	6	5	4	3	2
里程号	843	846.5	850	853.5	855.5	860	864.5	869.5	874.5	879.5	884.5	889.5	894.5	899.5
设计高程(m)	3 665.393	3 665.480	3 665.567	3 665.654	3 665.703	3 665.815	3 665.927	3 666.034	3 666.105	3 666.141	3 666.143	3 666.109	3 666.040	3 665.936
断　面	1	8号墩0号块					1	2	3	4	5	6	7	8
里程号	903.5	907.5	910.75	913	915.25	918.5	922.5	926.5	931.5	936.5	914.5	946.5	951.5	956.5
设计高程(m)	3 665.828	3 665.697	3 665.574	3 665.629	3 665.685	3 665.970	3 666.299	3 666.605	3 666.957	3 667.274	3 667.556	3 667.802	3 668.008	3 668.173
断　面	9	10	11	11	10	9	8	7	6	5	4	3	2	1
里程号	961.5	966	970.5	972.5	977	981.5	986.5	991.5	996.5	1 001.5	1 006.5	1 011.5	1 016.5	1 020.5
设计高程(m)	3 668.296	3 668.385	3 668.470	3 668.506	3 668.584	3 668.656	3 668.714	3 668.729	3 668.703	3 668.637	3 668.528	3 668.378	3 668.187	3 668.005

4.5　斜拉桥施工过程的结构分析

斜拉桥施工过程的结构分析包括正装计算和倒拆计算两种。

逆着施工过程从成桥状态开始,逐个倒拆各施工过程中安装的构件,根据拆除后的结构平衡状态确定高程(预拱度),并确定相应的索力,这种计算方法称为倒拆计算。从倒拆计算结果看,索力内力分布不完全呈线性关系。

5　同步行走系统

采用6榀三角桁梁作为主梁组成的宽幅轻型挂篮,最大的问题是如何实现同步移篮,设计中充分考虑了相对独立的模板系统、导梁系统和同步行走系统。行走系统主要由行走小车和反压小车组成。

根据2%桥面横坡,每个三角梁下的行走小车高度均不同。通过调整行走小车的高度,将 6 榀主梁调整在同一水平面上。施工时,不仅先在箱梁顶板上每个主梁下设置轨道,而且在桁梁顶上安装反压车轨道。

通过横桥向框架联系增加挂篮主体结构的稳定性,使变频同步行走成为可能;通过精确计算合理设置前、中、后支点,实现挂篮整体自平衡能力,使同步行走更为安全可靠。

6　结论

目前挂篮悬浇箱梁施工中,所用的挂篮多为三角、菱形或者贝雷挂篮,但是普遍存在挂篮自重大、无法自行前移、构件成本高、施工不便等大小不一的问题。这些问题在一般挂篮施工中产生的弊端不会太影响施工,但是,在大断面箱梁整幅挂篮施工时,却大大影响到现场施工,甚至会影响桥梁自身的受力情况。纳金大桥工程利用多用途的三角梁作为主梁,工厂加工各个部件,现场组装,采用多种组合型钢焊接而成,通过体内预应力增强了梁的刚度,减小了施工挠度,其刚度和强度满足施工要求。整套挂篮成本降低,同时自重下降到梁段质量的 26% 左右,并在主梁上设置了行走系统,通过行走系统实现主梁同步行走,从而带动整套挂篮前移,施工极其方便。图 6.1 为箱梁挂篮施工实景图。图 6.2 为箱梁斜拉索施工实景图。

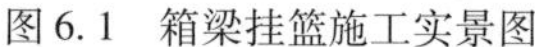
图 6.1　箱梁挂篮施工实景图

图 6.2　箱梁斜拉索施工实景图

2012 年 12 月底,纳金大桥主梁悬臂挂篮施工全部结束。在宽幅轻型柔性挂篮使用及整体施工过程中,经严格监控,主桥各混凝土构件外观尺寸正常,混凝土浇筑质量较好;箱梁梁体在梁顶板、底板、腹板及横隔板处均没有出现裂缝;斜拉索锚固端质量完好,无变形、缺损、锈蚀现象;支座外观良好,各支座在检查中未发现偏位及不均匀变形。

在横向对称加载情况下,主梁各测试断面应力实测值及挠度实测值对称性良好,且实测值在荷载分级加载下与荷载呈线性关系;在横向偏载加载情况下,实测偏载效应较理论计算小,表明大桥整体上受力均衡,整体性好,全桥上、下游斜拉索恒载索力对称性良好。

第2篇
试验与应用

拉萨纳金大桥卵石层旋挖桩施工新型复合型泥浆试验与应用

1　概述

纳金大桥主墩位于拉萨河河床内，根据勘察结果，地基主要为第四系冲洪积卵石土及含卵石粗砂土，卵石层主要由卵石、圆砾及砂粒组成，呈圆形、亚圆形，磨圆度较好。粒径2～20mm含量占17%～20%，粒径20～200mm含量约占59%，粒径0.5～2mm含量占10%～14%，粒径0.075～0.5mm含量占5%～7%，层厚11.6m范围，渗透强，中湿、松散。类似地质适合冲击钻成孔。

拉萨河汛期为6月初，3个主墩共51根基桩。如采用冲击钻施工，完成一个墩17根桩基施工需要80d，汛期前根本无法完成；如采用旋挖钻施工，虽然技术难度大，但成桩时间短，噪声小、污染少。因此决定采用旋挖钻施工，主墩51根桩最多需一个月时间，工期大大缩短。

采用旋挖钻机成孔，由于钻进速度提高，钻具运动排渣方式发生变化，加之拉萨河地质的特殊性，对泥浆的固壁、悬浮、输送等功能提出了更高的要求，因此需要配制合适的泥浆。

2　泥浆在钻孔中的作用

2.1　固壁

固壁的机理是孔内的泥浆压力高于所在地层的地下水压力，使泥浆渗入槽壁土体中，其中较细的颗粒进入孔隙中，较粗的颗粒附着在孔壁，最终达到平衡，水不再进入地层，泥浆与土层被泥皮隔开，泥浆所产生的侧压力通过泥皮作用在孔壁上，保证了孔壁的稳定。

2.2　悬浮和携带钻渣

泥浆具有一定的黏度、屈服值和凝胶强度，可以悬浮一定大小的钻渣而不会沉淀，使钻进得以不断进行，同时钻渣被泥浆携带排出孔外。

2.3　冷却钻头

在钻进过程中，钻头对孔底岩石或土层的冲击、切削、摩擦，很大部分能量变成了热能，钻头的温度将不断升高，需要泥浆进行冷却。

3　新型复合型泥浆试配过程

3.1　选用原材料的性能

原材料有水、膨润土、纤维素(CMC)、黏土、纯碱。

(1)水:水是泥浆的分散相,在泥浆中水的用量最大,因此对水的质量应予以足够的重视。水中的杂质或 pH 值不同,泥浆的性能也大不相同。在使用含有大量盐类(Ca^{2+}、Na^{+}、Mg^{2+})的河水或性质不明的水时,要先进行化验。

(2)膨润土:达到《钻井液材料规范》(GB/T 5005—2010)所规定的二级膨润土的指标,是一种以蒙脱石矿物为主要成分的特殊黏性土。与一般黏土相比,水化能力强,膨胀性大,分散性高,用它制成的泥浆浓度低(一般为 4%~8%),固体颗粒含量少,但具有良好的物理力学性能。膨润土泥浆性能指标见表 3.1。

膨润土泥浆性能指标　　表 3.1

地层	性能指标							
	相对密度	黏度(s)	失水量(mL/30min)	泥皮厚(mm)	塑性黏度(cP)	胶凝强度(Pa)	动切力(Pa)	pH 值
一般	1.04	25~30	<15	<1.5	<15	2~4	4~8	8.5~10.0
卵石	1.06	35~45	<15	<2.0	<20	4~8	6~15	8.5~10.0

注:$1cP = 10^{-3}Pa \cdot s$。

(3)纤维素(CMC):中黏度羧甲基纤维素(CMC),有增黏作用,可增加泥浆黏性,使土层表面形成薄膜而防止孔壁剥落,并有降低失水量的作用。CMC 掺入量为膨润土的 0.05% ~ 0.1%。CMC 性能指标见表 3.2。

CMC 性能指标　　表 3.2

黏度(cP)	代替度	有效成分(%)	含 CaCl(%)	水分(%)	pH 值
300~800	0.6~0.8	≥85	≤8	≤10	6~8

(4)黏土:普通黏性土,为增加黏度或相对密度,一般可选用塑性指数大于 25、粒径小于 0.074mm 的黏粒含量大于 50% 的黏质土。

(5)碳酸钠(Na_2CO_3):又称纯碱,它的作用可使 pH 值增大到 10。泥浆中 pH 值过小时,黏土颗粒难于分解,黏度降低,失水量增加,流动性降低,当 pH 值小于 7 时,还会使钻具受到腐蚀;若 pH 值过大,则泥浆将渗透到孔壁的黏土中,使孔壁表面软化,黏土颗粒之间凝聚力减弱,造成裂解而使孔壁坍塌。纯碱掺入量为膨润土的 0.3% ~0.5%。纯碱性能指标见表 3.3。

纯碱性能指标　　表 3.3

总碱量(%)	氯化物(%)	Fe 含量(%)	水不溶物(%)	烧失量(%)
≥98	≤1.2	≤0.01	≤0.15	≤1.3

3.2 配制方法

(1)拌制泥浆应选用高效、低噪声的无搅式泥浆配制器。

(2)搅拌时间:每孔(约 160m^3)搅浆时间控制在 40 ~ 50min。

(3)按规定的配合比配制泥浆,各种材料的加量误差不得大于 5%。

(4)原料 CMC、纯碱使用前宜配制成一定水溶液,以提高其效果,CMC 水溶液为 1.5%,纯碱水溶液为 20%。

(5)拌制泥浆的加料顺序:先加水,依次加膨润土、CMC、黏土、纯碱。由于 CMC(M)溶解会妨碍膨润土的溶胀,所以要在膨润土之后投入 CMC。

(6)新制泥浆需存放 24h,经充分水化溶胀后方能使用。

(7)储浆池内的泥浆应经常搅动,保持指标均一,并避免沉淀或离析。

3.3 初始低固相泥浆参考配合比

低固相泥浆参考配合比见表 3.4。

低固相泥浆参考配合比(水用量 100L)　　表 3.4

地层	配合比(%)				
	膨润土	纯碱	CMC	聚丙烯酰胺	水
一般	6 ~ 8	0.3 ~ 0.5	0.05 ~ 0.1	0 ~ 0.05	100
卵石	10	0.3 ~ 0.5	0.1 ~ 0.2	0 ~ 0.05	100

经计算成本较高。

3.4 试验室试配膨润土泥浆

试验室试配低固相膨润土泥浆配合比和相应性能指标见表 3.5。

试验室试配低固相膨润土泥浆配合比和相应性能指标(试配水的用量为 10L)　　表 3.5

配合比	试拌结束性能			12h 后性能			
水: 膨润土: CMC	相对密度	黏度(s)	pH	相对密度	黏度(s)	pH	析水率
1:0.06:0.000 6	1.03	55	9 ~ 10	1.03	78	9 ~ 10	2
1:0.06:0.000 5	1.03	73	9 ~ 10	1.03	95	9 ~ 10	1
1:0.07:0.000 5	1.03	43	9 ~ 10	1.03	82	9 ~ 10	无

试验结果证明:用膨润土和纤维素配制的泥浆相对密度为 1.03,相对密度小,难以保持槽孔壁的稳定,易发生坍塌;固体颗粒含量少,因河床水位高,泥浆容易浮起,容易离析;水化能力强,膨胀性大,分散性高,用它制成的泥浆浓度低(一般为 4% ~ 8%);使用膨润土制浆,在施工现场大多是通过人工利用搅拌机械进行膨润土泥浆制造,造浆时灰尘弥漫,不但污染环境且对人身也有一定伤害,所消耗膨润土最少也得几十吨甚至上百吨,用量大,护壁效果不理想。

3.5　普通黏土试配泥浆(表3.6)

普通黏土试配泥浆(试配水的用量为10L)　　表3.6

配合比	试拌结束性能				12h后性能				
水:黏土:CMC	相对密度	黏度(s)	含沙量	pH	相对密度	黏度(s)	含沙量	pH	析水率
1:0.06:0.000 6	1.38	19	6.5	9~10	1.38	17	6.5	9~10	4
1:0.06:0.000 5	1.34	16	6.5	9~10	1.34	15	6.5	9~10	4
1:0.07:0.000 5	1.41	17	6.6	9~10	1.41	17	6.5	9~10	4

通过实际应用得出:普通黏土和纤维素配制的泥浆性能差,黏度小、含沙量大,在松散和小颗粒地层中高速钻进时,不易很快在孔壁形成致密泥皮,而难以保证槽孔稳定,而且浆液本身浓度高、相对密度大、摩阻力高,净化和泵送困难,钻孔困难。

3.6　采用新型复合型配合比

新型复合型配合比试配记录见表3.7。10-1号第一根旋挖桩施工选用第四组配合比,使用效果很好,对该组泥浆优点可概括为:

新型复合型配合比试配记录　　表3.7

配合比	试拌结束性能				12h后性能				
水:膨润土:CMC:黏土:纯碱	相对密度	黏度(s)	含沙量	pH	相对密度	黏度(s)	含沙量	pH	析水率
1:0.05:0.000 6:0.05:0.003	1.05	37	0.7	9~10	1.05	58	0.7	9~10	6
1:0.065:0.000 5:0.06:0.002	1.06	47	0.9	9~10	1.06	70	0.9	9~10	8
1:0.065:0.000 6:0.065:0.003	1.07	106	1.2	9~10	1.07		1.2	9~10	10
1:0.1:0.000 5:0.1:0.002	1.1	50	2.5	9~10	1.1	90	2.5	9~10	无

(1)本新型复合型泥浆相对密度小,可泵性及净化性能好,适用于旋挖钻机钻进或反循环钻进工艺,有利于成孔固壁。

(2)失水量小,形成的泥皮薄而有韧性,固壁效果好。

(3)具有良好的流变性能,悬浮携带钻渣能力强,利于提高钻进效率。

(4)用膨润土和黏土按1:1比例拌制的泥浆,成本低,造浆率高,不需要人工或机械搅拌,省电、省工、省时,机械磨损小。

3.7　最终选用配合比

最终选用新型复合型泥浆配合比为水:膨润土:CMC(纤维素):黏土:纯碱=1:0.1:0.000 5:0.1:0.002,配制过程中能够迅速将浆液配制均匀,高效率、少污染、低耗能,特别适用于卵石、漂石、地下水发育地质地层旋挖机成孔法施工,广泛用于钻井、旋挖桩、地下连续墙施工。

3.8　孔内泥浆性能指标控制

在钻进和清孔换浆过程中,孔内泥浆由于地下水,地层中砂、土的掺入,造成膨润土及泥浆处理剂的消耗，使泥浆性能逐渐恶化，以至影响到钻进速度和固壁效果，为此规定了孔内泥浆性能指标控制标准（对一般地层）（表 3.8）。

泥浆性能指标控制标准（对一般地层） 表 3.8

试验项目	相对密度	黏度(s)	含砂量(%)	失水量(mL/30min)	泥皮厚(mm)	pH 值
指标	<1.15	20～35	<8	<30	<4	7<pH<11

3.9 泥浆再利用

灌桩过程中，被混凝土置换出来（除混凝土顶面 2m 内）的泥浆可回收使用。初始泥浆呈碱性，pH 值为 9～11，而混凝土通常用硅酸盐水泥，略呈酸性，由于水泥浆和膨润土泥浆发生化学反应，使置换到池内的泥浆受到污染，导致膨润土泥浆性能恶化，出现离析、沉淀现象。因此，灌桩过程中回流的泥浆要单独回收到另外一个泥浆池进行优化。

根据检测数据分析，加入一定量的烧碱，与泥浆中的 Ca^{2+} 发生化学反应，生成碳酸钙，使钙离子惰性化，从而恢复了泥浆性能。同时通过增加膨润土和水，使泥浆配合比趋于设定状态，达到重复利用的目的。置换泥浆优化试配记录见表 3.9。

置换泥浆优化试配记录 表 3.9

配合比		12h 后泥浆性能				
		相对密度	黏度(s)	含沙量(%)	pH	析水率(%)
一组	5kg 置换泥浆	1.25	24	3.5	6～7	12
	取 1L 置换泥浆 +70g 膨润土 +0.5L 水	1.25	29	1.3	8～9	8
二组	5kg 置换泥浆 +5g 烧碱	1.25	34	3.5	9～10	8
	加入 1g 纤维	1.25	40	3.5	9～10	12
三组	5kg 置换泥浆 +10g 烧碱	1.25	53	3.5	12～13	9
	取 1L 置换泥浆 +70g 膨润土 +0.5L 水	1.25	49	1.2	12～13	3
四组	5kg 置换泥浆 +5g 烧碱	1.25	49	3.5	8～9	8
	1L 置换泥浆 +70g 膨润土 +0.5L 水 +5g 烧碱	1.25	65	1.2	9～10	无

按照第四组配合比优化后的泥浆使用效果良好。

4 应用情况

纳金大桥项目部于 2011 年 3 月 19 日完成了主桥 10－1 号第一根旋挖桩的施工。该桩直径 1.8m，桩长 42m，混凝土强度等级为 C30，设计混凝土体积为 107.1m^3。该桩从旋挖法成孔的可行性论证到复合型优质泥浆、高护筒的应用，从钻机就位至混凝土浇筑成功仅用 26h13min，创下了在海拔最高地区、卵石层厚度最深地质、拉萨地区孔径最大、同类桩成桩最快等新纪录。

拉萨纳金大桥主桥 C50 高性能混凝土试验与应用

1 概述

纳金大桥主桥箱梁主体结构采用 C50 混凝土,采用单箱五室断面,桥宽为 33m。主塔横向单塔布置在中央分隔带,索塔顺桥向采用变截面,塔形由两道圆弧相切形成,横桥向为 2.5m 等宽截面。主塔从桥面以上塔高为 17.7m,桥面以上受力部位塔高为 15.7m,为塔径的 1/7.5。索塔采用 C50 混凝土实心断面,顺桥向宽为 3.243 ~5.50m,顺桥向为半径 1.25m 圆弧倒面。拉索在塔上采用扇形布置,每个索塔共锚固 7 对拉索,拉索与塔柱中心交点间距按 1m 的等距布置,均采用 C50 泵送混凝土。由于施工部位复杂,钢筋绑扎密,间距小,钢绞线、波纹管密集,要求混凝土坍落度大,达到 150 ~200mm,扩展度不低于 500mm。处在气温温差的环境内,混凝土含气量必须在 3.0% ~5.0%,抗冻融和抗腐蚀性必须达到设计要求。针对以上技术难点,为满足混凝土设计强度和施工泵送要求,确保施工顺利进行和工程质量,经专家讨论研究,引用《高性能混凝土应用技术规程》,对混凝土试配强度及原材料检测和施工的控制进行一系列的检测工作,而且具有早强作用(5d 内必须达到设计强度的 90% 以上),为防止混凝土在养生期间局部受冻,且施工现场主要采用蓄热法施工,浇筑梁体其模板采用贴布保湿覆盖,同时采用锅炉加热、蒸汽加热等养护保温、保湿措施,以保证质量满足要求。

2 原材料选用

2.1 水泥

西藏高争水泥 P. O52.5 级,经检验结果各项指标试验符合《公路工程水泥及水泥混凝土试验规程》(JTG E30—2005)规范和技术要求。表 2.1 为高争水泥检验结果表。

高争水泥检验结果表 表 2.1

凝结时间(min)		细度(%)	安定性	抗压强度(MPa)		抗折强度(MPa)	
初凝	终凝			3d	28d	3d	28d
150	200	4.4	合格	26.6	54.7	5.2	8.3
≥45	≤600	—	合格	≥23.0	≥52.5	≥4.0	≥7.0

续上表

项目	《通用硅酸盐水泥》国家标准(GB 175—2007)	检验结果
烧失量(%)	≤5.0	0.86
三氧化硫(%)	≤3.5	2.44
氧化镁(%)	≤5.0	1.27
氯离子(%)	≤0.06	0.011 1
比表面积(m^2/kg)	≥300	337

2.2 砂

经检验结果(表 2.2),级配属中砂,细度模数 2.9,含泥量 0.4%,各项指标符合《公路工程集料试验规程》(JTG E42—2005)要求。细度模数过小会加大用水量,增加混凝土干缩裂缝,需要加大胶凝材料用量。含泥量高,则强度降低,增大用水量,影响抗冻性、抗渗性和耐久性,因此采用中砂适合于特殊要求的混凝土,如泵送混凝土、高强混凝土、抗渗混凝土。

砂检验结果表 表 2.2

细度模数	表观密度(kg/m^3)	堆积密度(kg/m^3)	含泥量(%)	泥块含量(%)	备注
2.9	2 652	1 658	0.4	0.0	实测结果
≥2.3	>2 500	>1 350	≤1.0	≤0.5	质量标准

2.3 碎石

经检验,级配属 5 ~ 20 ㎜连续级配,压碎值为 7.3%,针片状含量为 4.6%,含泥量为 0.4%等,各项指标均符合《公路工程集料试验规程》(JTG E42—2005)规范要求。表 2.3 为碎石检验结果表。

碎石检验结果表 表 2.3

堆积密度(kg/m^3)	表观密度(kg/m^3)	含泥量(%)	泥块含量(%)	压碎指标(%)	针片状含量(%)	备注
1 505	2 743	0.4	0.0	7.3	4.6	实测结果
>1 350	>2 500	≤0.5	≤0.25	≤10	≤5	质量标准

2.4 外加剂

选用聚羧酸盐高效减水剂。

该减水剂的性能:减水率 20% ~35%,与水泥相容性好,适宜的掺量可节约水泥 15% ~30%;缓凝时间较长,起到超塑化性能;低掺量、高保塑、微氯低碱,对钢筋无锈蚀作用;改善混凝土各种物理性能,提高抗冻融要求。掺量为 1.0%时,可提高混凝土的流动性,减少离析、泌水,对混凝土拌和物的均匀性和硬化后的耐久性很有利。表 2.4 为外加剂检验结果表。

外加剂检验结果表

表 2.4

项目	计量单位	PCA 聚羧酸高性能减水剂性能指标		单项判定
		要求指标	检测结果	
含固量	%	24.0×(1±10%)	23.91	合格
pH 值	—	>4.00	6.56	合格
密度	g/mL	1.04±0.02	1.054	合格
减水率	%	≥25	27.2	合格
1h 变化量	mm	≤60	45	合格
综合判定	经检验，该批产品性能符合《混凝土外加剂》(GB 8076—2008)的要求			

2.5　粉煤灰

粉煤灰可以减少混凝土干缩裂缝，提高抗裂性和抗渗性，后期涨缩性能效果好，强度稳定增长，对钢筋无锈蚀。掺粉煤灰的混凝土工作性与和易性有较大改善，坍落度损失小，适合于泵送。粉煤灰加入按内掺(替换水泥率)计算，内掺取 15% ~25% 的掺量。粉煤灰检验结果见表 2.5。

粉煤灰检验结果表

表 2.5

执行标准：《用于水泥和混凝土中的粉煤灰》(GB 1596—2005)、《铁路混凝土工程施工质量验收标准》(TB 10424—2010)				
序号	检验项目	技术要求		检验结果
		C50 以下混凝土	C50 及以上混凝土	
1	细度	≤25.0%	≤12.0%	8.9
2	需水量比	≤105.0%	≤95%	93.5
3	烧失量	≤8.0%	≤5.0%	3.75
4	Cl^- 含量	不宜大于 0.02%		0.01
5	含水率	≤1.0%(对于干排灰)		0.3
6	SO_3^{2-} 含量	≤3.0%		1.5
7	CaO 含量	≤10.0%(对于硫酸盐侵蚀环境)		4.5
8	游离钙含量	≤1.0%(F 类粉煤灰) ≤4.0%(C 类粉煤灰)		0.5
9	安定性	≤5.0%(雷氏夹沸煮后增加距离)		2.5

3　配合比设计过程

3.1　强度

为使所配制的混凝土强度达到必要保证率，混凝土的试配强度必须大于其设计强度等级，按下式计算：

$$f_{cu,0}=f_{cu,k}+1.645\sigma$$

式中:$f_{cu,0}$——配制强度(MPa);

$f_{cu,k}$——设计强度(MPa);

σ——混凝土强度标准差(MPa),这里为 6.0MPa,无历史资料时取值见表 3.1。

经计算,$f_{cu,0}$ =59.9MPa。

混凝土强度标准差取值表 表 3.1

强度等级(MPa)	低于 C20	C20 ~ C35	高于 C35
标准差 σ(MPa)	4.0	5.0	6.0

3.2 水灰比

水灰比根据下式计算:

$$W/C=A\times f_{ce}/(59.9+A\times f_{ce}\times B)$$

式中,A 为 0.46,B 为 0.07,f_{ce} =52.5 ×1.1 =57.75(MPa)。

经计算:

$$W/C=0.46\times 57.75/(59.9+0.46\times 57.75\times 0.07)=0.43$$

根据公式计算的 0.43,由经验取水灰比为 0.31,在此基础上调整水灰比分别为 0.30 和 0.32,做对比试验。

3.3 砂率

根据经验及施工实际需要采用如下砂率:0.30 水灰比取砂率为 35%,0.31 水灰比取砂率为 36%,0.32 水灰比取砂率为 37%。

3.4 用水量

根据施工稠度要求,用水量选用 212kg/m^3,减水剂减水率 25%。用水量计算见下式:

$$W=212\times(1-0.25)=159(\mathrm{kg/m^3})$$

3.5 水泥用量计算

159/0.30 =530(kg/m^3)

159/0.31 =513(kg/m^3)

159/0.32 =497(kg/m^3)

3.6 砂、石、材料用量计算

根据绝对体积法,由下式计算砂、石、材料用量:

$$m_{c0}/\rho_c+m_{s0}/\rho_s+m_{g0}/\rho_g+m_{w0}/\rho_w+0.01a=1$$

$$\beta_s=m_{s0}/(m_{s0}+m_{g0})\times 100\%$$

式中:m_{c0}、m_{s0}、m_{g0}、m_{w0}——分别为每立方米混凝土中水泥、砂、碎石和水的用量(kg);

ρ_c、ρ_s、ρ_g、ρ_w——分别为水泥、砂、碎石和水的密度(kg/m^3)。

经计算得每立方米混凝土各材料的用量见表 3.2。

每立方米混凝土各材料用量表　　表 3.2

水灰比＼材料	水(kg)	水泥(kg)	砂(kg)	碎石(kg)	外加剂(kg)
0.30	159	530	599	1 112	5.3
0.31	159	513	622	1 106	5.13
0.32	159	497	645	1 099	4.97

4　掺粉煤灰混凝土的配合比设计

(1)按《普通混凝土配合比设计规程》(JGJ 55—2000)进行普通混凝土基准配合比设计。

(2)按表 4.1 选择粉煤灰取代水泥率(β_c)。

粉煤灰取代水泥率 β_c(单位:%)　　表 4.1

混凝土强度等级	普通硅酸盐水泥	矿渣硅酸盐水泥
C20	10 ~ 15	10
C30	10 ~ 20	10 ~ 15
C40 ~ C50	15 ~ 20	10 ~ 20

注:①采用 52.5 级水泥取上限,32.5 级水泥取下限。

②C20 以上混凝土宜用Ⅰ、Ⅱ级粉煤灰。

按所选用的粉煤灰取代水泥率(β_c),求出每立方米粉煤灰混凝土的水泥用量(m_c):

$$m_c = m_{c0}(1 - \beta_c)$$

式中:m_c——每立方米粉煤灰混凝土的水泥用量(kg/m^3);

m_{c0}——每立方米基准混凝土的水泥用量(kg/m^3)。

按表 4.2 选择粉煤灰超量系数(δ_c)。

粉煤灰超量系数(δ_c)　　表 4.2

粉煤灰级别	超量系数(δ_c)
Ⅰ	1.0 ~ 1.4
Ⅱ	1.2 ~ 1.7
Ⅲ	1.5 ~ 2.0

(3)按粉煤灰超量系数(δ_c),求出每立方米粉煤灰混凝土的粉煤灰掺量(m_f):

$$m_f = \delta_c(m_{c0} - m_c)$$

(4)计算每立方米粉煤灰混凝土中的水泥、粉煤灰和细集料的绝对体积,或采用质量法计算砂石质量。

(5)按粉煤灰超出水泥的体积,扣除同体积的细集料用量。

(6)粉煤灰混凝土的用水量,按基准配合比的用水量取用。查表 6.8 选用粉煤灰取代水泥率(β_c = 14%,求出每立方米粉煤灰混凝土的水泥用量 m_c)。

(7)在基准混凝土配合比为基础上，掺加 14% 的粉煤灰。

(8)在基准混凝土配合比为基础上，掺加 14% 的粉煤灰水泥用量：

$$m_c = m_{c0}(1 - \beta_c) = m_g$$

①$W/C = 0.30$，$C = 530 \times (1 - 0.14) = 456$(kg)

$W/C = 0.31$，$C = 513 \times (1 - 0.14) = 441$(kg)

$W/C = 0.32$，$C = 497 \times (1 - 0.14) = 427$(kg)

②由表 6.9 对于Ⅰ级粉煤灰，选用粉煤灰超量系数 $\delta_c = 1.08$。

③每立方米粉煤灰混凝土的粉煤灰掺量：

$W/C = 0.30$ 时，$530 \times 0.14 \times 1.08 = 80$(kg)

$W/C = 0.31$ 时，$513 \times 0.14 \times 1.08 = 78$(kg)

$W/C = 0.32$ 时，$497 \times 0.14 \times 1.08 = 75$(kg)

④采用质量法计算砂石质量：

设混凝土的表观密度 $\rho = 2\ 400\text{kg/m}^3$，采用质量法计算，每立方米基准混凝土的水泥用量 $m_{c0} = 456\text{kg}$，由于水灰比取 0.30，所以总胶结材料为 530kg，粉煤灰质量经计算为 $m_{f0} = 80\text{kg}$，因此水泥用量为 $530 - 80 = 450$(kg)，将 $m_{w0} = 159\text{kg}$，$m_{外0} = 5.3\text{kg}$ 代入方程组：

$$m_{c0} + m_{s0} + m_{g0} + m_{w0} + m_{f0} + m_{外0} = 2\ 400\text{kg}$$

$$m_{s0}/(m_{s0} + m_{g0}) \times 100 = \beta_s$$

$m_{s0} = 599\text{kg}$，$m_{g0} = 1\ 112\text{kg}$，每立方米粉煤灰混凝土的材料用量为：

$m_{c0} = 456\text{kg}$，$m_{f0} = 80\text{kg}$，$m_{w0} = 159\text{kg}$，$m_{外0} = 5.3\text{kg}$。

⑤因试配得粉煤灰混凝土的实测表观密度为 $2\ 474\text{kg/m}^3$，故得校正系数：

$$X = 2\ 400/2\ 474 = 0.97$$

(9)砂、石用量不变，由此得每立方混凝土各材料用量如表 4.3 所示。

试配后每立方混凝土材料用量表 表 4.3

材料 水灰比	水(kg)	水泥(kg)	砂(kg)	碎石(kg)	外加剂(kg)	粉煤灰(kg)
0.30	159	450	599	1 112	5.3	80
0.31	159	435	622	1 106	5.13	78
0.32	159	422	645	1 099	4.97	75

(10)试拌调整，满足和易性及强度的要求，调试后材料用量见表 4.4。

调试后材料用量表 表 4.4

材料 水灰比	水(kg)	水泥(kg)	砂(kg)	碎石(kg)	粉煤灰(kg)	外加剂(kg)
0.30	7.95	22.5	29.95	55.6	4.0	0.265
0.31	7.95	21.75	31.1	55.3	3.9	0.257
0.32	7.95	21.1	32.25	54.95	3.75	0.249

5 试件制作

混凝土的试件制作过程一定要规范，试件制作不规范，会影响混凝土评定的准确性，所以混凝土试件的制作是一道关键的工序，一定要加以重视。一般混凝土试件制作采用标准试件，试件尺寸要求见表 5.1。

混凝土试件尺寸要求(单位:mm)　　表 5.1

抗压强度试件	抗冻试件	轴心抗压强度试件	抗压弹性模量试件	抗渗试件
150×150×150	100×100×400	150×150×300	150×150×300	175×150×185

6　试件观测和试验

(1)试件各项试验结果

经调整后确定试配各项性能指标值，见表 6.1。

经调整后确定试配各项性能指标值　　表 6.1

水灰比	7d 抗渗值	14d 抗渗值	28d 抗渗值	56d 抗渗值	7d 抗冻融值	14d 抗冻值	28d 抗冻融值	56d 抗冻融值	坍落度(mm)	坍落度 1h 损失
0.30	P8	P11	P13	P15	F220	F260	F270	F290	190	4
0.31	P6	P9	P11	P13	F210	F240	F260	F280	180	5
0.32	P6	P8	P10	P10	F205	F230	F255	F270	180	5
水灰比	电通量 7d 值	电通量 14d 值	电通量 28d 值	电通量 56d 值	含气量(%)	初凝时间(h)	终凝时间(h)	坍落度扩展度(mm)	坍落度(mm)	可泵性
0.30	790C	860C	920C	940C	3.8	9	11	550	190	良好
0.31	800C	880C	930C	960C	4.1	10	12	600	180	良好
0.32	840C	890C	970C	1 010C	4.5	11	13	670	180	良好

经调整后确定 C50 高性能混凝土抗压强度值见表 6.2。

经调整后确定 C50 高性能混凝土抗压强度值　　表 6.2

水灰比	砂率(%)	坍落度(mm)	3d 抗压强度(MPa)	7d 抗压强度(MPa)	14d 抗压强度(MPa)	28d 抗压强度(MPa)	弹性模量 E(MPa)	轴心抗压强度(MPa)
0.30	35	190	38.3	48.4	56.4	65.7	4.31×10^4	54.0
0.31	36	180	36.4	46.2	53.8	62.4	4.23×10^4	52.6
0.32	37	180	33.5	42.6	49.6	59.8	4.14×10^4	50.8

(2)各项性能指标的对比(图 6.1～图 6.7)

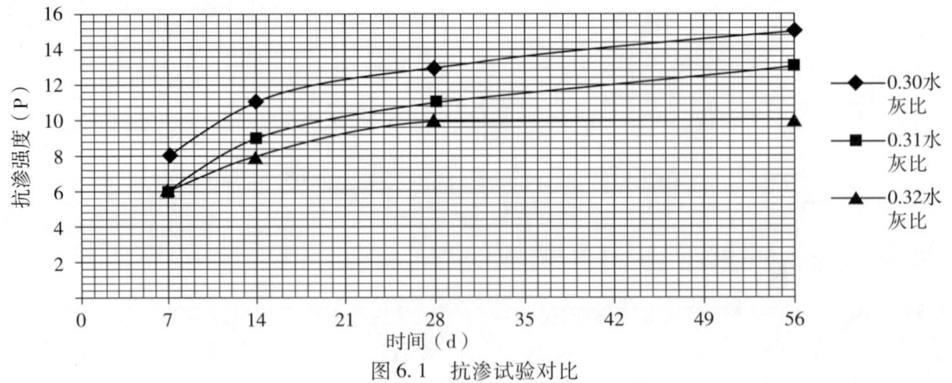

图 6.1　抗渗试验对比

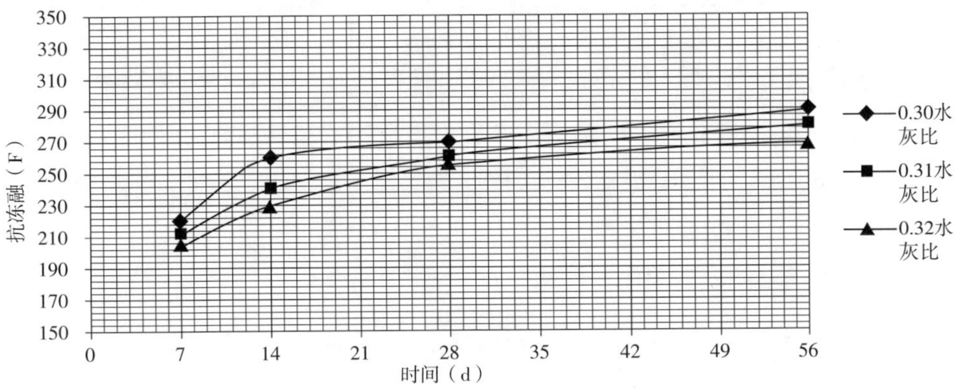

图 6.2　抗冻融试验对比

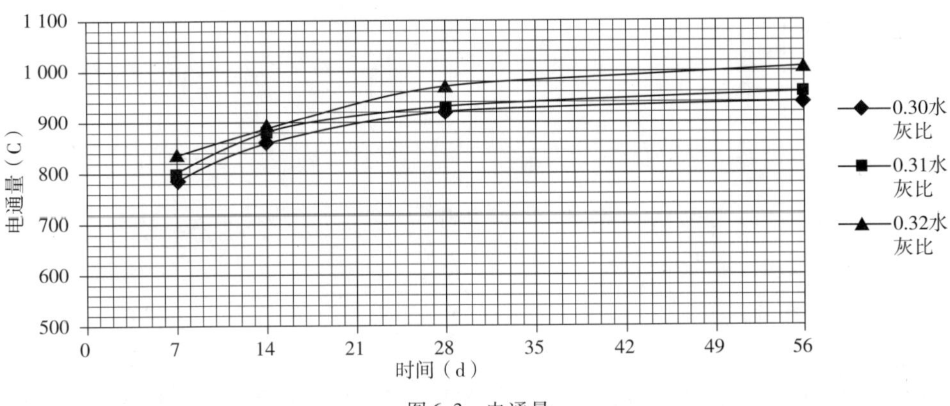

图 6.3　电通量

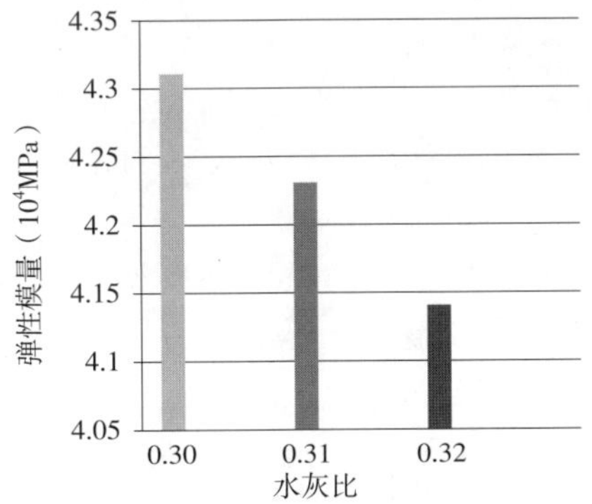

图 6.4　混凝土弹性模量

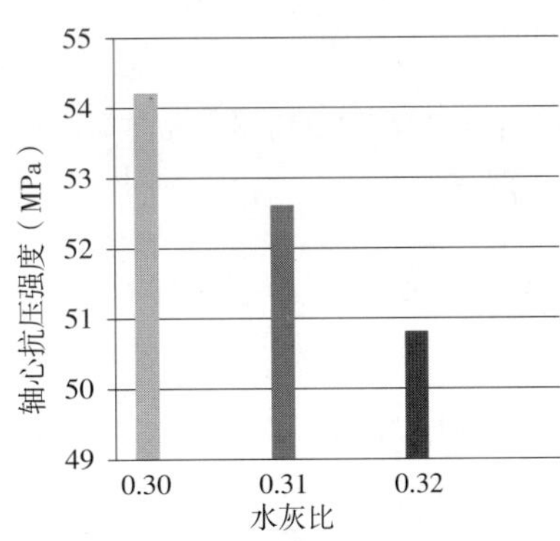

图 6.5　混凝土轴心抗压强度

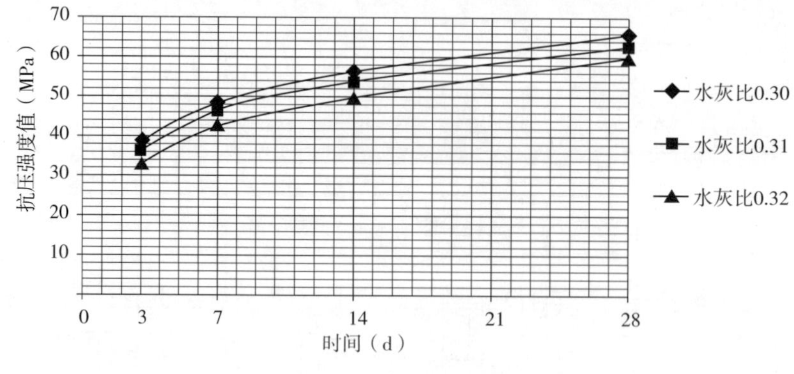

图 6.6　混凝土抗压强度

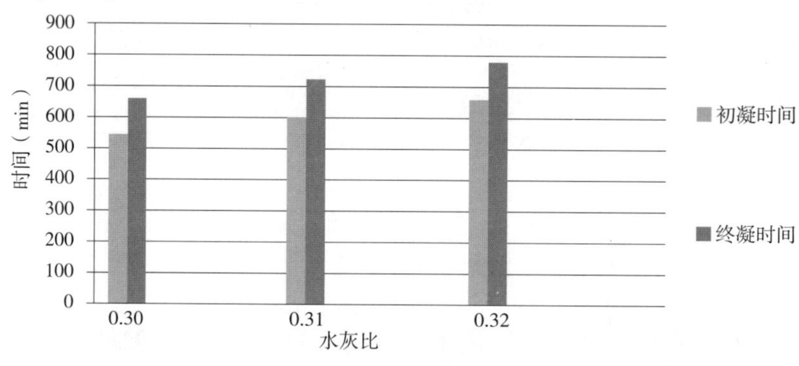

图 6.7　凝结时间对比

7　配合比试拌校正

保持水灰比不变，调整砂率适合可泵性即可。检测拌和物各项性能，使其满足设计要求。

（1）和易性的检测：坍落度满足 150 ~ 200mm 的要求，黏聚性良好，保水性良好，不离析、不泌水，扩展度为 550mm，抗冻融为 F290，电通量为 940C，均符合设计要求。

（2）混凝土含气量试验（含气量为 3.8%）。

（3）混凝土凝结时间满足施工要求大于 6h 以上。其室外温度 13℃，室内温度 22℃。

（4）试件制作：按标准方法每个水灰比制作 4 组试件，分别为抗压强度试件、抗冻融试件、抗渗试件、电通量试件，7d、14d、28d、56d 后做试验，均满足设计要求。

（5）根据《公路桥涵施工技术规范》（JTG/T F50—2011）规定，混凝土每立方米水泥用量不大于 500kg，总胶结材料不大于 600kg，三个配合比经分别试拌对比试验，最后选定 0.30 水灰比为施工理论配合比。

（6）综上所述，所选配合比的几项实测指标均满足该工程的施工条件和要求。

8 措施及要求

(1)加强原材料控制:混凝土中原材料的质量直接影响混凝土的质量,应严格控制原材料检测的相关性能指标。碎石级配控制见图 8.1。

图 8.1 碎石级配控制

(2)加强控制计量和搅拌时间:尤其在冬季施工中必须给水加温,保证出厂混凝土温度不低于 10℃。高性能混凝土的计量控制比普通混凝土的计量控制更为严格,再生产时,砂、石料的计量误差控制在 ±2% 以内,水泥、外加剂、掺和料的计量误差控制在 ±1% 以内,严格控制混凝土的水灰比。

(3)严格控制混凝土出厂前的坍落度:做到每车混凝土出厂前必须检查坍落度,合格后方可出厂。

(4)把好混凝土的运输关:在混凝土装料前,要特别注意罐车内不能积水,在运输过程中,罐车必须慢速转动,以免混凝土到达施工现场后发生离析。在泵送前快速转动罐车,使混凝土搅拌均匀后再卸料入泵。如果罐车到达现场后坍落度小于设计要求,可加入少量的高性能减水剂,快速转动 2min 后再卸料,严禁工地施工人员随意加水。

(5)施工浇筑养护及温度控制:规范施工,混凝土终凝后洒水养护,拆模后覆盖棉布类或土工布加覆盖膜保温养护。在冬季施工中可以整体覆盖,采用锅炉加热蒸汽养护。图 8.2 所示为混凝土拆膜后用塑料薄膜覆盖。图 8.3 所示为冬季施工时采用蒸汽养生。

图 8.2 混凝土拆膜后塑料薄膜覆盖

图 8.3　冬季施工采用蒸汽养生

(6)施工用配合比调整:测砂、石料的含水率分别为 3.7% 和 0.5%,如表 8.1 所示。

施工用配合比进行调整　　表 8.1

水灰比	水(kg/m³)	水泥(kg/m³)	砂(kg/m³)	碎石(kg/m³)	粉煤灰(kg/m³)	外加剂(kg/m³)	砂含水率(%)	石料含水率(%)
0.30	137	450	621	1 118	80	5.3	3.7	0.5

(7)混凝土强度、各项性能指标检验结果如表 8.2 所示。

混凝土强度、各项性能指标检验表　　表 8.2

部位	坍落度(mm)	40mim 坍落度损失(mm)	扩展度(mm)	初凝时间(h)	终凝时间(h)	可泵性	强度(MPa)		
							7d	14d	28d
8 号墩	195	4	600	10.0	12.0	良好	49.8	54.6	61.6
9 号墩	190	4	550	9.0	11.0	良好	48.1	55.6	63.1
10 号墩	200	5	600	10.5	12.5	良好	48.9	54.8	62.8

部位	28d 抗冻融	56d 抗冻融	28d 抗渗	56d 抗渗	28d 电通量	56d 电通量	含气量(%)
8 号墩	F260	F301	P12	P12	825C	833C	3.9
9 号墩	F275	F295	P14	P15	890C	930C	3.8
10 号墩	F269	F280	P13	P14	875C	905C	4.0

9　结论

从混凝土施工过程及强度性能检测数据可见,C50 泵送高性能混凝土在生产过程中坍落度稳定,1h 内坍落度损失很小,只有 5mm,流动性、黏聚性、可泵性良好,不离析、不泌水,泵送压力正常,凝结时间和温差正常,各项性能均符合设计要求。在泵送过程中未出现堵管等不良现象,混凝土表面平整未出现蜂窝麻面、裂纹等不良缺陷,按《混凝土强度检验评定标准》(GB/T 50107—2010),混凝土强度评定合格。

拉萨纳金大桥主桥高性能混凝土强度回弹检测试验

1 概述

拉萨纳金大桥横跨拉萨河，全桥长 1.28km，主桥跨径 70m + 117m + 117m + 70m，为矮塔斜拉桥。由于桥梁设计要求，再加之拉萨独特的高原气候环境，主桥混凝土采用高性能泵送混凝土。

混凝土强度是决定混凝土结构和构件受力性能的关键因素，也是评定混凝土结构和构件性能的主要参数，其中混凝土立方体试件的抗压强度是其各种物理力学性能指标的综合反映，它与混凝土轴心抗拉强度、轴心抗压强度、弯曲抗压强度、疲劳强度有良好的相关性，且其测试方便可靠，因此混凝土试件的抗压强度数据对现场施工具有重要的指导性意义。由于混凝土在现场施工和室内试验存在一定的差异性，仅从混凝土试件的抗压强度还不足以完全反应现场的实际情况，因此有必要对现场的混凝土构件做回弹试验，这样既可以保证现场混凝土构件不被损坏，又从一定程度上反应现场混凝土构件的实际强度。但在对现场混凝土构件进行回弹试验并通过泵送混凝土测区强度换算发现，高性能泵送混凝土的换算回弹强度与室内混凝土抗压强度存在一定的偏差。

通过对同条件养护的试件做回弹试验，同时获取其标准试件的抗压强度，统计大量的试验数据，对比找出回弹系数修正值和强度推定的经验公式作为参考，从而达到有效控制现场混凝土质量的目的。

2 试验方法

通过成型各强度区段的试件并对各强度区段的试件进行强度和回弹值的统计试验，得出高性能混凝土在每个强度区段的回弹系数修正值。

(1)将到达龄期的试件取出并擦净表面，待试件表面无水风干后再进行试验，以浇筑侧面的两个相对面置于压力机上(相对光滑，气泡少的两面待回弹)，加压统一采取 50kN ±5kN 将试件固定。

(2)在试件的两个相对侧面上分别均匀分布 16 个点，测点分布情况如图 2.1 所示。

在对混凝土试件进行回弹试验前须对回弹仪进行率定试验，从而保证数据准确有效。回弹仪率定试验宜在室温为 20℃ ±5℃的条件下进行。率定时，钢砧应稳固地平放在刚度大的混凝土地坪上，回弹仪向下弹击时，弹击杆应分 4 次旋转，每次旋转约 90°，弹击 3 ~5 次，取其中最后连续 3 次且读数稳定的回弹值进行平均作为率定值。

在对回弹仪率定完成且结果在 80 ±2 范围内方可进行下一步操作。按标准要求对混凝土试件进行弹击，获得 16 个回弹值后从每一面的 16 个回弹值中分别剔除其中 3 个最大值和 3 个最小值，然后再求余下的 10 个回弹值的平均值，计算精确至 0.1，得出该试件的平均回弹值。

图 2.1　混凝土回弹试验

(3)回弹试验完毕后将试件加荷直至破坏，以一组试块为一次试验，然后得出各试件的抗压强度值。回弹记录如表 2.1 所示。

回弹记录表　　表 2.1

<table>
<tr><td colspan="15">高性能混凝土回弹强度系数推算记录表</td></tr>
<tr><td colspan="3">部位</td><td colspan="8">8 号墩 0 号块底腹板</td><td colspan="2">浇筑日期</td><td colspan="2">2011.11.12</td></tr>
<tr><td colspan="3">回弹日期</td><td colspan="3">2011.11.19</td><td colspan="2">龄期</td><td colspan="2">7d</td><td colspan="2">试块叙述</td><td colspan="3">浇筑 50m^3 抽取</td></tr>
<tr><td colspan="3" rowspan="2">试块外观</td><td colspan="3">第一块</td><td colspan="3">第二块</td><td colspan="3">第三块</td><td colspan="3" rowspan="2">平均值</td></tr>
<tr><td colspan="3">表面光滑</td><td colspan="3">表面光滑</td><td colspan="3">少量小气泡</td></tr>
<tr><td colspan="3">试块抗压强度(MPa)</td><td colspan="3">50.1</td><td colspan="3">50.1</td><td colspan="3">53.3</td><td colspan="3">51.2</td></tr>
<tr><td>力值</td><td colspan="2">50.8kN</td><td colspan="4">第一块</td><td colspan="4">第二块</td><td colspan="4">第三块</td></tr>
<tr><td rowspan="15">试块回弹强度</td><td rowspan="5">正面值</td><td rowspan="4">单项</td><td>39</td><td>43</td><td>45</td><td>43</td><td>43</td><td>44</td><td>45</td><td>44</td><td>48</td><td>46</td><td>45</td><td>46</td></tr>
<tr><td>41</td><td>42</td><td>45</td><td>44</td><td>43</td><td>44</td><td>44</td><td>47</td><td>45</td><td>46</td><td>46</td><td>43</td></tr>
<tr><td>38</td><td>45</td><td>46</td><td>47</td><td>43</td><td>44</td><td>44</td><td>46</td><td>47</td><td>44</td><td>46</td><td>20</td></tr>
<tr><td>42</td><td>44</td><td>41</td><td>42</td><td>43</td><td>44</td><td>45</td><td>44</td><td>44</td><td>45</td><td>46</td><td>30</td></tr>
<tr><td>平均</td><td colspan="4">43.1</td><td colspan="4">43.9</td><td colspan="4">45.2</td></tr>
<tr><td rowspan="5">正面值</td><td rowspan="4">单项</td><td>38</td><td>44</td><td>43</td><td>44</td><td>45</td><td>46</td><td>43</td><td>43</td><td>43</td><td>44</td><td>45</td><td>45</td></tr>
<tr><td>38</td><td>46</td><td>44</td><td>48</td><td>42</td><td>46</td><td>45</td><td>45</td><td>43</td><td>43</td><td>43</td><td>42</td></tr>
<tr><td>42</td><td>43</td><td>47</td><td>44</td><td>45</td><td>46</td><td>38</td><td>38</td><td>40</td><td>42</td><td>47</td><td>47</td></tr>
<tr><td>43</td><td>43</td><td>43</td><td>43</td><td>43</td><td>42</td><td>42</td><td>43</td><td>41</td><td>43</td><td>45</td><td>37</td></tr>
<tr><td>平均</td><td colspan="4">43.4</td><td colspan="4">44.3</td><td colspan="4">43.6</td></tr>
<tr><td colspan="2">回弹平均值</td><td colspan="4">43.2</td><td colspan="4">44.1</td><td colspan="4">44.4</td></tr>
<tr><td rowspan="2">强度</td><td>单项</td><td colspan="4">48.5</td><td colspan="4">50.6</td><td colspan="4">51.3</td></tr>
<tr><td>平均</td><td colspan="8">50.1</td><td colspan="4"></td></tr>
</table>

<table>
<tr><td>系数</td><td colspan="2"></td><td>备注</td><td></td></tr>
<tr><td>试验人</td><td></td><td>审核人</td><td colspan="2"></td></tr>
</table>

通过混凝土强度在60MPa以内按照《回弹法检测混凝土抗压强度技术规程》(JGJ/T 23—2011)附录B“泵送混凝土测区强度换算表”查询得到相应的回弹强度值，再用表2.1提供的修正值给予修正。

《回弹法检测混凝土抗压强度技术规程》(JGJ/T 23—2011)附录B“泵送混凝土测区强度换算表”中，当碳化深度为0，混凝土强度超过60MPa时，表中没有依据查询，纳金大桥主桥高性能混凝土强度28d已经大于60MPa，根据上面的试验并对数据进行回归分析(图2.2)得出回弹值与混凝土试件强度之间修正后的回归方程：

$$y = -0.02x^2 + 3.3943x - 56.788$$

式中：y——混凝土试件实际抗压强度；

x——混凝土试件的回弹值。

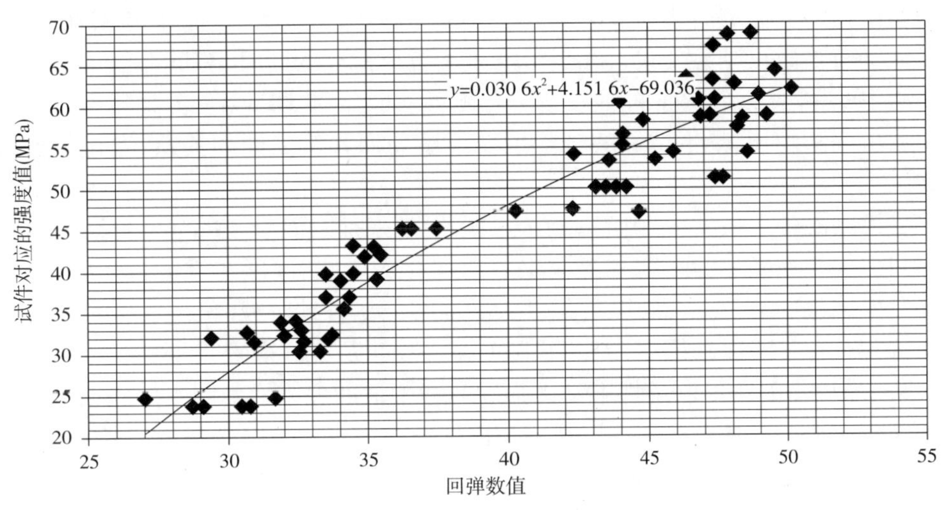

图2.2　回弹仪经验公式统计趋势图

可以看出，修正后的混凝土抗压强度值要比回弹仪给出的经验公式计算的混凝土抗压强度值略大，但基本接近。测区混凝土强度计算表见表2.2。

测区混凝土强度换算表　　表2.2

碳化深度值(mm)	抗压强度值				
0	f_{cu}^{c}(MPa)	≤35.0	45.0	50.0	55.0~60.0
	K(MPa)	5.5	6.3	5.0	2.8

注：f_{cu}^{c}——测区混凝土强度换算值；K——测区混凝土强度修正值。

根据以上试验统计结果，纳金大桥主桥高性能混凝土不同强度区间的回弹强度值以此作为附加参考依据进行修正，强度精确至0.01MPa。

在现场回弹试验中由于《回弹法检测混凝土抗压强度技术规程》(JGJ/T 23—2011)附录B“泵送混凝土测区强度换算表”中未注明测区混凝土强度换算值大于60MPa的情况，因此由公式$y = -0.02x^2 + 3.3943x - 56.788$推出表2.3。

通过上面的对比，对于日常回弹试验中遇到的测区混凝土强度换算值大于60MPa的情况，就有了重要的回弹强度推定依据。

混凝土强度推定表　　表2.3

回弹值	48.0	48.5	49.0	49.5	50.0	50.5	51.0
修正后强度值(MPa)	60.05	60.8	61.5	62.2	62.9	63.6	64.3
回弹仪公式强度值(MPa)	60.04	60.33	60.92	61.49	62.04	62.58	63.11

3　总结与探讨

近年来，在使用回弹仪弹测混凝土强度时，发现有些建筑试验仪器厂所出产的回弹仪使用说明书所给回弹值标定曲线与混凝土实测强度值相比，有较大差值，不能正确反映结构物的实际强度。前述修正经验公式是在进行混凝土抗压试验的同时，对试件也进行了弹测(试件是在加压10t后，对两个侧面回弹1～16个测点)，收集了1 284个实测数据，按照不同品种水泥和养护方法，对混凝土试件的极限抗压强度与回弹值之间的关系，进行整理分析，探索得出的。

回弹法检测混凝土强度，是由混凝土的表层硬度来推断混凝土的强度，除回弹值外还要综合考虑回弹仪与混凝土的强度和混凝土表层碳化的影响，硬度与立方抗压强度之间的关系可以查看由试验方法获得的硬度与强度关系曲线。尽管针对混凝土试件抗压强度与回弹值的关系试验有一定的理论依据，但以下几个深层次问题更值得研究：

(1)不同品种水泥在不同条件下试件强度与回弹值的关系式不同

矿渣硅酸盐水泥混凝土试件抗压强度与回弹值的关系式在自然条件下覆盖洒水养生未经碳化，经过实测对比与普通硅酸盐水泥混凝土试件抗压强度与回弹值关系式不同。

(2)掺粉煤灰的混凝土碳化程度会加速

传统上认为，在混凝土中掺入粉煤灰后碳化加速是因为粉煤灰稀释了水泥中$Ca(OH)_2$，那么，为什么掺同样比例矿渣的混凝土碳化加速的程度会低得多呢？可能有人会认为是矿渣中含较多CaO之故。但是从矿相分析来看，矿渣中CaO主要为化合态，不会增加混凝土中$Ca(OH)_2$的含量，掺入矿渣似乎也会稀释$Ca(OH)_2$的浓度。传统认为碳化速率和环境中CO_2浓度有关，混凝土中$Ca(OH)_2$浓度减小时，相当于大气中CO_2浓度相对增加。这是一种概念的转移：一种物质在另一种物质中的扩散系数与其浓度有关，也就是说，CO_2初始浓度影响其扩散速率，并不等于影响碳化的速率和深度。不管$Ca(OH)_2$的浓度多少，在合适的湿度下，总是会和CO_2碳化反应的。按照现行有关规范，混凝土碳化性能的试验方法是：将试件养护到28d，在CO_2浓度为20%、温度20℃、相对湿度60%±5%的碳化箱中碳化28d。这种方法对实际工程毫无意义，因为在实际工程中不会养护到28d。也就是说，现场混凝土的碳化都不会从28d才开始，而是停止湿养护后，混凝土表面层相对湿度下降到70%以下时，碳化就会开始。对于纯硅酸盐水泥的混凝土，碳化深度随水灰比的增加而增加。有资料证实：水灰比为0.4的混凝土碳化深度是水灰比为0.6的一半；水灰比为0.5的混凝土在一般条件下暴露10年，碳化深度为5～10mm；水灰比为0.6的混凝土15年后碳化深度为15mm；而水灰比为0.45的混凝土，碳化深度为15mm时需要100年。也就是说，影响混凝土碳化性质的主要因素是混凝土的水灰比，水灰比是决定混凝土密实度的主要因素。而当掺用粉煤灰时，即配制混凝土时降低水胶比，使该混凝土28d强度保持与不掺粉煤灰时一致，而其初期（例如3d、7d）强度还是低于不掺粉煤灰时的同龄期强度。

因此，碳化对混凝土的影响主要并不是强度，因为只要在掺用粉煤灰后把混凝土水胶比降低到一定程度，28d抗压强度无疑是会满足设计要求的，而且由于现场浇筑混凝土温度的影响，掺粉煤灰的混凝土实际强度总是会比标准养护的相同掺粉煤灰的混凝土试件强度高。

（3）混凝土碳化层对混凝土强度的影响程度

水化龄期应当是指在有水存在的情况下所经过的龄期，故可认为等同于湿养护的龄期。在一定的水胶比下，湿养护龄期越短，粉煤灰掺量越大的试件孔隙率越大；不同粉煤灰掺量的试件，孔隙率的差别随湿养护龄期的增长而缩小；不同粉煤灰掺量的试件，孔隙率无差别的湿养护龄期与水胶比有关，水胶比为0.35时，该龄期约在28d，水胶比为0.3时，则该龄期约为22d。对于纯硅酸盐水泥来说，在这样低的水胶比下，湿养护2d足矣，而对于掺粉煤灰的混凝土，尽管掺粉煤灰的前提是必须降低水胶比，实际工程中混凝土湿养护龄期一般不会超过7d，大掺量粉煤灰混凝土实际的碳化深度也会因孔隙率较大而较大。碳化本身不会造成混凝土劣化，但是$Ca(OH)_2$碳化后分子体积大约可收缩20%，如果先产生干燥收缩，随后再加上碳化收缩，可能在约束条件下产生开裂；更重要的是，钢筋在碱性环境下的稳定性会因碱度降低而受到破坏，引起锈蚀。对于混凝土的强度，则碳化前后并不会有太大差别，反而会因碳化而提高。对于保护层厚度很小、强度等级很低的混凝土，当无有效技术措施时，应当考虑的倒是大掺量粉煤灰混凝土早期孔隙率大而发生的碳化对可能引起钢筋锈蚀的影响，碳化后的混凝土不仅碱度下降，而且因碳化收缩，尤其是先产生干缩与继而碳化产生收缩的叠加，会使混凝土孔隙增多、增大造成表面开裂。因此，大可不必为按碳化层厚度的折减系数大小而担心混凝土的强度。

（4）混凝土碳化层深度的理解

由于混凝土材料的高度非匀质性，碳化前沿很难定量，用一个40mm×40mm×160mm的砂浆试件在相对湿度为50%的大气常温环境中碳化后横断面的酚酞显色，可见碳化区形状极无规则，充分显示了这种材料的非匀质性。显然，在取平均值时，选取测点位置和数量都会极大地影响计算结果。因此，取有限数量的测点时，不同时间、不同人的量测结果有很大的差异。测点数量越多，差别越小，而在实际工程中一般都是在构件上钻眼，滴入酚酞试剂，然后用卡尺量测不显色部分的深度，取6个点的平均值，作为碳化深度。这样的结果的代表性显然值得怀疑。而且，酚酞试剂在碱性下呈紫红色，在酸性和中性下无色，其变色范围为$pH=8\sim10$。$Ca(OH)_2$碳化后，pH值可下降到8.5。掺入粉煤灰后，$Ca(OH)_2$减少，酚酞无色之处并不都是$CaCO_3$，还包含未水化的水泥和粉煤灰，还可能会有受大气中其他酸性介质（如酸雨中的SO_2、工业排放和汽车尾气中的NO_x等）作用形成的其他盐；还可能有未碳化的$Ca(OH)_2$核心；当然还有砂子和石子。因此，这个“碳化层”的硬度及厚度和混凝土的强度并没有直接关系。

（5）用“回弹法检测混凝土强度”对工程中的混凝土强度评定

在水硅酸盐水泥混凝土问世之前，已经有古老的混凝土建筑和构筑物在世界上屹立了两千多年，例如至今仍供游人游览的古罗马万神殿，经历两千多年海浪冲刷至今仍完好无损。尽管建造时没有硅酸盐水泥，使用的是以石灰和火山灰为胶凝材料的混凝土，却因"精心选择原材料，精心施工"而有着优异的质量。实践证明：一般工程在试验室经过反复试配而优化的混凝土，到达现场验收合格，只要在现场不随意更动，而按合理的顺序浇筑，正确地振捣，并根据环境温度控制好入模和升温、降温速率，不要过早拆模，保证充分的湿养护，则混凝土的质量就不会有问题。因此对于重要工程最好采用跟踪养护的技术进行监控和验收。因为现场混凝土构件的尺寸远大于试验室小试件的尺寸，现场混凝土构件依尺度大小和散热面积的不同，其内部的实际温度一般都不同程度地高于试验室内标准养护温度，则二者强度的发展也不同。跟踪养护即在混凝土内部一定部位（视需要控制性能的关键部位而定）埋设温度传感器，跟踪该所测温度调节试件养护池的水温。这样的试件强度可跟踪构件内混凝土实际强度。对于重大工程，可在现场预浇筑一个模拟实际构件尺寸的实体，预埋温度和应力传感器，并供结构运行期间钻芯监测其所需性能。北京某高度 330m 的塔楼三期 A 工程在正式浇筑大体积混凝土底板以前，在工地现场预先浇筑了一个 4.5m × 4.5m × 4.5m 的足尺模型，以检验混凝土品质，观察结构内部温升、强度发展和应力分布情况，用于指导实际施工，取得很好效果。

拉萨纳金大桥主梁高性能混凝土应用

1　混凝土结构耐久性的认识过程

从混凝土应用于土木工程至今，大量的混凝土结构由于各种各样的原因而提前失效，达不到预定的设计使用年限。究其原因，其中有的是由于结构设计的抗力不足造成的，有的是由于使用荷载的不利变化引起的，但更多的是由于结构耐久性不足导致的，特别是特殊地区的混凝土结构，由于气候环境对混凝土结构的影响，导致钢筋腐蚀而使结构发生早期损坏，丧失了结构的耐久性能。因此，耐久性失效是导致混凝土结构在正常使用状态下失效的最主要因素之一。

1824 年，波特兰水泥问世，人类便开始了应用混凝土建造建筑物的历史，混凝土的耐久性问题也随之出现。早期，主要将混凝土应用于兴建大量的海岸防堤、码头、灯塔等，这些构筑物长期经受外部介质的影响，其中包括物理作用和化学作用的影响，导致构筑物迅速破坏。因此，早期混凝土耐久性的研究主要集中在了解构筑物中混凝土的腐蚀情况。在 19 世纪 40 年代，为了探索码头被海水毁坏的原因，法国工程师 Buka 对水硬性石灰以及用石灰和火山灰制成的砂浆性能进行了研究，并著有《水硬性组分遭受海水腐蚀的化学原因及其防护方法的研究》，这是关于海水对水硬性胶凝材料制成的混凝土腐蚀破坏的第一部科研著作。1880 ~ 1890 年，当第一批钢筋混凝土构件问世并首次应用于工业建筑物时，人们便开始研究钢筋混凝土能否在化学活性物质腐蚀条件下安全使用以及在工业大气环境中混凝土结构的耐久性问题。

20 世纪 20 年代，随着结构计算理论及施工技术水平的相对成熟，钢筋混凝土结构开始被大规模采用，应用的领域也越来越广阔，因此许多新的耐久性损伤问题逐渐出现，这直接促使人们必须有针对性地对混凝土的耐久性进行研究。20 世纪 40 年代，美国学者首先发现并定义了碱—集料反应，随后在许多国家混凝土结构的耐久性问题都受到了重视；1945 年，Powers 等人从混凝土亚微观层次入手，分析了孔隙水对孔壁的作用，提出了静水压理论和渗透压理论，开始对混凝土冻融破坏进行研究；1951 年，前苏联学者 A. ABaukob、B. M. MockNH 最先开始了混凝土中钢筋锈蚀问题的研究并在大规模研究工作的基础上制定了防腐标准规范，为建筑物具有足够耐久的混凝土结构奠定了基础。进入 20 世纪 60 年代，混凝土结构的使用已经进入了高峰期，同时混凝土结构的耐久性研究也进入了一个高潮，并且开始向系统化、国际化的方向发展。我国从 20 世纪 60 年代开始混凝土结构耐久性的研究，当时的主要研究内容是混凝土的碳化和钢筋的锈蚀。20 世纪 80 年代初，我国对混凝土结构的耐久性进行了广泛而深入的研究，取得了一系列成果。中国土木工程学会于 1982 年和 1983 年连续两次召开了全国耐久性学术会议，为随后混凝土结构规范的科学修订奠定了基础，推动了耐久性研究工作的进一步开展。随后，铁道部、交通部和中国土木工程学会等有关部门也结合工程的需要对混凝土结构的腐蚀进行了试验研究，收集了大量的试验数据。1991 年 12 月在天津成立的全国混凝土耐久性学会使我国混凝土结构耐久性的研究朝系统化、规范化的方向迈进了一步。国家科委 1994 年组织的国家基础性研究重大项目(攀登计划)“重大土木与水利工程安全性与耐久性的基础研究”也取得了不少研究成果。2000 年 5 月在杭州举行的土木工程学会第九届年会学术讨论会上,混凝土结构耐久性是大会的主题之一,会议认为必须要重视混凝土结构的耐久性研究。2001 年 11 月,国内众多相关专家学者在北京举行的工程科技论坛上,就土木工程的安全性与耐久性问题进行了热烈的讨论,混凝土结构耐久性问题得到了前所未有的重视。混凝土结构的耐久性,是指混凝土结构在自然环境、使用环境及材料内部因素的作用下,在设计要求的目标使用期内,不需要花费大量资金加固处理而保持其安全、使用功能和外观要求的能力。钢筋混凝土结构的耐久性包括材料、构件和结构三个层次。材料的耐久性是基础,它在很大程度上决定了构件、结构的耐久性,要解决钢筋混凝土的耐久性问题,首先必须保证其主要的组成材料——混凝土具有良好的抗老化性能。

国内外统计资料表明,由于混凝土结构耐久性病害而导致的经济损失是巨大的,并且混凝土结构耐久性问题会越来越严重。美国 1975 年由于腐蚀引起的经济损失达 700 亿美元,1985 年则达到了 1 680 亿美元,美国标准局 1998 年的调查表明,美国全年各种腐蚀损失约为 2 500 亿美元,其中混凝土桥梁修复费用达 1 550 亿美元。在北欧、加拿大、澳大利亚等国家和地区都存在着相似的腐蚀危害,其修复费用都非常昂贵。我国混凝土结构耐久性问题也不容忽视,1986 年国家统计局和建设部对全国城乡 28 个省、市、自治区的 323 个城市和 5 000个镇进行了普查,调查发现固定资产超过 5 000 亿元的城镇房屋建筑面积 $46.76 \times 10^8 m^2$ 和工业厂房面积 $5 \times 10^8 m^2$ 中约有 $23 \times 10^8 m^2$ 建筑物需要分期分批进行评估和加固,其中半数以上需要维修加固之后才能正常使用。美国学者 Sitter 曾用“五倍定律”形象地描述混凝土结构耐久性设计的重要性,即设计阶段对钢筋防护方面节省 1 美元,那么就意味着:发现钢筋锈蚀时采取措施,将追加维修费 5 美元;混凝土表面顺筋开裂时采取措施,将追加维修费 25 美元,严重破坏时采取措施,将追加维修费 125 美元。

我国是一个发展中的大国,正在从事着为世界所瞩目的大规模基本建设。因此,混凝土结构耐久问题迫切需要加以解决,它对指导混凝土结构耐久性设计、评估和维修,延长混凝土结构使用寿命,为我国节约有限的资源和有效地利用资金有重要的意义。

水泥混凝土从 18 世纪末开始用于房屋、桥梁等结构工程中,到了 20 世纪 50 年代初,就已确立了它在整个土建工程领域中作为最大用量材料的地位,并为建设 20 世纪的人类物质文明做出了无可估量的巨大贡献。几乎所有的现代基础设施工程都离不开混凝土,绝大部分的土建工程都用混凝土结构造建,一些特大工程都离不开预应力技术。全球混凝土的年消耗量已从 20 世纪 60 年代初的人均 1t 增加到 20 世纪 80 年代的人均 1.5t 和现在的接近 2t,如果考虑到世界人口的增长速度,混凝土消耗总量的增加是相当惊人的。我国水泥的年产量目前已飞速增长到 7 亿 t,可以配置的混凝土约 23 亿 m^3,年人均接近 4t,并且还将继续上升。

但是,长期以来,人们受混凝土是一种耐久性能良好的建筑材料的影响,忽视了混凝土结构的耐久性问题,造成对混凝土结构耐久性认识不足,或者说重视程度不够。全球范围内由于钢筋锈蚀和混凝土腐蚀造成的经济损失是巨大的,给我们的经验和教训也十分深刻的。以发达国家美国为例,美国联邦公路局 1989 年向国会提交的报告《美国公路和桥梁现状》中指出,当时积压的有待维修的桥梁需耗费 1 550 亿美元,到 1991 年提交的报告提出仅修复由于耐久性不足而损坏的桥梁就耗费910亿美元。这些修复加固中预应力混凝土桥梁结构占有一定的比例。据1999年的统计资料,美国当时共有登记在册的桥梁58.6万座,其中预应力桥梁约10.8万座,占全部桥梁的18.5%。在这些桥梁中,有缺陷(不能承受设计荷载而需限载通行)的桥梁约为8.8万座,占总数的15%;其中有缺陷的预应力混凝土桥梁约为3 000座,占有缺陷桥梁的3%。但是这些约10.8万座的预应力桥梁主要是1960年以后建成的,修建相对较晚,所以缺陷率的比例目前相对较低,但许多在今后的10~30年中需要大修和更换。近两年来,世界许多地方桥梁出现坍塌等事故,使得预应力桥梁耐久性问题再一次引起人们的广泛关注。

目前,我国的基础设施建设规模宏大,每年投资超过2万亿元,其中预应力混凝土结构占有一定比重,并且预应力混凝土结构多数为一些高层建筑、大型桥梁、海洋平台、核电站等特种工程。随着预应力混凝土结构在各种工程中的广泛应用,结构耐久性失效的问题将会突出起来,这是因为:

(1)现有预应力结构设计时对耐久性问题考虑不足以及结构使用年限的增加。

(2)以往的统计报告没有反映除冰盐的效应。

(3)现代建筑有时建造在环境恶劣的地区及氯化物浓度大的沿海地区,且随着环境污染的加剧,城市空气中CO浓度上升以及酸雨的影响,使结构物处于多种侵蚀环境的共同作用下,加速预应力筋腐蚀破坏的进程。

(4)各种外加剂的大量使用,关于它们的一些未知副作用可能会对结构的耐久性产生影响等。

因此,借鉴欧美发达国家的经验教训,大力开展预应力结构耐久性的基础研究,弄清预应力结构耐久性失效的机理,乃当务之急。一方面,可以对新建预应力工程项目提出耐久性设计方法,揭示影响结构寿命的内外部因素,从而提高工程的设计水平和施工质量,确保预应力结构生命全过程的正常工作;另一方面,对服役预应力建筑物提出耐久性评估方法,正确评价出结构物的使用情况以及剩余寿命,并对耐久性不足的结构选择恰当的方法进行处理和加固。因此,这方面的研究既有服务于服役结构的现实意义,又有指导新建结构进行耐久性设计的重要意义。

2 纳金大桥采用高性能混凝土的必要性

高性能混凝土是一种新型高技术混凝土,是在大幅度提高普通混凝土性能的基础上采用现代混凝土技术制作的混凝土。它以耐久性作为设计的主要指标,针对不同用途要求,对下列性能有重点予以保证:耐久性、工作性、适用性、强度、体积稳定性、经济性。为此,高性能混凝土在配制上的特点是采用低水胶比,选用优质原材料,且必须掺加足够数量的矿物细掺料和高效混凝土外加剂。

纳金大桥设计使用年限为100年。拉萨地区特殊的气候特点决定了该地区的材料特性,而该材料特性对于耐久性设计年限100年的纳金大桥来说无疑是一个严峻的考验。拉萨地区混凝土的原材料质量上和级配上存在很大的不稳定性,加之拉萨高海拔地区气候独特,昼夜温差大、日照时间长、地震频率高,因此采用特殊配合比的高性能混凝土是非常必要的。

(1)纳金大桥设计使用寿命 100 年,所以混凝土耐久性要求高,普通混凝土无法满足施工性能。

(2)由于纳金大桥处于地壳分裂带上,抗震设计的钢筋密度为常规桥梁的 2 ~3 倍。因此,混凝土必须要具有较高流动性,易充满模型,自密实性能好,缓凝早强等良好的工作性能,这是普通混凝土无法实现的。

(3)西藏地区早晚温差大,空气湿度小,工程结构处在干湿交替和冻融交替环境,混凝土快速冻融循环必须达到 250 次以上。

(4)纳金大桥采用挂篮施工,桥宽 33m,在同跨径桥梁中也很罕见,而如此大的断面采用挂篮施工,不论在 0 号块或其他节段,浇筑后混凝土很容易产生大面积裂缝。产生裂缝的原因主要是混凝土变形造成的,而高性能混凝土具有较高的体积稳定性,对减少箱梁施工过程中乃至成桥后的裂缝有着明显的效果。

根据《公路桥涵施工技术规范》(JTG/T F50—2011)第 6. 15 条规定:混凝土结构所处的环境作用(F250 级)条件,本工程 C50 高性能混凝土应满足下列一种或几种技术要求:

(1)水胶比不大于 0. 32。

(2)56d 龄期的 6h 总导电量小于 1 000C。

(3)冻融循环的要求是 F250。

3　纳金大桥采用高性能混凝土的主要材料

3.1　水泥

水泥的主要技术指标有:细度(比表面积)、标准稠度用水量、凝结时间、安定性和强度等。首先水泥要满足高性能混凝土耐久性的要求。

(1)具有低的开裂敏感性,较好的匀质性,对混凝土长期发展有益,不损害混凝土耐久性。

(2)与高性能混凝土“低水胶比”相适应的低用水量。

(3)采用 P. O52. 5 级的水泥,控制水泥的比表面积在 350 ~400m^2/kg,C_3A(硫铝酸钙)含量控制在 6% ~8% ,防止早期水化热过大导致结构产生开裂。

水泥的比表面积与抗压强度和开裂敏感性的关系如图 3. 1、图 3. 2 所示。

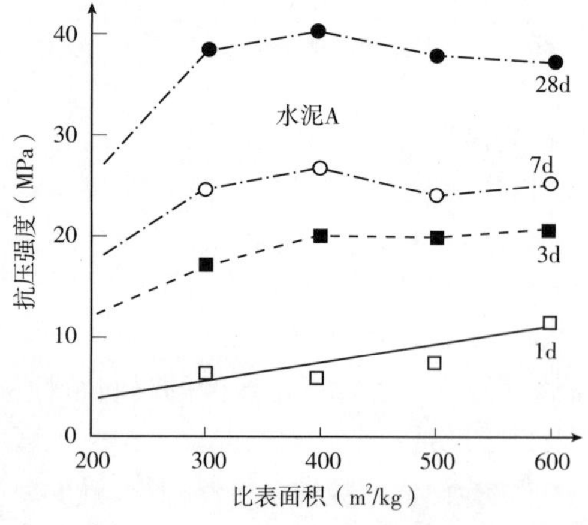

图 3. 1　水泥比表面积对抗压强度的影响

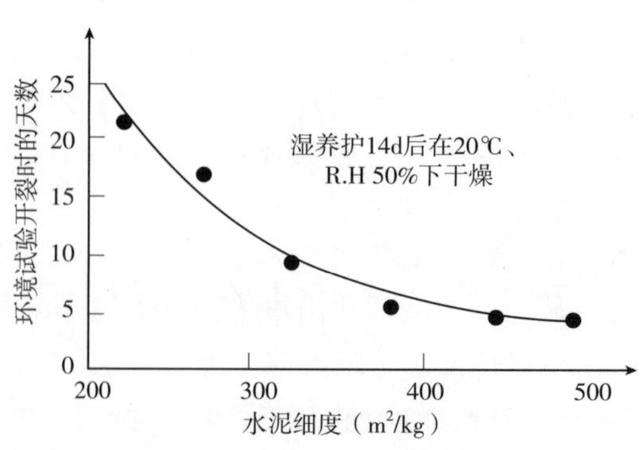

图 3. 2　水泥比表面积对开裂敏感性的关系

3.2 掺和料

不同的掺和料具有不同的特性和作用。粉煤灰和矿渣粉的优缺点见表3.1

粉煤灰和矿渣粉的优缺点　　表3.1

掺和料	优点	缺点
粉煤灰	减少水泥用量，收缩小，抗裂性好，对 Cl^- 吸收强，后期强度增长快	化学活性低，早期反应很少，长期反应率最多只有20%多，故抗碳化差
矿渣粉	化学活性随比表面积增大而提高明显，抗碳化性稍好	收缩大，抗裂性差，比表面积太大时不利于混凝土温升的降低

3.3 高效混凝土外加剂

减水剂没有好与坏之分，关键是看它能不能与其他各种材料（主要是水泥）相适应，同一种减水剂对不同品种水泥的减水流化效果不尽一致，合适的才是最好的。采用河南红欧建材有限公司提供的聚羧酸高效减水剂。其优点为：

（1）减水率可高达40%，减小混凝土收缩，掺量合适时拌和物工作性好。

（2）减水率关系接近于线性，工地混凝上拌和预测性好。

（3）多组分组成，聚羧酸减水剂是由多种材料组成，通过调节可调试出适合不同要求的性能。

（4）碱和氯离子含量低，碱集料反应小。

3.4 粗细集料

集料的强度比混凝土中基本和界面过渡区的强度要高出数倍，因此选择集料第一位的不是强度，而是集料的级配和粒形。级配和粒形良好的集料可以配制出低用水量、高工作性和高耐久性的混凝土。换句话说，由于破坏是天然集料强度之外的其他量先行破坏所造成，绝大多数天然集料的强度几乎得不到利用。然而，除强度外，集料的其他特性，如粒径、形状、表面结构、级配（粒径分布）和矿物成分，都在不同程度上影响着混凝土强度、抗冻性、抗渗性及收缩性。

集料最大粒径与混凝土渗透性、抗冻性、抗压强度的关系分别见图3.3～图3.5。集料用量与混凝土收缩性的关系见图3.6。

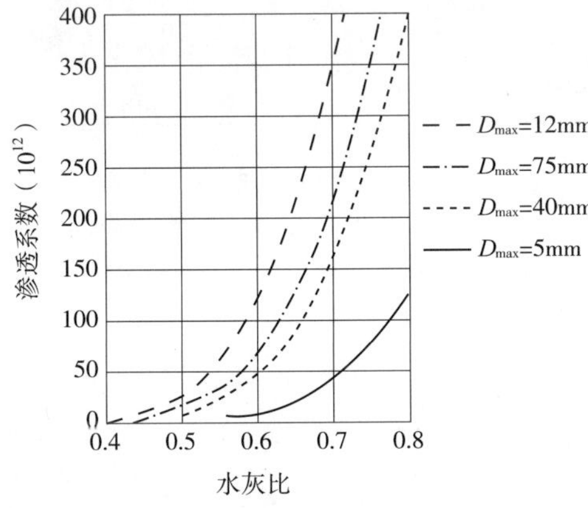

图3.3　集料最大粒径与混凝土渗透性的关系

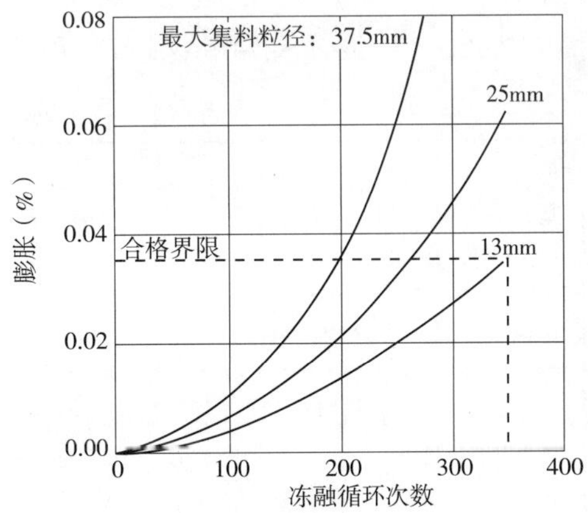

图3.4　集料最大粒径与混凝土抗冻性的关系

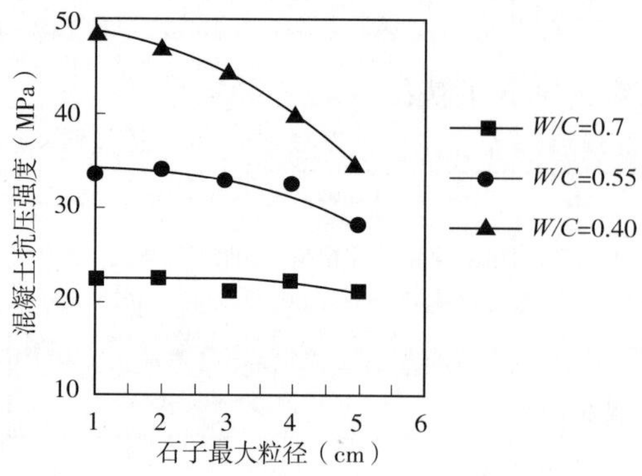

图 3.5　集料最大粒径与混凝土抗压强度的关系

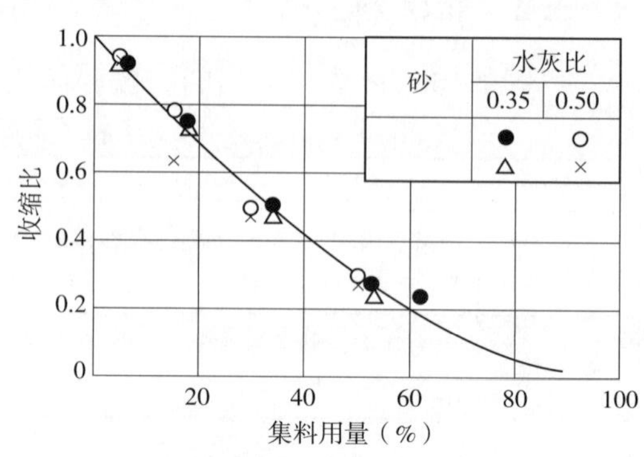

图 3.6　集料用量与混凝土收缩性的关系

4　纳金大桥高性能混凝土主要材料的性能指标

4.1　水泥物理化学性能指标(表 4.1)

水泥物理化学性能指标　　表 4.1

物理分析	密度 (g/cm^3)	细度 0.08mm 筛余 (%)	比表面积 (m^2/kg)	凝结时间 (min)		标准稠度用水量(%)	安定性	抗折强度(MPa)		抗压强度(MPa)	
				初凝	终凝			3d	28d	3d	28d
试验结果	3.03	6.0	333	150	200	27.0	合格	5.2	8.4	27.5	55.2

化学分析	烧失量(%)	CL^-(%)	不溶物(%)	游离 CaO(%)	SO_3(%)	MgO(%)	$Na_2O+0.658K_2O$(%)
试验结果	1.48	0.015	0.58	1.14	2.56	1.5	0.60

4.2　粉煤灰的性能指标(表 4.2)

粉煤灰的物理化学指标　　表 4.2

物理分析	45μm 筛余(%)	需水量比(%)	含水率(%)	安定性　雷式夹沸煮后增加距离(mm)
试验结果	8.9(≤12)	93.5(≤100)	0.3(≤1)	2.5(≤5)

化学分析	烧失量(%)	游离 CaO(%)	SO_3(%)	Cl^-(%)	
试验结果	2.4(≤3)	0.39(≤1)	1.5(≤3)	0.01(≤0.02)	

4.3 高效减水剂的性能指标(表4.3)

聚羧酸高效减水剂物理化学指标 表4.3

检验项目		GB 8076—2008 外加剂规定值		试验结果
		一等品	合格品	
硫酸钠含量(%)		≤5.0		2.1
总碱量(%)		<10		0.82
pH 值		6.5±1		6.0
水溶性 Cl^- 含量(%)		≤0.02		≤0.018
减水率(%)		≥20	≥10	≥33
泌水率(%)		≤90	≤95	≤83
含气量(%)		≥3.0	≥4.0	4.4
凝结时间之差(min)	初凝	-90~+120		+145
	终凝			—
抗压强度比(%)	3d	125	120	200
	7d	125	115	175
	28d	120	110	123
收缩率比(%)		≤135		≤117
对钢筋锈蚀作用		应说明对钢筋有无锈蚀危害		对钢筋无锈蚀危害

4.4 集料性能指标(表4.4、表4.5)

粗集料的性能指标 表4.4

项　目	表面密度(kg/m^3)	堆积密度(kg/m^3)	针片状含量(%)	含泥量(%)	压碎值(%)	各筛孔累计筛余(%)						Cl^-(%)
						2.36	4.75	9.5	16.0	19.0	26.5	
试验结果	2 717	1 706	5.1	0.4	6.4	99.9	96.8	60.9	24.1	4.8	0	0.01

细集料的性能指标 表4.5

项　目	表观密度(kg/m^3)	堆积密度(kg/m^3)	含泥量(%)	Cl^-(%)	各筛孔累计筛余(%)							细度模数
					0.15	0.3	0.6	1.18	2.36	4.75	9.5	
试验结果	2 801	1 640	1.4	0.003	93.5	81.0	61.0	40.6	21.5	2.9	0	2.9

5 主塔主梁C50混凝土配合比及优化

混凝土配合比的优化要从提高混凝土抗裂性、满足工作性、力学性能、耐久性能等要求出发,采用大掺量优质矿物掺和料、减少水泥用量以及使用缓凝型高效减水剂等技术来控制胶凝材料水化热总量,提高混凝土体积稳定性,确定混凝土配合比。因此要从材料调配、经济效益、混凝土工作质量等方面综合考虑,而不是单纯为了达到设计强度。水泥用量过多,往往导致混凝土收缩裂缝的产生和徐变增大,而且也相应增加了施工成本。

5.1　主箱梁优化前的配合比

主箱梁混凝土配合比见表 5.1。

主箱梁混凝土配合比　　表 5.1

配合比	华欣水泥（42.5 级）	砂	碎石	水	减水剂	引气剂	矿渣粉	粉煤灰
	492	721	1 084	155	4.92	—	—	—

试验项目	水胶比	养护条件	坍落度（mm）	28d 抗压强度（MPa）	平板抗裂等级	84d 电通量（C）	84d 氯离子扩散系数（×10 ~12m^2/s）	冻融循环 F350 质量损失率（%）	冻融循环 F350 相对动弹模量（%）
试验结果	0.31	标准养护	180	64.5	Ⅰ级	1 050	1.2	0.11	90.2

5.2　主箱梁混凝土优化后的配合比

配合比的优化是以降低胶凝材料用量为原则，增加集料比例，改善混凝土的抗氯离子渗透能力。主箱梁优化配合比及性能指标见表 5.2。

主箱梁优化配合比及性能指标　　表 5.2

配合比	高争水泥（52.5 级）	砂	碎石	水	减水剂	引气剂	矿渣粉	粉煤灰
	450	599	1 112	159	5.3	—	—	80

试验项目	水胶比	养护条件	坍落度（mm）	28d 抗压强度（MPa）	平板抗裂等级	84d 电通量（C）	84d 氯离子扩散系数（10^{-12}m^2/s）	冻融循环 F300 质量损失率（%）	冻融循环 F300 相对动弹模量（%）
试验结果	0.30	标准养护	190	68.7	Ⅰ级	481	1.05	0.00	100

6　结语

（1）纳金大桥是拉萨地区地标性建筑，在整个大桥混凝土施工中，混凝土生产过程的控制是一个系统工程，只有严格的控制才能够使混凝土质量得到有效的保证。换句话说：拉萨纳金大桥所提倡的高性能混凝土是在标准化和精细化相当高的施工管理情况下才得以实现其效果的，这就要求参建方不仅从原材料质量、混凝土生产工艺过程和试验控制、产品质量检验等各环节层层监控，而且要从企业管理模式、管理水平、操作者的技术熟练程度等方面加强考核。

（2）多年来工程结构只重视强度，忽视耐久性，导致许多桥梁或建筑物生命短暂。高性能混凝土的核心应该是耐久性，耐久性差的混凝土不能称为高性能混凝土。采用低用水量、低水胶比、高效外加剂和优质矿物细料，相对普通混凝土而言其抗渗、抗冻、抗蚀、抗碳化、抗碱—集料反应等各方面能力都有很大提高，归根结底体现的还是结构耐久性的提高。因此，以结构耐久性设计为中心的高性能混凝土设计是一个新的理念、新的课题。这就不仅仅是拉萨纳金大桥的问题，而且是全部结构工程的问题。

(3)2011 年已经正式将高性能混凝土作为规范一项内容编入新《公路桥涵施工技术规范》(JTG/T F50—2011)第 6.15 条。纳金大桥建设指挥部、施工项目部于 2011 年 6 月初开始组织召开了四次由“施工、建设、设计、监理”组成的“四方”会议，对纳金大桥应用高性能混凝土的原则进行了细致研究和专题论证，对纳金大桥主梁及主塔采用拉萨地区高性能混凝土给予一致的肯定。这一创新性的实施比“规范”颁布还要提前，可见纳金大桥参建各方对大桥“百年大计”的重视程度和人们对桥梁耐久性设计普遍的关注程度。

(4)对国内其他地方及高速铁路所使用的高性能混凝土而言，拉萨地区独特的地域和气候环境，以及独特的材料特性，其所谓的高性能混凝土在设计上、生产过程中、试验检测方面均存在很大的不确定性和局限性，有关内容和技术要求甚至还需要相当长的时间来进行研究和总结。因此作为工程技术人员，不仅要明白在拉萨地区使用高性能混凝土的理念，而且尽最大可能付诸于施工实践，但万万不可生搬硬套。

第3篇
施工技术与监控

拉萨纳金大桥拉萨河卵石地层旋挖钻桩基施工技术

1　概述

大桥主墩位于拉萨河河床内，根据勘察结果，地基主要为第四系冲洪积卵石土及含卵石粗砂土，卵石层主要由卵石、圆砾及砂粒组成，呈圆形、亚圆形，磨圆度较好。粒径2~20mm，含量占17%~20%；粒径20~200mm，含量约占59%；粒径0.5~2mm，含量占10%~14%，粒径0.075~0.5mm含量占5%~7%，层厚11.6m范围渗透强，中湿、松散。类似地质适合冲击钻成孔。

拉萨河汛期为6月初，3个主墩共51根桩，如采用冲击钻施工，技术难度小，但完成一个墩17根桩基施工需要80d，汛期前根本无法完成主墩施工。采用旋挖钻施工，技术难度大，成桩时间短，环境污染少，2台旋挖钻完成主墩51根桩最多一个月，工期大大缩短，因此选择采用旋挖钻施工。

拉萨地区自修建大型桥梁以来，至今仍然采用传统的冲击钻施工，施工周期漫长，投入机械数量大，泥浆污染严重，但是冲击钻工艺成熟，特别适合拉萨这种卵石地层。截止到纳金大桥开工，拉萨地区无旋挖钻成桩的施工先例，旋挖钻施工的风险较大。冲击钻和旋挖钻施工工艺比较见表1.1。

冲击钻和旋挖钻施工工艺比较　　表1.1

施工工艺	优点	缺点
冲击钻施工	工艺成熟，技术难度较小，成孔质量高，适合卵石地层，不易坍孔	工期长，遇到密实卵石层，进尺相当缓慢，严重影响整体工期
旋挖钻施工	施工效率高，一旦成功，桩基进度将大幅提高，确保整体工期	卵石层旋挖施工尚属首次，技术难度大，无成熟工艺，易坍孔

为避免汛期影响工期，作为拉萨地区先例，项目选用旋挖钻施工。

2　问题的提出

由于是首次在高海拔卵石地层区域采用旋挖钻施工桩基，无可参考的施工案例，因此，根据地质特点和旋挖钻的施工特点，需解决以下4个主要技术问题。

(1)钻孔泥浆的配制

在试桩过程中，首先采用传统的黏土泥浆，发生了塌孔现象，原因为：采用旋挖钻机成孔，由于钻进速度提高、钻具运动排渣方式发生变化以及拉萨河地质的特殊性，对泥浆的固壁、悬浮、输送等功能提出了更高的要求。传统的黏土泥浆性能较差，在卵石地层中高速钻进时，不易很快在孔壁形成致密泥皮，而难以保证槽孔稳定，而且浆液本身浓度高、相对密度大、摩阻力大，净化和泵送困难，钻深孔困难。因此，需要配制合适的低固相优质固壁泥浆。

(2)松散卵石层的处理

桥区域均为卵石地层，其中地表以下6~8m为松散卵石层，在试桩过程中，发生塌孔的位置就在松散卵石层的深度。为避免在该区域发生塌孔，必须埋设大型护筒，其深度要穿透松散卵石层，到达密实卵石层，方能减少塌孔的发生。但是，卵石地层承载力巨大，大型护筒的埋设也存在一定困难。

(3)钻孔中的施工工艺

由于无相关参考，施工过程中，水头的控制、钻进速率的掌握、地下水位等资料的收集均需要从零开始，顺利成孔的技术要点需不断总结积累。

(4)泥浆的回收及再利用

灌桩结束后，泥浆会被混凝土污染，优质泥浆造价偏高，不可能一次性使用。同时，拉萨地区海拔高，生态环境薄弱，泥浆排放会对生态造成巨大影响，因此，施工用泥浆，必须回收循环使用。恢复泥浆性能是泥浆回收及再利用的重点和难点。

3　主要采用的技术措施

3.1　复合型泥浆的配制

泥浆具有一定的黏度、屈服值和凝胶强度，可以悬浮一定大小的钻渣而不会沉淀，使钻进得以不断进行，同时钻渣被泥浆携带排出孔外。泥浆还能起到冷却钻头的作用，在钻进过程中，钻头对孔底岩石或土层的冲击、切削、摩擦，很大部分能量变成了热能，钻头的温度将不断升高，需要泥浆进行冷却。固壁的机理是孔内的泥浆压力高于所在地层的地下水压力，使泥浆渗入槽壁土体中，其中较细的颗粒进入孔隙中，较粗的颗粒附着在孔壁，最终达到了平衡，水不再进入地层，泥浆与土层被泥皮隔开，泥浆所产生的侧压力通过泥皮作用在孔壁上，保证了孔壁的稳定。

复合型泥浆的试配过程请见本书“拉萨纳金大桥卵石层旋挖桩施工新型复合型泥浆试验与应用”。

图3.1　钢护筒

3.2　大型钢护筒的埋设

施工用钢护筒(图3.1)直径2.1m，壁厚16mm，长度10m，目的是穿过松散卵石的易坍塌层，从根本上避开易坍塌卵石层的影响。

钢护筒用吊车吊装对准桩位，用4条风缆将护筒4个方向固定，用水平尺确保护筒的竖直度。护筒固定好后，用吊车吊装振动锤，开始打设护筒。打设时，振动锤慢慢提高功率，确保护筒竖直向下,每打设 1 ~ 2m,测量竖直度,出现偏差及时调直。

由于卵石、漂石密集区域会影响打设进程,使护筒进尺缓慢。对此,用旋挖机配备 ϕ1.5m 钻头,在护筒内适当挖深 1m,减小筒壁摩阻力,继续打设使钢护筒顺利下沉。图 3.2 为钢护筒的现场埋设。

图 3.2 钢护筒的现场埋设

护筒顶高出原地面 1.5m(目的是增加静水头高度),用全站仪复测,调整锤击力和方向,确保中线偏差在 1cm 范围内,垂直度控制在 1% 范围内。

3.3 泥浆的回收及再利用

灌桩结束后,由于水泥浆的污染,水泥浆呈碱性,pH 值在 9 ~ 11,而混凝土通常用硅酸盐水泥,因此,水泥浆和膨润土泥浆发生化学反应,使置换到池内的泥浆受到污染,导致膨润土泥浆性能变化,出现离析、沉淀现象。对此,灌桩过程中回流的泥浆要单独回收到另外一个泥浆池进行优化,方可用于下根桩的施工。

通过数据分析(表 3.1),烧碱的加入,与泥浆中的 Ca^{2+} 发生化学反应,变成碳酸钙,使钙离子惰性化,从而恢复了泥浆性能。同时通过增加膨润土的方法,使泥浆配比趋于设定状态,达到重复利用的目的。按照 5kg 置换泥浆 + 5g 烧碱、1L 置换泥浆 + 70g 膨润土 + 0.5L 水 + 5g 烧碱的配合比优化后的泥浆使用效果良好。

表 3.1

第一组,5kg 泥浆。pH 值为 6 ~ 7,相对密度为 1.25,黏度为 24s,2h 后查看有沉淀,澄清液为 2 ~ 3mm。从中取出 300mL 泥浆 + 50g 膨润土 + 250mL 水,2h 后观测沉淀,澄清液为 1 ~ 2mm
第二组,5kg 泥浆 + 5g(Na_2CO_3)。pH 值为 9 ~ 10,相对密度为 1.25,黏度为 34s,2h 后查看有沉淀,澄清液为 1 ~ 2mm。再向里加入 1g 纤维,2h 后观测沉淀,澄清液为 2 ~ 3mm
第三组,5kg 泥浆 + 10g(Na_2CO_3)。pH 值为 12 ~ 13,相对密度为 1.25,黏度为 53s,2h 后查看有沉淀,澄清液为 1 ~ 2mm。从中取出 300mL 泥浆 + 50g 膨润土 + 250mL 水,2h 后观测沉淀,澄清液为 0 ~ 0.3mm

4　卵石层旋挖钻桩基施工工艺

4.1　施工工艺流程

卵石层旋挖钻施工流程如图 4.1 所示：

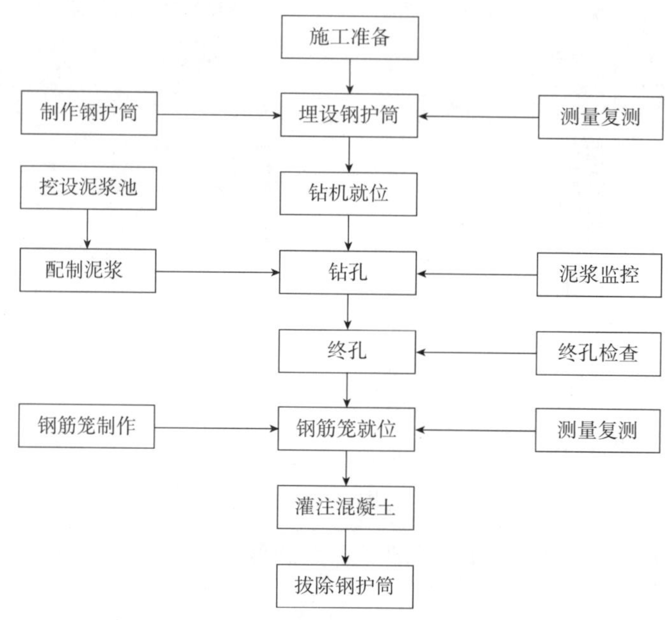

图 4.1　卵石层旋挖钻施工流程图

4.2　施工工艺

(1)挖设泥浆池

图 4.2　泥浆池

在桩基一侧挖设泥浆池，泥浆池大小必须满足 2 根桩基的泥浆存放。由于是在卵石地层挖设泥浆池，为避免泥浆渗透减少，需在挖好的基坑四周围上塑料布，见图 4.2。

(2)泥浆拌制

新制膨润土泥浆 3h 后就有一定的溶胀性，但还不足以满足卵石层旋挖施工的要求，必须存放 24h，经充分水化溶胀后方能使用。因此，必须在旋挖施工前 1 ~ 2d 内，配制足够的膨润土泥浆。

泥浆采用喷射式搅拌机拌制，由于 CMC 不易溶解，先按 3% 浓度用高速回旋式搅拌机搅拌成水溶液后，通过喷射搅拌机加入泥浆池，使 CMC 与膨润土泥浆融和更加均匀，泥浆性能更加稳定。无搅式泥浆配制器见图 4.3。

最后，将过筛的粉状黏土按配合比用量加入搅拌。泥浆循环拌制过程中，不断检测泥浆指标，根据测得数据及时调整泥浆配比，确保泥浆质量。泥浆现场循环配制见图4.4。

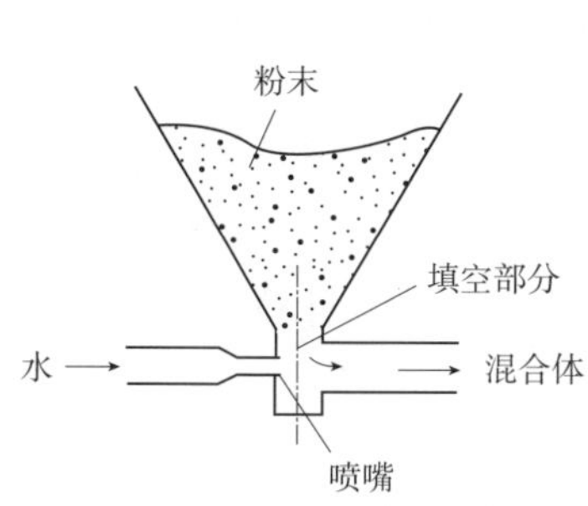

图4.3 无搅式泥浆配制器

图4.4 泥浆现场循环配制

(3)护筒埋设

护筒埋设详见前面4.2节相关内容。

(4)钻机就位及钻孔

对钻机施工位置进行整平、夯实，确保钻机施工平稳，坚决避免在钻进过程中发生沉陷、位移等现象。

由于卵石地层的特殊性，钻进过程中钻头受阻明显，特别是穿越密实卵石层时，钻头磨损严重，必须放慢钻进速度，以避免斜孔、弯孔和扩孔现象的发生。旋挖钻钻进施工见图4.5。

图4.5 旋挖钻钻进施工

成孔过程中，经常进行全面检查，及早发现问题，及时解决。按规定的施工表格填写钻孔记录，记录的内容包括护筒顶高程、桩尖设计高程、桩尖实际高程、钻机型号、地层记录、停机时间和原因等。

(5)钻进过程中泥浆监控

钻进过程中，随时检测泥浆指标，如泥浆密度、稠度等，全程记录。钻进刚开始，泥浆密

图4.6　钻进过程泥浆监测

度符合设定要求,但泥浆黏度较低;随着钻进施工,泥浆密度增大,逐步达到甚至超过1.2g/cm^3。钻进过程泥浆监测见图4.6。

成孔后,泥浆相对密度符合要求,泥浆稠度低于设定值。

(6)钢筋笼安装

钢筋笼在加工胎架上统一标准化制作,主筋用对焊,然后运至现场,用吊车逐节吊装焊接。声测管采用挤压钳冷挤压连接。

(7)混凝土灌注

①导管:

钢筋笼安装完成后,即安放导管。导管内径30cm,每节长2.5m,内壁光滑、顺直,光洁无局部凹凸,各节导管内径应大小一致,偏差不大于±2mm。安装前应进行试拼,并经水密试压确保不漏水。

现场拼接时要保持密封圈无破损,接头严密,管轴顺直。

②混凝土灌注:

采用商品混凝土,混凝土罐车运输到孔口。首批混凝土灌注前先拌0.5m^{3}左右的同强度等级砂浆,灌注时,砂浆要在混凝土之前,防止导管口被集料卡住。储料斗的容积要等于或略大于计算的首批混凝土体积。

混凝土吊斗除了满足首批混凝土的储量要求外,还要吊装方便、开启灵活、不漏浆。

首批混凝土缓缓注入漏斗内,待混凝土灌满后开启漏斗活塞。储料斗一次储量要满足首批混凝土的需要。为判断首批混凝土灌注的质量,必须做到"看"、"听"、"测"相结合。"看"是指观察孔内水头是否泛起和外溢,导管内混凝土下降是否顺畅;"听"是指导管是否有漏水的声响;"测"是指测量孔内混凝土面和导管内混凝土面距孔口水面的距离,以判断埋管的深浅和压力的平衡情况。混凝土灌注见图4.7。

(8)钢护筒拔除

混凝土初凝前,需对钢护筒进行拔除。现场搭设简易龙门,用大功率卷扬机进行护筒拔除,见图4.8。

图4.7　混凝土灌注

图4.8　钢护筒的拔除

(9)泥浆回收及再利用

加入烧碱,使泥浆中的Ca^{2+}发生化学反应,变成碳酸钙,使钙离子惰性化,从而恢复了泥浆性能。具体工艺详见前面4.4节相关内容。

5 关键技术要点及主要技术特征

5.1 泥浆配比新突破

根据实际情况选择1:1比例拌制,即膨润土:黏土=1:1。实践证明:配合比为水:膨润土:CMC:黏土=10:1:0.005:1,相对密度1.1,黏度80s,能满足施工要求,使用良好,值得推广。

5.2 护筒埋设

高护筒的使用,穿过卵石松散层,同时3m的净水头确保孔内静水压力,为遏制塌孔提供了根本保证。采用“三对中”原理,即:钢护筒与桩位中心对中、钻头中心与桩位中心对中、钢筋笼中心与桩位中心对中,使桩位准确度和偏斜度得到保证。

5.3 旋挖钻进

总结出成孔过程中的技术要点:

(1)护筒埋设要高出地面1~2m,净水头高度不小于2m;

(2)坚持“少进尺,勤护壁”,每次提钻和放钻要慢要稳,不能触碰孔壁;

(3)每旋挖2钻,及时向孔内补充30~50cm厚黏土,用钻头反转以增加泥浆的护壁效果;

(4)有漏浆现象发生时,说明有地下水流动,迅速提钻,添加1~2m厚黏土,放钻反转护壁,同时持续补浆,确保水头高度;

(5)在密实地层钻进,进尺困难,适当减速,防止钻头钻杆损坏;

(6)成孔后,密切关注护筒内泥浆,必须加满,以保持孔内静水头压力。

5.4 泥浆再利用

泥浆被水泥污染后,通过加入烧碱恢复泥浆性能,通过加入膨润土和黏土恢复泥浆配合比。

6 材料与设备

6.1 主要材料

进场膨润土应达到《钻井液材料规范》(GB/T 5005—2010)所规定的二级膨润土的指标。本次进场的膨润土从陕西购入,为高溶胀性的钠膨润土。

CMC(纤维素)选用中黏度羧甲基纤维素CMC,用量少,直接从拉萨市购买。

黏土为普通黏土，由于桥区域为卵石地层无黏土，因此从外地购买。

其余材料：钢筋、水泥、外加剂等均为常规材料，无需特别说明。

6.2 主要机具设备

采用的主要机具设备见表6.1。

主要机具设备表 表6.1

序号	设备名称	型号规格	数量	额定功率(kW)	用途
1	旋挖机	中联 ZR280A	2台	280	钻孔施工
2	挖掘机	日立200C	2台	200	平场地
3	吊车	徐工 QY70K	2台		下护筒、钢筋笼
4	装载机	徐工 ZL50	3台	133	清钻渣
5	振动锤	神户 KM2-2000	1套	200	下护筒
6	双开门直桶旋挖钻斗	ϕ1.8m	2个		钻孔用
7	双开门直桶旋挖钻斗	ϕ1.5m	2个		钻孔用
8	钢护筒	ϕ2.1m，壁厚16mm	17个		钻孔用
9	泥浆泵		4个	25	配制、循环泥浆
10	高速搅拌机		1台	2.5	溶解 CMC
11	无搅式泥浆配制器		1台		配制泥浆
12	小龙门	ϕ50cm 钢管桩+卷扬机	1套	11	拔护筒

7 应用与总结

在西藏地区，大型桥梁的建设还处于发展阶段，桥梁形式单一，特大桥拥有量较少，桩基还普遍采用冲击钻施工，工期长、成本高、污染重。旋挖钻施工研究的成功，改变了这种现状，缩短工期、降低投入、减少污染，特别是在缩短工期方面，突破了西藏地区传统的施工安排，对整个工程项目的施工进度管理有质的提高。但施工中需要进一步注意：

(1)泥浆严格按照设计配合比在泥浆池配制，泥浆池的泥浆要一直保持循环，避免发生沉淀。在泥浆池不同位置取样试验，各项均达到设计要求后方可开钻。

(2)施工过程中，必须严格"三对中"确保桩位偏差符合规范要求，即：护筒埋设对中、钻机就位对中、钢筋笼安装对中。钢护筒长度较长，打设时用钢丝绳四周定位，及时观测、调整竖直度，确保埋置深度和顶高程。钻孔前检查钻机是否安放平稳，钻头、护筒与孔位的中心偏差须符合规范规定。

(3)护筒内净水头高度不得小于2m。

(4)坚持"少进尺，勤护壁"，每次提钻和放钻要慢要稳，不能触碰孔壁。

(5)每旋挖2钻，及时向孔内补充30~50cm厚黏土，用钻头反转以增加泥浆的护壁效果。

(6)有漏浆现象发生时，说明有地下水流动，迅速提钻，添加1~2m厚黏土，放钻反转护壁,同时持续补浆,确保水头高度。

(7)在密实地层钻进,进尺困难,适当减速,防止钻头钻杆损坏。

(8)钻进严格按操作工艺进行,及时记录土性变化,发现地质与设计不符时及时报告。

(9)成孔后,密切关注护筒内泥浆,必须加满,以保持孔内静水头压力。尽快开始下钢筋笼完成混凝土浇筑,避免塌孔。

(10)钢筋骨架按设计及规范要求制作和安装。骨架外侧均匀绑扎混凝土垫块,保证保护层厚度。钢筋骨架竖直下放,防止刮壁受损坍塌,并固定牢靠,防止浮笼现象。钻孔桩成孔后清孔和吊装钢筋笼时间不大于10h,避免孔空时间过长影响承载力。

(11)灌注过程中每灌注2m^3左右派专人测量导管埋深,填写好水下混凝土灌注记录表。提升导管时避免碰挂钢筋笼。

(12)混凝土灌注最后高度高出设计高度70~100cm,确保桩头混凝土质量。成桩质量采用无破损法全桩数检测,凿除桩头后逐根进行。

复合型泥浆的研配是从传统的固相泥浆到新型的低固相泥浆研究发展过程中的重要环节和过程,是工程用泥浆结构稳定理论和流体力学理论知识的丰富和完善,在卵石、漂石地质地层旋挖桩成孔法施工中具有典型性、普遍性和适用性。高护筒的采用,穿透了松散卵石层,避免了易坍塌层造成的影响。施工中的技术总结、经验要点,大大地提高了旋挖钻成桩的成功率。同时,泥浆的回收再利用,节约了成本,从根本上保护了高海拔地区脆弱的生态环境。

纳金大桥采用旋挖钻施工,桩径1.8m、桩长45m,从钻机就位至混凝土浇筑完成平均用时20h,创下了在海拔最高地区、卵石层厚度最深地质、拉萨地区孔径最大、同类桩成桩最快等新纪录,不仅改写了在拉萨河卵石地层中旋挖钻无法成桩的历史,也拓宽了旋挖钻施工领域和范围,对传统循环钻、冲击钻桩基成孔施工是一次巨大的变革。

卵石层旋挖钻施工桩基技术具有很强的推广性,革新了传统施工工艺,成为西藏桥梁桩基施工的主流施工工艺,能够大大提高西藏地区桥梁建设行业在全国的竞争力。

拉萨纳金大桥拉萨河卵石地层深水基坑施工技术

1 概述

纳金大桥主桥桩号为 K0 + 842.680 ~ K1 + 217.320，为 70m + 2 × 117m + 70m 三塔矮塔斜拉桥，其中 7 号、11 号墩为过渡墩，8 号、9 号、10 号为主墩。主桥基础及下部结构为桩基础、方形和王字形承台、门式墩、柱式墩，其中主墩承台尺寸为 26.1m × 11.6m × 3.6m，且位于拉萨河河床内，承台底高程与河面水位的平均高差为 4.5m，其深水基坑的开挖是施工的重点和难点。

2 施工特点

主墩 8 号、9 号、10 号均位于拉萨河河床内，其中 9 号主墩位于拉萨河主河道内，且承台高程最低，施工难度最大，因此以 9 号主墩承台为主体进行案例分析。

根据地质勘察报告显示：桥位区大部分为含水的稍密 ~ 密实砂卵石土层，卵石含量 53% ~ 65%，以 20 ~ 200mm 的骨架颗粒为主，含少量漂石，粒间由粗、细砂充填，未见底，涨水时大部分淹没。本次勘察时为枯水期，钻孔中水位为 0.2 ~ 5.70m，基本上与拉萨河水面持平，且随河水水位涨落而变化，卵石层连通性好，潜水直接接受河水补给。

同时，地质报告显示：9 号主墩桥区原地面以下至 3 644.51m 高程为稍密卵石地层，该内地质层的地基承载力基本容许值[σ] = 400kPa，而一般黏土地层的承载力为 50 ~ 100kPa。简而言之，9 号主墩的地基承载力大，卵石层稳定性高。

综上所诉，9 号主墩的承台施工特点为：

(1)位于拉萨主河道，地下水位高，渗水量巨大。

(2)地基承载力高，地层稳定性高，适合大型基坑的开挖。

3 优化方案

9 号承台底高程 3 651.6m，拉萨河正常水位高程 3 656.1m，高差 4.5m。承台长 26.1m，宽 11.6m，属于大型水下基坑，需要确保基坑的稳定性，同时解决基坑排水问题。由于 9 号主墩地基承载力高，因此，解决基坑排水问题是决定施工方案的最重要因素。

根据《公路施工手册——桥涵》,对大方量渗水基坑的处理措施主要有三种:集水坑排水法、板桩法、帷幕法。

3.1 原设计——板桩法

主要采用钢板桩或钢管桩进行围堰打设(图3.1),先阻水,然后抽水。目前,9号墩原地面高程为3 658.4m,基坑设计底高程为3 651.6m,高差6.8m。要使板桩起到隔水的作用,板桩的打设深度至少要大于8m。但是,由于卵石层地基承载力很大,一般打设深度小于6m(钢便桥采用直径50cm钢管桩做支撑,采用60t振动锤施工,平均打设深度只能达到5m),再加上基坑较大,成本过高,且达不到阻水效果,此法未通过。

3.2 原设计——注浆帷幕法

采用注浆机在基坑周围打设水泥桩,形成阻水帷幕(图3.2),然后抽水。该法的施工需要有专业的施工队伍,施工完后需要等待水泥桩形成一定强度后方可开挖,耽误工期。再者,同板桩法,注浆机无法穿透卵石地层进行喷浆,不能形成有效的阻水帷幕,也不能采用。

图3.1 钢板桩法施工示意图

图3.2 注浆帷幕法施工示意图

3.3 前期策划方案——集水坑排水法

3.3.1 前期策划方案思路

(1)承台施工需要赶在汛期来临前完成,同时尽量压缩工期,力争墩柱在汛期前施工完成。因此,基坑的开挖越快越好。集水坑排水示意图见图3.3,基坑支护示意图见图3.4。

(2)西藏地区物资匮乏,专业施工设备和材料均需要从内地购买拉运至施工现场,需要合理选择施工工艺节约成本。

(3)保护环境,严禁拉萨河水污染。

(4)制订环境恢复措施,保证施工后湖区恢复原样。

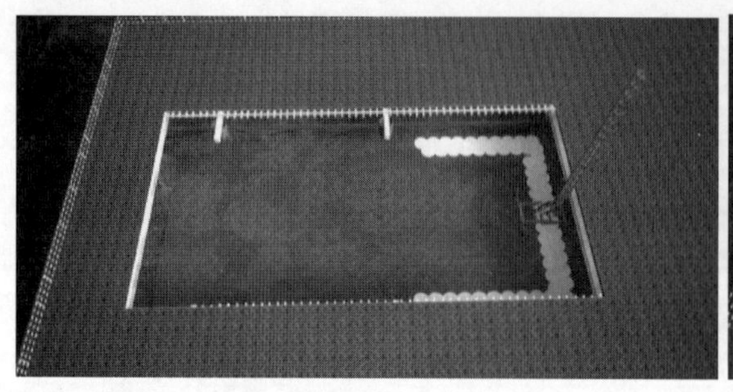

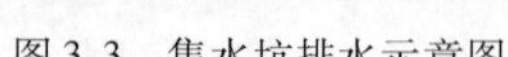

图3.3　集水坑排水示意图

图3.4　基坑支护示意图

3.3.2　方案确定

如果采用板桩法,需要进场大量钢板桩以及施工用的履带吊和振动锤。所有材料和设备,均需要从内地购买拉运,不但施工成本增大,同时由于长途运输不能确保时间,因此施工工期也得不到保证。

如果采用注浆帷幕法,需要从内地进场高压注浆机和专业施工队伍,同样是增加成本,工期无法保证,同时旋喷桩在卵石地层施工,极易将水泥浆渗透入河水,造成拉萨河的污染。此外,施工好的水泥墙帷幕,在承台施工完成后极难拆除,因此该法不宜采用。

集水坑排水法采用大断面开挖基坑,除一次性增加抽水泵外,其余设备均不需增加。由于不需要外运设备材料,施工工艺简单实用,施工工期将被最大限度地压缩。同时由于采用机械开挖,不会造成任何环境污染,完工后,恢复河床地形地貌也方便,因此确定采用大坡比开挖法进行基坑施工。

4　大坡比开挖基坑施工方案和工艺

4.1　总体方案

4.1.1　基坑尺寸设置

基坑开挖好后,一要确保稳定,二要方便施工,因此,项目部严格按照有关要求对基坑进行开挖。

(1)边坡设置

根据《公路桥涵施工技术规范》(JTG/T F50—2011)明挖地基基坑的相关要求,地质为卵石土且坡顶有动荷载时,坑壁坡度设置为1∶1.25。同时,当基坑深度大于5m时,可加设施工平台(宽度不小于0.5m)。

9号墩原地面高程为3 658.4m,基坑设计底高程为3 651.6m,基坑深度6.8m,为方便施工,在3m高度位置增设一个2.5m宽的施工平台。

(2)施工距离设置

基坑深度6.8m,为方便集水沟和集水坑的挖设,增加施工区域,方便施工,同时也为增加施工安全距离，设置基坑底部2m的施工距离。

(3)特殊设置

9号承台左侧11m为施工便桥，基坑的开挖会对便桥桩基造成影响，地基静载力的变化将危害到便桥整体的稳定。因此，需要对基坑范围内的地基进行加固，同时改变该处边坡的形式。

(4)基坑开挖示意图

根据现场实测的拉萨河水面高程，以及承台所处的实际位置，计划按照设置开挖。

靠近便桥的一侧，由于空间较少，因此取消了2.5m施工平台的设置。同时，为了确保边坡的稳定，在基坑顶部1.5m位置，按照1m间距打设直径50cm钢管桩，然后将钢管桩用工字钢连接起来，形成钢管桩围堰。

集水沟设置在基坑底角，尺寸为80cm宽、50cm深。集水井设置在承台右侧基坑底角，长宽各为1.5m，深度1m。基坑开挖示意图见图4.1。

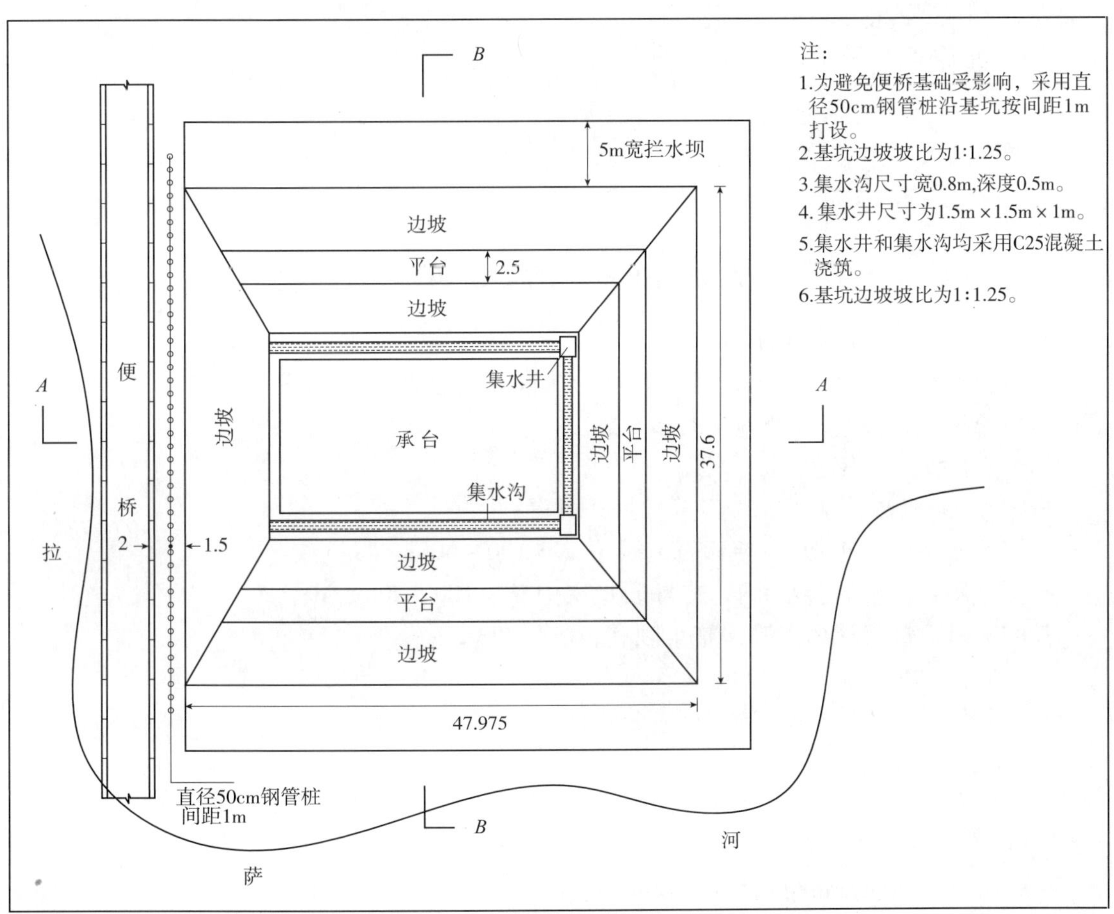

a)平面图

图 4.1

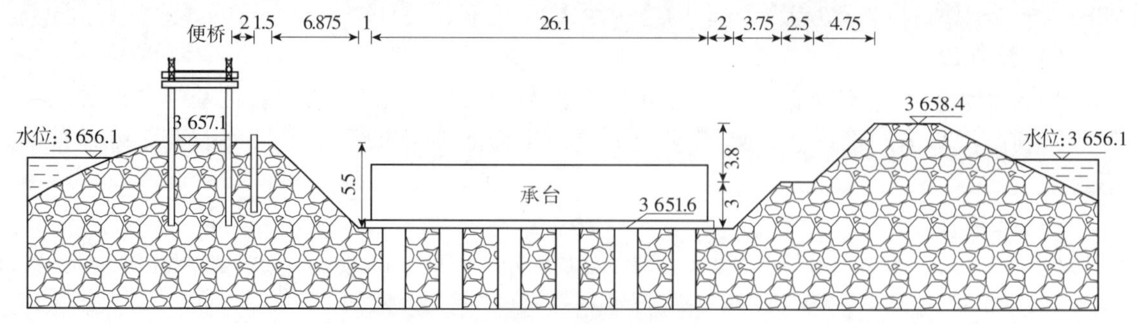

b)A–A剖面

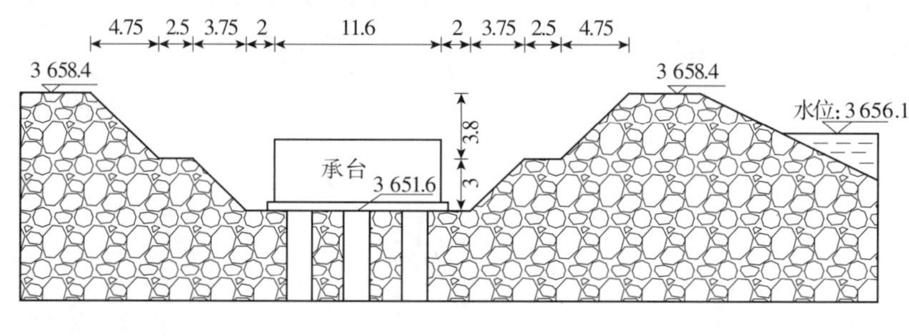

c)B–B剖面

图 4.1　基坑开挖示意图(尺寸单位:m)

4.1.2　基坑渗水量计算

根据《公路施工手册——桥涵》对基坑的渗水量进行计算,以确定基坑的大致渗水量,从而确定抽水设备的数量,以便施工时指导施工。

(1)渗水系数的确定

根据《手册》,渗水系数 K 按经验数据法可得:

土层渗水系数 K 近似值,在卵石地层中,$K=100\sim500\text{m/d}$;

按图纸颗粒大小的渗水系数,在卵石地层中,$K=100\sim200\text{m/d}$;

按照大基数进行计算以确保施工顺利,取 $K=200\text{m/d}$。

(2)渗水量的计算

根据基坑所在条件情况,选用相应公式计算基坑总渗水量。

①基坑近河沿时:

$$Q_1=1.366K(H^2-h^2)/\lg(2D/r_0)$$

式中:Q_1——基坑总渗水量(m^3/d);

K——渗水系数(m/d),取值 200m/d;

H——含水层厚度(m),按地质报告取值 5.7m;

h——抽水后稳定水位至不透水层厚度(m),封底混凝土高程 3 652.1m,水位平均高程 3 656.1m,取值 4m;

D——基坑至水边距离(m),经测量,平均距离取值17m;

r_0——引用基坑半径(m),矩形基坑,$r_0=\eta(B+L)/4$,其中B、L为基坑的宽度和长度,η取值1.14,计算得出,$r_0=1.14\times(47.975+37.6)\div4\approx24.4$(m)。

带入数据,得出$Q_1=1\ 302.7\text{m}^3/\text{h}$。

②在水文资料不精确的情况下:

$$Q_2=F_1q_1+F_2q_2$$

式中:F_1、F_2——分别为基坑底面积、侧面积(m^2);

q_1、q_2——分别为基坑底面积侧面积平均渗水量(m^3/m^2)。

坑底面积$F_1=(11.6+2+2)\times(26.1+1+2)=453.96(\text{m}^2)$

基坑抽水过程中,渗水面积为基坑底至水面(4m),且根据现场可见,集中渗水区域为承台左侧、下侧全部和右侧的一半,因此基坑渗水侧面积

$F_2=(24.6+47.95)/2\times4\times1.25+(37.6+15.6)/2\times4\times1.25=282.99(\text{m}^2)$

根据经验数值,坑底单位面积渗水量见表4.1。

基底单位面积渗水量 表4.1

土的类别	土的特征与粒径	$q_1(\text{m}^3/\text{h})$
粗砂及大砾石漂石层	砂粒径2mm以上或砾石大漂石含量在30%以上	2.0~4.0

取平均值$q_1=3\text{m}^3/\text{h}$。

基坑侧面单位面积渗水量估算见表4.2。

基坑侧面单位面积渗水量 表4.2

坑侧类别	$q_2(\text{m}^3/\text{h})$
无支撑基坑	按表4.1同类土质q_1的20%~30%

取$q_2=30\%\times q_1=0.9\text{m}^3/\text{h}$。

$Q_2=F_1q_1+F_2q_2=453.96\times3+282.99\times0.9=1\ 644.87(\text{m}^3/\text{h})$

取两种计算方法的平均值:

$Q=(Q_1+Q_2)/2=1\ 473.8(\text{m}^3/\text{h})$

为确保施工顺利,需要准备总抽水量为1 800m³/h的水泵。

4.1.3 施工方案

采用挖机直接开挖,开挖分两层进行,第一层开挖至台阶位置,第二层开挖至基坑底高程。开挖出来的卵石用装载机及时铲走,避免堆载在坑边上造成边坡受压坍塌。

4.2 施工工艺流程

测量放样→开挖第一层基坑→设置临时集水坑排水→开挖第二层基坑→设置集水坑排水→修整基坑。

4.3 施工工艺

4.3.1 测量放样

根据基坑设计尺寸,放出最外边线,用白灰撒出灰线,方便挖机开挖。

4.3.2　开挖基坑

采用挖掘机开挖,按照测量放线进行开挖,先开挖至台阶处,见图4.2。排水后进行第二次基坑开挖,见图4.3。

图4.2　基坑开挖至台阶位置

图4.3　排水后进行第二次基坑开挖

继续开挖至设计承台底高程(图4.4)。机械开挖至基底设计高程以上20~30cm时停止作业,由人工测量设计高程,然后严格控制开挖深度。由于封底混凝土为50cm厚,因此底高程不得高于设计高程,尽量挖深基坑,确保封底混凝土的厚度。基坑的开挖尺寸要符合设计要求。人工配合挖机对基底进行修整,确保各尺寸规格符合要求,方可进行下一步工序的施工。

基坑的开挖坡度以保证边坡的稳定为原则,根据地质条件、开挖深度和现场的具体情况确定,当基坑壁坡不易稳定时,可放大坡比进行开挖,见图4.5。

图4.4　开挖至承台底高程

图4.5　开挖施工台阶坡

基坑开挖好后,设置好泵站,总计使用约20台水泵,全部集中在基坑集水坑抽水。由于泵站要一直工作到承台混凝土浇筑完后拆模,因此必须设置备用电源,确保泵站不会断电。

5　效益评价

纳金大桥是中交一公局第一个高海拔地区的桥梁项目,由于西藏地区的建设行业相对滞后,桥梁施工的技术参考较少,需要项目部自行摸索、总结施工经验。卵石地层基坑大断面开挖集水坑排水法施工工艺,能够有效缩短工期,主墩3个承台仅用1个半月便完成了施工,每个基坑开挖最多耗时4d,为其节约了大量的时间。同时,基坑大开挖工艺成熟,安全可靠,质量受控,主桥承台在拉萨地区桥梁属第一规格,其基坑所取得的成功受到业主的大力赞同和表扬。

采用该工艺施工,使投入施工的成本大大降低,同时为我公司高原卵石地层桥梁基础的施工技术和管理积累了经验。项目部将不断完善和总结,促进该工艺在西藏区域今后类似工程中推广应用。

拉萨纳金大桥主桥33m
宽幅大断面箱梁挂篮施工技术

1 概述

拉萨纳金大桥主桥为三跨矮塔斜拉桥。主桥箱梁宽33m,主体结构采用单箱五室断面,箱梁高度从跨中无索区2.5m至主墩中心2m按圆弧线变化为4.0m,有索区每个梁段长5m。塔中无索区长27m,跨中无索区长20m。主桥箱梁采用纵、横、竖三向预应力体系,设计采用挂篮整幅悬浇施工。

根据纳金大桥上部箱梁的特殊性,常规的挂篮存在以下问题:

(1)箱梁断面大(33m),按常规设计挂篮自重大。

(2)由于箱梁单幅宽,挂篮自重大,安装、移动挂篮困难,即整个悬浇施工难度较大。

(3)挂篮自重大,会对悬浇箱梁自身受力情况产生影响。

(4)用于挂篮的材料无法回收,一次性投入大,成本增加。

对此,项目部根据纳金大桥的实际现场情况,突破常规,设计了一套宽幅轻型自走式挂篮系统,见图1.1。

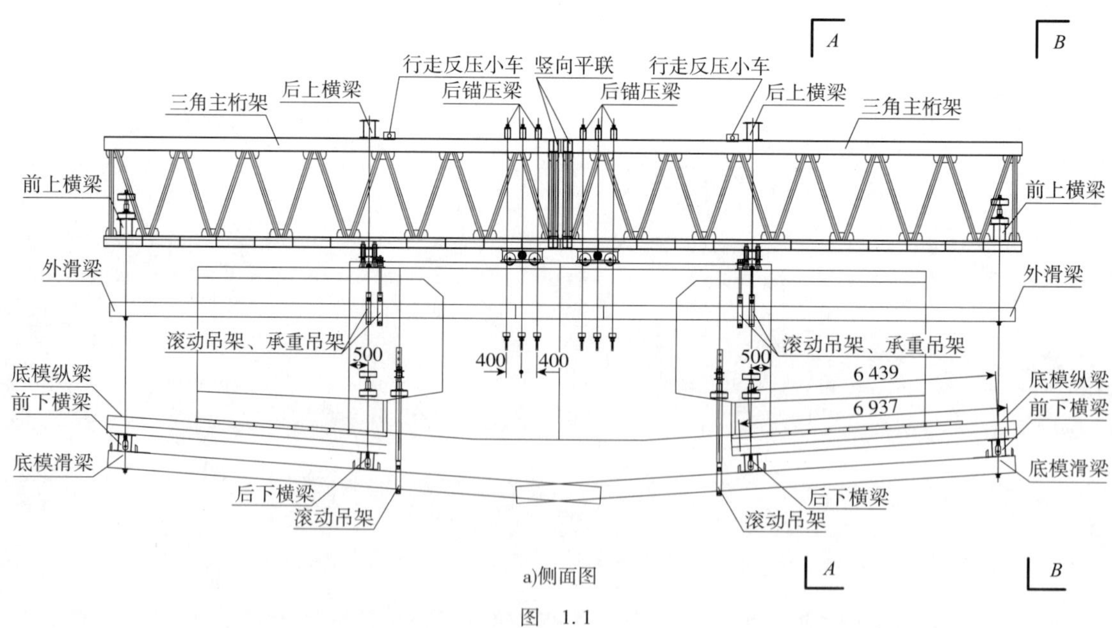

a)侧面图

图 1.1

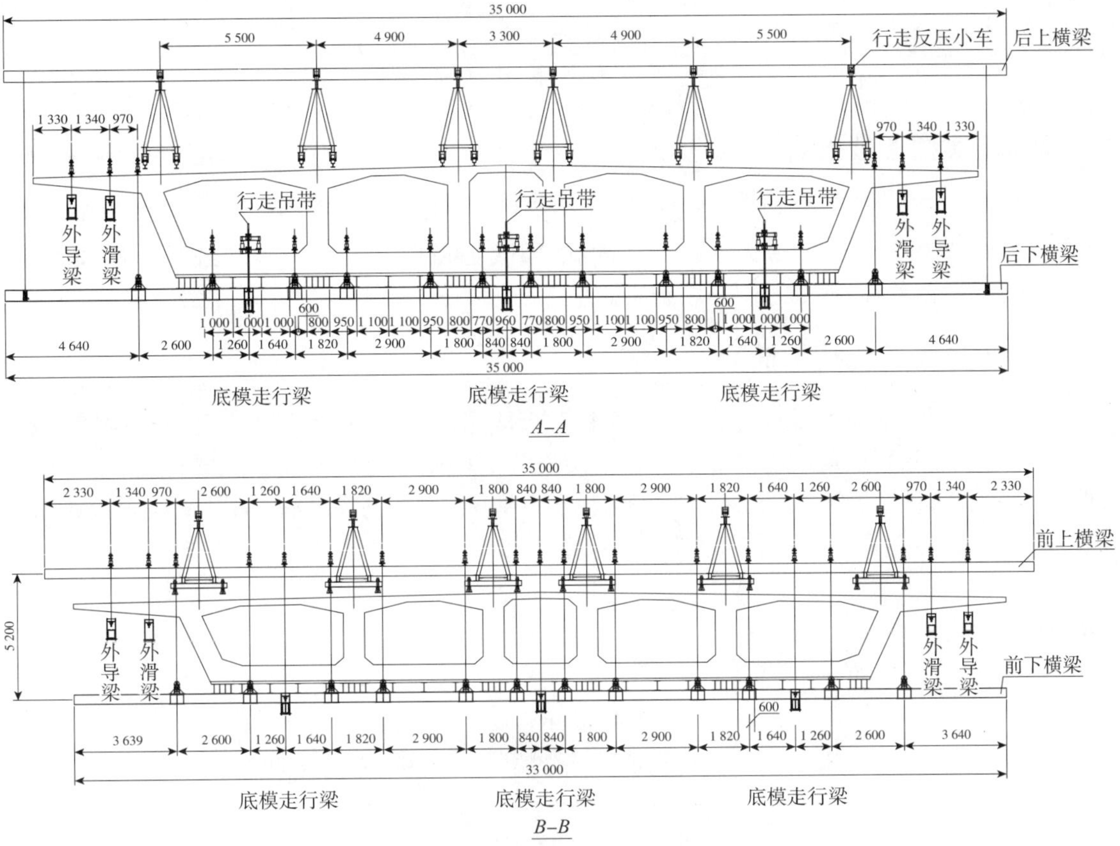

A–A

B–B

b)断面图

c)挂篮现场照片

图1.1　轻型自走式挂篮系统(尺寸单位:mm)

2　挂篮设计

2.1　典型梁段选择

以 3 号梁段为基础进行挂篮的设计。3 号梁段在 11 个挂篮悬浇段中混凝土方量最大，为 210.1m^3，梁段浇筑长度最大，为 5m。因此，整套挂篮以 3 号块为标准进行设计和验算。其后来的挂篮超载预压也以 3 号块为标准进行。

2.2　挂篮系统结构简介

为节约成本，本次大桥挂篮系统有别于普通常用的菱形和三角形挂篮，其主梁就地取材，采用龙门吊上的三角梁(图 2.1)作为主梁。整个挂篮系统属于后支点式挂篮，主要组成部分为：主梁、底模、侧模、翼缘板模板、上横梁、下横梁、梁底纵梁、反压梁以及挂篮行走系统组成。难点是大桥采用 33m 挂篮整体浇筑、整体前移。

图 2.1　三角梁

2.2.1　主梁

主梁三角梁全部采用 Q235 钢制作，长 12m。

上梁为 1 根组合型钢，由 2 块 15mm 厚钢板之间竖向焊接 2 块 10mm 厚钢板而成。下梁构造同上梁。上下梁之间，用 12.6 号槽钢对焊而成的斜撑连接。

上下梁两侧每隔 1m 焊接 10mm 厚筋板，构件连接位置同样增焊 10mm 厚筋板，以加强三角梁的整体受力性能。

2.2.2　模板系统

底模、侧模、翼缘板模板均采用 6mm 厚钢板制作，背肋间距均为 40cm×40cm。

底模背肋均采用 8 号槽钢，下铺 40H 型钢作为支撑。

侧模背肋横向为 8 号槽钢，竖向为 6mm 筋板。背撑采用一对 14b 槽钢背向支撑，方便对拉螺杆安装。背撑设置间距为 80cm。

翼缘板模板同侧模。在翼缘板模板下设置了桁架支撑，桁架支撑由 14 号槽钢制作而成，设置间距同为 80cm。现场模板见图 2.2 和图 2.3。

图2.2 翼缘板及腹板模板

图2.3 底模模板

2.2.3 横梁、导梁

挂篮用横梁分为上横梁、前下横梁和后下横梁。横梁均采用40H型钢制作而成,吊点位置在型钢侧面加焊筋板。横梁长35m,制作成2根17.5m的横梁,拉运至现场后,用高强度螺栓连接。

导梁用于挂篮的行走,在底板下设置3道,每个翼缘板各设2道。均采用40b槽钢对焊而成,长度13m。

横梁、导梁现场照片见图2.4和图2.5。

图2.4 现场横梁照片

图2.5 现场滑梁照片

2.2.4 反压梁

反压梁分为后锚压梁和行走小车反压梁。

后锚压梁由2根2.5m长的25b槽钢对焊而成,顶部受力面加焊通长10mm厚钢板。

行走小车反压梁由2根2.5m长的40a工字钢双拼而成,顶部受力面加焊15cm宽的通长10mm厚钢板,并在工字钢受力部位的侧面加焊筋板。反压梁见图2.6和图2.7。

图2.6 反压梁照片

图2.7 反压小车成品

2.2.5　行走系统

行走系统主要由前支点小车、行走小车和反压小车组成。

根据2%桥面横坡，通过调整行走小车的高度，将6个主梁调整在同一水平面上。施工时，每个主梁下放置2根轨道。安装好的行走小车见图2.8。

图2.8　安装好的行走小车

反压小车设置在主梁顶部。前支点小车设置在梁段前端。

2.2.6　小型配件

小型配件包括前支点、吊带、吊杆用滚动吊架、专用销座、吊杆吊具等。均采用Q235钢材在厂家直接定做。吊杆为经轧螺纹钢。各种配件见图2.9～2.15。

图2.9　滑梁用滚动吊架

图2.10　滑梁用固定吊架

图2.11　横梁用销座

图2.12　吊杆用吊具

图 2.13　吊杆用枕梁

图 2.14　吊带用枕梁

图 2.15　加工完成的吊带

3　挂篮验算

3.1　挂篮模板验算书

3.1.1　基本数据

挂篮模板包括底模、侧模和翼缘板，均采用 Q235 钢的原材料制作而成：$E = 206 \times 10^3$MPa，$[\sigma] = 145$MPa，$[\tau] = 85$MPa。

3.1.2　挂篮底模验算

3 号块为所有挂篮施工中最重的块段，因此以 3 号块施工对底模进行验算。底模采用 5mm 钢板作为面板，8 号槽钢作为背肋（布置间距为 40cm × 40cm），40H 型钢作为纵梁。

（1）箱梁自重

3 号块 C50 混凝土体积 210.1m^3，混凝土重度按 25kN/m^3 计算，混凝土自重力 5 252.5 kN。3 号块钢筋重力 344.6kN。

箱梁自重力 = 混凝土自重力 + 钢筋重力 = 5 252.5 + 344.6 = 5 597.1（kN）

（2）底模工字钢计算

底模纵梁采用 40H 型钢，其分布间距为：一般位置的间距为 65 ~ 80cm，腹板荷载集中位置的间距为 25cm。

挂篮底模构造图见图 3.1。

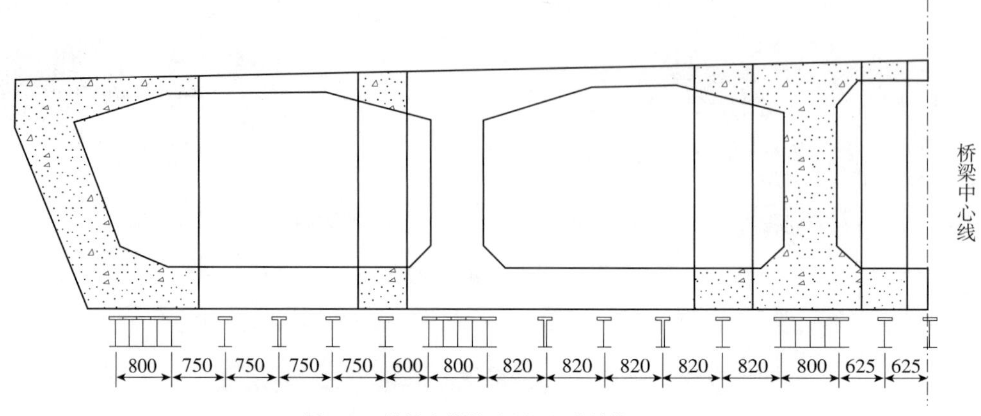

图 3.1　挂篮底模构造图(尺寸单位:mm)

根据图纸,把不同间距的工字钢独立出来进行计算。采用对称的方法分配箱梁荷载:将相邻两根工字钢的距离等分成两段,垂直对应的箱梁断面荷载单独由一根工字钢承受,腹板位置采用统一计算所承受断面的荷载,然后再平均分配到每根工字钢上。

S_1 断面:外侧腹板 5 根工字钢集中受力;

S_2 断面:间距 70cm 单根工字钢受力;

S_3 断面:间距 65cm 单根工字钢受力;

S_4 断面:中腹板 5 根工字钢集中受力;

S_5 断面:一侧间距 75cm,一侧间距 80cm,单根工字钢受力。

(3)S_1 断面工字钢计算

①荷载计算

该断面为外侧腹板,在此考虑翼缘板重力全部由翼缘板模板支承。

计算出该截面箱梁面积 $S_1 = 3.794\text{m}^2$,3 号块长度 5m,其箱梁荷载为:

混凝土荷载 $= 3.794 \times 5 \times 2.5 = 47.425(\text{t}) = 474.25(\text{kN})$

钢筋荷载 $= 3.794 \times 5 \times 0.164 = 3.111(\text{t}) = 31.11(\text{kN})$

按照 2.0 荷载系数计算,总荷载 $= 2.0 \times (474.25 + 31.11) = 1\,010.72(\text{kN})$。

(注:由于考虑 2.0 的荷载系数,模板、支架和施工荷载等均不再考虑。)

②均布荷载计算

工字钢前后吊点间距 $l = 6.1\text{m}$,腹板重力由 5 根工字钢承担,即每根工字钢所受均布荷载 $q_{均} = 1\,010.72/5/6.1 = 33.14(\text{kN/m})$,见图 3.2。

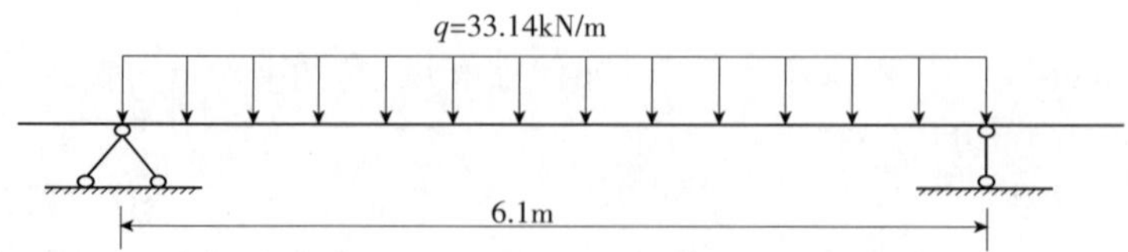

图 3.2　工字钢所承受的均布荷载

40H 型钢的参数：$I_x = 22\ 964.86\text{cm}^4$，$W_x = 1\ 148.24\text{cm}^3$。

钢的容许弯曲应力 $[\sigma] = 145\text{MPa}$，计算能承受最大的均布荷载：

$$M_{\max} = [\sigma_{\max}] \cdot W_x$$
$$= 145 \times 10^6 \times 1\ 148.24 \times 10^{-6} = 166\ 494.8(\text{N} \cdot \text{m}) = 166.5(\text{kN} \cdot \text{m})$$

由 $M_{均} = ql^2/8$，得：

$q = 8M_{均}/l^2 = 8 \times 166.5/6.1^2 = 35.8(\text{kN} \cdot \text{m})$，满均布荷载。

$q_{均} = 33.14\text{kN/m} < q = 35.8\text{kN/m}$

能够满足要求，安全。

③抗剪强度计算

计算单根工字钢抗剪强度。为保证安全，$q_{均}$ 按 35kN/m 取值荷载计算，而实际 $q_{均} = 33.14\text{kN/m}$。

$$F_s = 35 \times 6.1 = 213.5(\text{kN})$$

查得 40H 型钢截面参数 $I_z = 22\ 964.86\text{cm}^4$，$I_z/W_z = 22\ 964.86/642.97 = 35.7(\text{cm})$，$d = 8\text{mm}$：

$$\tau_{\max} = (F_s \cdot W_z)/(I_z \cdot d) = 74.8(\text{MPa})$$

该型钢设计 $[\tau] = 85\text{MPa} > \tau_{\max} = 74.8\text{MPa}$。

④挠度计算

$$W_c = \frac{5ql^4}{384EI}$$

其中：$E = 206\text{GPa}$，$I = 22\ 964.86\text{cm}^4$，故

$$W_c = \frac{5ql^4}{384EI} = \frac{5 \times 35 \times 10^3 \times 6.1^4}{384 \times 206 \times 10^9 \times 22\ 964.86 \times 10^{-8}} = 13.3(\text{mm})$$

$$[W] = L/400 = 15.25\text{mm} > W_c = 13.3\text{mm}$$

能够满足要求，合格。

(4) S_2 断面工字钢计算

①荷载计算

计算出该截面箱梁面积 $S_2 = 0.706\text{m}^2$，3 号块长度 5m，其箱梁荷载为：

混凝土荷载 $= 0.706 \times 5 \times 2.5 = 8.825(\text{t}) = 88.25(\text{kN})$

钢筋荷载 $= 0.706 \times 5 \times 0.164 = 0.579(\text{t}) = 5.79(\text{kN})$

按照 2.0 荷载系数计算，总荷载 $= 2.0 \times (88.25 + 5.79) = 188.08(\text{kN})$。

(注：由于考虑 2.0 的荷载系数，模板、支架和施工荷载等均不再考虑。)

②均布荷载计算

工字钢前后吊点间距 $l = 6.1\text{m}$，即工字钢所受均布荷载 $q_{均} = 188.08/6.1 = 30.83(\text{kN/m})$，则

$$W_c = \frac{5ql^4}{384EI} = 11.7\text{mm} < [W] = L/400 = 15.25\text{mm}$$

由于单根工字钢荷载 30.83kN/m 小于断面 S_1 的每根工字钢 33.14kN/m，在各项指标（材料、支承长度等）均相同的情况下，S_2 断面能够满足要求，合格。

(5)S_3 断面工字钢计算

①荷载计算

计算出该截面箱梁面积 $S_3=0.823\text{m}^2$,3 号块长度 5m,其箱梁荷载为:

混凝土荷载 $=0.823\times5\times2.5=10.2875(\text{t})=102.875(\text{kN})$;

钢筋荷载 $=0.823\times5\times0.164=0.678(\text{t})=6.75(\text{kN})$;

按照 2.0 荷载系数计算,总荷载 $=2.0\times(102.875+6.75)=219.25(\text{kN})$

(注:由于考虑 2.0 的荷载系数,模板、支架和施工荷载等均不再考虑。)

②均布荷载计算

工字钢前后吊点间距 $l=6.1\text{m}$,即工字钢所受均布荷载 $q_{均}=219.25/6.1=35.9(\text{kN/m})$,则

挠度:$W_c=\dfrac{5ql^4}{384EI}=13.6\text{mm}<[W]=L/400=15.25\text{mm}$

抗剪强度:$\tau_{\max}=(F_s\cdot W_z)/(I_z\cdot d)=76.6(\text{MPa})<[\tau]=85(\text{MPa})$,合格。

(6)S_4 断面工字钢计算

①荷载计算

计算出该截面箱梁面积 $S_4=3.570\text{m}^2$,3 号块长度 5m,其箱梁荷载为:

混凝土荷载 $=3.570\times5\times2.5=44.625(\text{t})=446.25(\text{kN})$;

钢筋荷载 $=3.570\times5\times0.164=2.9274(\text{t})=29.274(\text{kN})$;

按照 2.0 荷载系数计算,总荷载 $=2.0\times(446.25+29.274)=951.0(\text{kN})$。

(注:由于考虑 2.0 的荷载系数,模板、支架和施工荷载等均不再考虑。)

②均布荷载计算

工字钢前后吊点间距 $l=6.1\text{m}$,腹板重量由 5 根工字钢承担,即每根工字钢所受均布荷载 $q_{均}=951/5/6.1=31.18(\text{kN/m})$,则

$$W_c=\frac{5ql^4}{384EI}=11.9\text{mm}<[W]=L/400=15.25\text{mm}$$

同上,由于单根工字钢荷载 31.18kN/m 小于断面 S_1 的每根承受荷载 33.14kN/m,在各项指标(材料、支承长度等)均相同的情况下,S_4 断面能够满足要求,合格。

(7)S_5 断面工字钢计算

①荷载计算

计算出该截面箱梁面积 $S_5=0.518\text{m}^2$,3 号块长度 5m,其箱梁荷载为:

混凝土荷载 $=0.518\times5\times2.5=6.475(\text{t})=64.75(\text{kN})$

钢筋荷载 $=0.518\times5\times0.164=0.425(\text{t})=4.25(\text{kN})$

按照 2.0 荷载系数计算,总荷载 $=2.0\times(64.75+4.25)=138(\text{kN})$。

(注:由于考虑 2.0 的荷载系数,模板、支架和施工荷载等均不再考虑。)

②均布荷载计算

工字钢前后吊点间距 $l=6.1\text{m}$,即工字钢所受均布荷载 $q_{均}=138/6.1=22.6(\text{kN/m})$。

$$W_c=\frac{5ql^4}{384EI}=8.6\text{mm}<[W]=L/400=15.25\text{mm}$$

同上,由于单根工字钢荷载 22.6kN/m 小于断面 S_1 的每根 33.14kN/m,在各项指标(材

料、支承长度等)均相同的情况下,S_5 断面能够满足要求,合格。

(8)综上所述

纵梁采用40H型钢,取2.0的荷载系数,在没有计算临时结构提高30%钢材容许应力情况下,强度、刚度、挠度等指标均能达到设计要求,可以认定其安全性。施工时严格按照设计间距布设H型钢即可。

(9)底模背肋计算

底模背肋设置为:横肋间距40cm,纵肋间距40cm,均采用8号槽钢制作。

参照"3号块底模工字钢布置示意图",在单根工字钢位置,S_3 断面间距82cm,且单根型钢承重断面面积最大,以此计算背肋的受力情况。

(10)横肋计算

计算出该截面箱梁面积 $S_2 = 0.823\text{m}^2$,3号块长度5m,其箱梁荷载为:

混凝土荷载 $= 0.823 \times 5 \times 2.5 = 10.2875(\text{t}) = 102.875(\text{kN})$

钢筋荷载 $= 0.823 \times 5 \times 0.164 = 0.675(\text{t}) = 6.75(\text{kN})$

该段箱梁底板面积 $= 0.82 \times 5 = 4.1(\text{m}^2)$

按照1.8荷载系数计算,箱梁对底板的压力 $= 1.8 \times (102.875 + 6.75)/4.1 = 48.1(\text{kN/m}^2)$

(注:由于考虑1.8的荷载系数,模板、支架和施工荷载等均不再考虑。)

即受力最大的横肋线荷载 $q = 48.1 \times 0.82 = 39.4(\text{kN/m})$

$$M_{\max} = ql^2/8 = 39.4 \times 0.82^2/8 = 3.3(\text{kN} \cdot \text{m})$$

$$W = M_{\max}/[\sigma] = 3.3\text{kN} \cdot \text{m}/145\text{N/mm}^2 = 22.7\text{cm}^3$$

查表可知,8号槽钢 $W_x = 25.3\text{cm}^3 > W = 22.7\text{cm}^3$,能够满足要求。

由8号槽钢 $I_x = 101\text{cm}^4$,

挠度 $W_c = \dfrac{5ql^4}{384EI} = \dfrac{5 \times 39.4 \times 10^3 \times 0.82^4}{384 \times 206 \times 10^9 \times 101 \times 10^{-8}} = 1.11(\text{mm})$

$W_c < [W] = L/400 = 1.75\text{mm}$,满足要求。

由于82cm间距为最大荷载和最大间距情况下计算的结果,满足要求,则其他间距的横肋均满足要求。

(11)竖肋计算

由于横肋计算符合要求,竖肋按照设置的40cm间距,同样以3号块荷载为标准进行计算。

箱梁对底板的压力 $= 48.1\text{kN/m}^2$

即受力最大的纵肋线荷载 $q = 48.1 \times 0.4 = 19.24(\text{kN/m})$

$M_{\max} = ql^2/8 = 19.24 \times 0.4^2/8 = 0.38(\text{kN} \cdot \text{m})$

$W = M_{\max}/[\sigma] = 0.38\text{kN} \cdot \text{m}/145\text{N/mm}^2 = 2.6\text{cm}^3$

查表可知,8号槽钢 $W_x = 25.3\text{cm}^3 > W = 2.6\text{cm}^3$,能够满足要求。

由8号槽钢 $I_x = 101\text{cm}^4$,

挠度 $W_c = \dfrac{5ql^4}{384EI} = \dfrac{5 \times 19.24 \times 10^3 \times 0.4^4}{384 \times 206 \times 10^9 \times 101 \times 10^{-8}} = 0.03(\text{mm})$

$W_c < [W] = L/400 = 1.75\text{mm}$,满足要求。

由于纵肋间距均为 40cm，且 3 号块为悬浇块段中的最大荷载，计算纵肋受力满足要求，则其他梁段纵肋间距 40cm 均满足施工要求。

(12)综上所述

底模面板背肋按照 40cm×40cm 布置横肋和纵肋，受力合格，满足施工要求。

(13)底模面板计算

底模面板厚度 5mm，背肋设置间距为 40cm×40cm。

同背肋计算，以 3 号块 S_2 断面为标准对面板进行受力分析。取面板的压力为 50kN/m^2（实际该断面平均压力在 1.8 荷载系数下为 48.1kN/m^2），即 $P_{max}=50$kPa。

①强度验算

选用板区格中三面固结、一面简支的最不利受力情况进行计算。

$l_y/l_x=400/400=1.0$，查表得：$K_{mx}^0=-0.0600$，$K_{my}^0=-0.0550$，$K_{mx}=0.0227$，$K_{my}=0.0168$，$K_f=0.0016$。

取 1mm 宽的板条作为计算单元，荷载 q 为：

$$q=0.05\times1=0.05(\text{N/mm})$$

求弯矩：

$$M_x^0=K_{mx}^0\cdot q\cdot l_x^2=-0.0600\times0.05\times400^2=-480(\text{N}\cdot\text{mm})$$

$$M_y^0=K_{my}^0\cdot q\cdot l_y^2=-0.0550\times0.05\times400^2=-440(\text{N}\cdot\text{mm})$$

面板的截面系数：

$$W=bh^2/6=1\times5^2/6=4.167(\text{mm}^3)$$

应力为：

$$\sigma_{max}=\frac{M_{max}}{W}=\frac{480}{4.167}=115(\text{MPa})<215(\text{MPa})(\text{钢板允许应力})$$

可满足要求。

求跨中弯矩：

$$M_x=K_{mx}\cdot q\cdot l_x^2=0.0227\times0.05\times400^2=181.6(\text{N}\cdot\text{mm})$$

$$M_y=K_{my}\cdot q\cdot l_y^2=0.0168\times0.05\times400^2=134.4(\text{N}\cdot\text{mm})$$

钢板的泊松比 $\upsilon=0.3$，故需换算为：

$$M_x^{(\upsilon)}=M_x+\upsilon M_y=181.6+0.3\times134.4=222(\text{N}\cdot\text{mm})$$

$$M_y^{(\upsilon)}=M_y+\upsilon M_x=134.4+0.3\times181.6=189(\text{N}\cdot\text{mm})$$

应力为：

$$\sigma_{max}=\frac{M_{max}}{W}=\frac{222}{4.167}=53(\text{MPa})<215(\text{MPa})(\text{钢板允许应力})$$

可满足要求。

②挠度验算

$$B_0=\frac{Eh^3}{12(1-\upsilon^2)}=\frac{2.06\times10^5\times5^3}{12\times(1-0.3^2)}=23.6\times10^5(\text{N}\cdot\text{mm})$$

$$\omega_{max}=K_f\cdot\frac{ql^4}{B_0}=0.0016\times\frac{0.05\times400^4}{23.6\times10^5}=0.87(\text{mm})$$

$$\frac{\omega}{l}=\frac{0.87}{400}=\frac{1}{459}<\frac{1}{400}$$

满足要求。

③综上所述，5mm 厚钢板按 40cm × 40cm 间距设置背肋，其钢板各项指标满足施工要求。

3.1.3 挂篮侧模验算

对侧模来说，新浇筑的混凝土的侧压力是它的主要荷载。当混凝土浇筑速度在6m/h以下，且模板倾角≥55°时（纳金大桥侧模倾角 $\alpha=68.01°$），作用于侧面模板的最大压力可按下式计算：

$$p_m=K\cdot\gamma\cdot h$$

式中：p_m——新浇筑混凝土对侧面模板的最大压力（kPa）；

K——外加剂影响修正系数，1.2；

γ——混凝土重度，25kN/m^3；

h——有效压头高度（m）。

根据现场施工情况，混凝土浇筑速度 $v=0.5$m/h，混凝土温度 $T=20$℃。当 $v/T=0.025<0.035$ 时，$h=0.22+24.9v/T=0.8425$。

代入数据，$p_m=1.2\times25\times0.8425=25.275$（kPa）。

（1）侧模背撑计算

根据设计图纸，侧模背撑采用2根14b槽钢背向支撑，每个节段共设置6道这样的背撑，间距80cm。以3号块为例，节段长5m，腹板高度2.647m，即每个背撑承担 $5\times2.647/6=2.2$m^{2}面积的侧模压力。在不考虑背撑上的对拉杆的情况下，默认背撑仅为两端锚固，中间位置不再设置对拉杆，计算如下。

①均布荷载计算

每个背撑承受荷载为 $p_m\cdot S=25.275\times2.2=55.6$（kN），则每一根14b槽钢所受均布荷载 $q_{均}=55.6/2/2.647=10.5$（kN/m）。

14b槽钢的参数：$I_x=609$cm^4，$W_x=87.1$cm^3

钢的许用弯曲应力 $[\sigma]=145$MPa，计算能承受最大的均布荷载：

$$M_{max}=[\sigma_{max}]\cdot W_x=145\times10^6\times87.1\times10^{-6}=12\ 629.5(\text{N}\cdot\text{m})=12.6(\text{kN}\cdot\text{m})$$

由 $M_{均}=ql^2/8$，得：

$q=8M_{均}/l^2=8\times12.6/2.647^2=14.4$（kN/m），满均布荷载。

$q_{均}=10.5\text{kN/m}<q=14.4\text{kN/m}$

能够满足要求，安全。

②抗剪强度计算

计算单根工字钢抗剪强度。为保证安全，$q_{均}$按15kN/m取值荷载计算（实际 $q_{均}=10.5$kN/m）。

$$F_s=15\times2.647=39.7(\text{kN})$$

查得14b槽钢截面参数 $I_z/S_z=609/52.4=11.6$cm，$d=8$mm

$$\tau_{max}=(F_s\cdot S_z)/(I_z\cdot d)=42.8(\text{MPa})$$

该型钢设计$[\tau]=85\text{MPa}>\tau_{max}=42.8\text{MPa}$。

③挠度计算

$$W_c=\frac{5ql^4}{384EI}$$

其中：$E=206\text{GPa}$，$I=609\text{cm}^4$，故

$$W_c=\frac{5ql^4}{384EI}=\frac{5\times15\times10^3\times2.647^4}{384\times206\times10^9\times609\times10^{-8}}=7.6(\text{mm})$$

$$[W]=L/400=6.6\text{mm}<W_c=7.6\text{mm}$$

不合格。因此，必须在背撑中间设置对拉杆以减少挠度。

根据实际情况，计划在背撑中间增加 2 道对拉，即将背撑分成 3 段受力，则 $l=2.647/3=0.882\text{m}$，重新计算挠度 $W_c=0.1\text{mm}<[W]=0.882/400=2.2(\text{mm})$，合格。

(2)对拉杆计算

根据背撑的设置，在侧模上总共设置 4 道对拉杆，按照最不利的情况计算，1 根对拉杆所承受的侧模面积 $S=0.8\times0.882=0.7(\text{m}^2)$。

按最不利情况考虑，对拉杆承受最大拉力为 $p_m\cdot S=25.275\text{kN/m}^2\times0.7\text{m}^2=17.7\text{kN}$，即 1.77t。

计划采用 ϕ16mm 钢筋作为对拉杆，$[\sigma]=145\text{MPa}$，$S=2.0096\times10^{-4}$，即

$$T=145\times10^6\times2.0096\times10^{-4}=29.1(\text{kN})=2.91(\text{t})>1.77(\text{t})$$

满足要求，安全。

(3)侧模背肋计算

侧模背肋设置为：横肋间距 40cm，采用 8 号槽钢制作；纵肋间距 40cm，采用 8cm 宽、6mm 厚的钢板作为筋板。

①横肋计算

侧模最大压力为 25.275kN/m^2，横肋间距 40cm。

即受力最大的横肋线荷载 $q=25.275\times0.4=10.11(\text{kN/m})$。

$$M_{max}=ql^2/8=10.11\times0.4^2/8=0.2(\text{kN}\cdot\text{m})$$

$$W=M_{max}/[\sigma]=0.2\text{kN}\cdot\text{m}/145\text{N/mm}^2=1.4\text{cm}^3$$

8 号槽钢 $W_x=25.3\text{cm}^3>W=1.4\text{cm}^3$，能够满足要求。

由 8 号槽钢 $I_x=101\text{cm}^4$，

挠度 $W_c=\dfrac{5ql^4}{384EI}=\dfrac{5\times10110\times0.4^4}{384\times2.06\times10^{11}\times101\times10^{-8}}=0.02(\text{mm})$

$W_c<[W]=L/400=1.75\text{mm}$，满足要求。

②竖肋计算

侧模最大压力为 25.275kN/m^2，横肋间距 40cm。

即受力最大的竖肋线荷载 $q=25.275\times0.4=10.11(\text{kN/m})$。

$$M_{max}=ql^2/8=19.24\times0.4^2/8=0.38(\text{kN}\cdot\text{m})$$

$$W=M_{max}/[\sigma]=0.38\text{kN}\cdot\text{m}/145\text{N/mm}^2=2.6\text{cm}^3$$

查表可知，8cm 宽、6mm 厚筋板 $W_x=6.4\text{cm}^3>W=2.6\text{cm}^3$，能够满足要求。

由 80mm×6mm 筋板 $I_x=25.6\text{cm}^4$，

挠度 $W_c = \dfrac{5ql^4}{384EI} = \dfrac{5 \times 10\ 110 \times 0.4^4}{384 \times 2.06 \times 10^{11} \times 25.6 \times 10^{-8}} = 0.06(\mathrm{mm})$

$W_c < [W] = L/400 = 1.75\mathrm{mm}$,满足要求。

③综上所述,侧模背肋按照40cm×40cm布置横肋和纵肋,受力合格,满足施工要求。

(4)侧模面板计算

侧模面板厚度5mm,背肋设置同底模为40cm×40cm。底模面板的压力为$50\mathrm{kN/m^2}$,即$P_{底} = 50\mathrm{kPa}$;而侧模面板的压力$P_{侧} = 25.275\mathrm{kPa}$。

同条件下,底模面板在$P_{底} = 50\mathrm{kPa}$的情况下验算合格,则侧模面板在$P_{侧} = 25.275\mathrm{kPa}$的情况下必然合格。

3.1.4 翼缘板模板验算

每个节段翼缘板尺寸相同,同样以3号块翼缘板进行验算。翼缘板断面积$S = 1.59\mathrm{m^2}$,节段长度5m,宽度3.75m,翼缘板整体荷载$q = 1.59 \times 5 \times 2.5 \times 10/(5 \times 3.75) = 10.6(\mathrm{kN/m^2})$。

按照2.0荷载系数考虑,$p_m = 2.0 \times 10.6 = 21.2(\mathrm{kPa})$。

由于翼缘板模板同侧模模板构造,侧模在$p_m = 25.275\mathrm{kPa}$下验算合格,则翼缘板模板同样合格,符合安全要求。

3.2 挂篮用梁验算

3.2.1 基本数据

挂篮用梁包括前上横梁、前后下横梁、后锚压梁和小车反压梁,各种梁均采用Q235钢制作而成:

(1)$E = 206\mathrm{GPa}$;

(2)$[\sigma] = 145\mathrm{MPa}$;

(3)$[\tau] = 85\mathrm{MPa}$;

(4)抗倾覆稳定系数2.0;

(5)新浇筑混凝土动力系数取1.2;

(6)超载系数取1.05;

(7)Q235钢密度7 850kg/m^3;

(8)C50混凝土密度2 500kg/m^3。

3号块为所有挂篮施工中最重的块段,因此以3号块施工对梁进行验算。

3号块C50混凝土210.1m^3,混凝土按2 500kg/m^{3}计算,混凝土自重力5 252.5kN。3号块钢筋重力344.6kN。

箱梁自重力=混凝土自重力+钢筋重力=5 252.5+344.6=5 597.1(kN)

3.2.2 上横梁验算

根据图3.3可知,将上横梁的受力分为5段进行验算。

上横梁荷载组合如下:

①混凝土重+挂篮自重+施工、人群机具+动力附加系数;

②混凝土重+挂篮自重;

③挂篮自重+冲击附加系数。

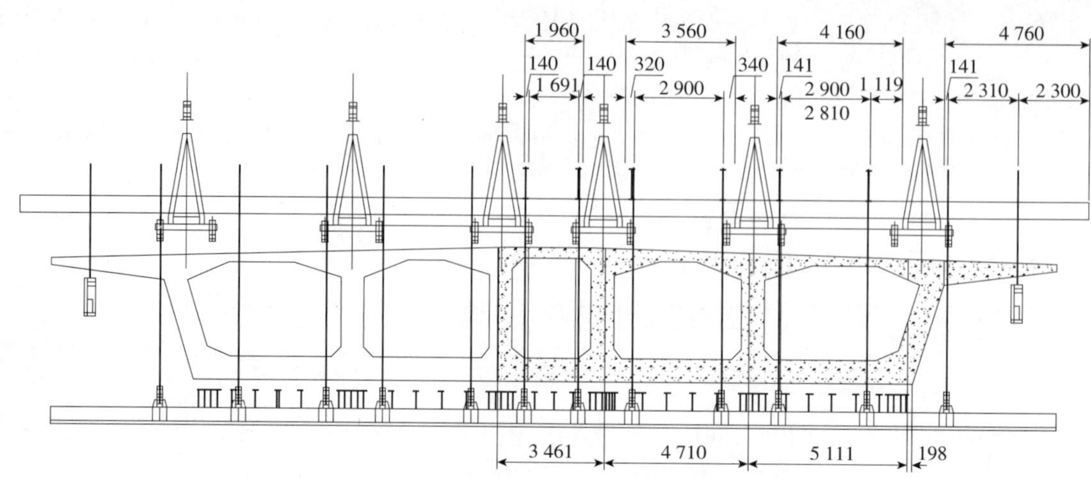

图 3.3　3 号梁挂篮断面图(尺寸单位:mm)

为安全起见,在考虑超载系数、冲击系数、混凝土动力系数的情况下,统一取值抗倾覆系数 2.0。

上横梁所受的荷载包括钢筋混凝土自重、吊杆、下横梁以及底模系统。

(1)S_1 断面

计算 S_1 断面横梁所受荷载,见表 3.1。

S_1 断面横梁所受荷载　　表 3.1

序号	项目	数量	单位重力	合计(kN)
1	吊杆	20m	0.066kN/m	1.32
2	吊具	4 个	1.8kN/个	7.2
3	下横梁	6.952m	1.53kN/m	10.64
4	梁底纵梁	9 根	5.961kN/根	53.65
5	底模	18.8m^2	0.7kN/m^3	13.16
6	钢筋	26.95m^3	1.64kN/m^3	44.198
7	混凝土	26.95m^3	25kN/m^3	673.75
总重力				804

其该段上横梁受到的总荷载为 804×2.0/2 =804(kN)(2.0 为抗倾覆系数,不再考虑施工荷载等因素。前横梁和后锚共同承担整个荷载,实际后锚承重要大于前横梁,但这里按照 0.5 考虑各承担一半重力)。

设 S_1 断面的上横梁荷载全部由 2 根吊杆均匀承担,则每根吊杆承重 402kN。同样,上横梁由 2 根 40H 型钢组成,则每根 H 型钢在吊点的位置承受重力为 201kN,如图 3.4 所示。

①抗剪强度

反力:$R = P(2\times0.14+1.68)/1.96=201(\text{kN})$

剪力:$Q_1 = \pm P(2\times0.14+1.68)/1.96 = \pm201(\text{kN})$

$$Q_2 = P(0.14-0.14)/1.96=0$$

即上横梁的最大剪力 $Q=201\text{kN}$。

查得40H型钢截面参数 $I_x=22\ 964.86\text{cm}^4$，$I_z/S_z=22\ 964.86/642.97=35.7(\text{cm})$，$d=8\text{mm}$，$W_x=1\ 148.24\text{cm}^3$，$[\tau]=85\text{MPa}$

$$F_s=[\tau]\cdot(I_z/S_z)\cdot d=85\times10^6\times35.7\times10^{-2}\times8\times10^{-3}=242.76(\text{kN})$$

$F_s=242.76\text{kN}>Q=201\text{kN}$，即在2.0荷载系数下，最大剪力仍然满足要求，合格。

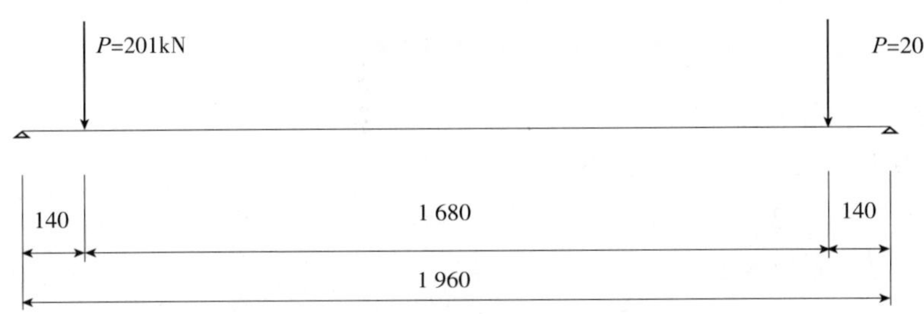

图3.4　每根H型钢受力情况(尺寸单位:mm)

②挠度计算

根据公式：

$$f_c-\frac{Pa}{6EIl}[(2u+c)l^2-4a^2l+2a^3-a^2b-c^3]$$

$$f_d=\frac{Pc}{6EIl}[(2c+a)l^2-4c^2l+2c^3-ac^2-a^3]$$

计算得出：

$$f_c=0.07\text{mm},f_d=0.07\text{mm}。$$

$[W]=L/400=4.9\text{mm}>f_c$ 和 f_d，能够满足要求，合格。

(2) S_2 断面

计算 S_2 断面横梁所受荷载，见表3.2。

S_2 断面横梁所受荷载　　　　表3.2

序号	项目	数量	单位重力	合计(kN)
1	吊杆	20m	0.066kN/m	1.32
2	吊具	4个	1.8kN/个	7.2
3	下横梁	9.42m	1.53kN/m	14.4
4	梁底纵梁	8根	5.961kN/根	47.7
5	底模	25.434m²	0.7kN/m³	17.8
6	钢筋	29.85m³	1.64kN/m³	49.0
7	混凝土	29.85m³	25kN/m³	746.25
总重力				884

其该段上横梁受到的总荷载为 $884\times2.0/2=884(\text{kN})$(2.0为抗倾覆系数，不再考虑施工荷载等因素。前横梁和后锚共同承担整个荷载，实际后锚承重要大于前横梁，但这里按照0.5考虑各承担一半重力)。

设 S_2 断面的上横梁荷载全部由2根吊杆均匀承担，则每根吊杆承重442kN。同样，上横梁由 2 根 40H 型钢组成，则每根 H 型钢在吊点的位置承受重力为 221kN，如图 3.5 所示。

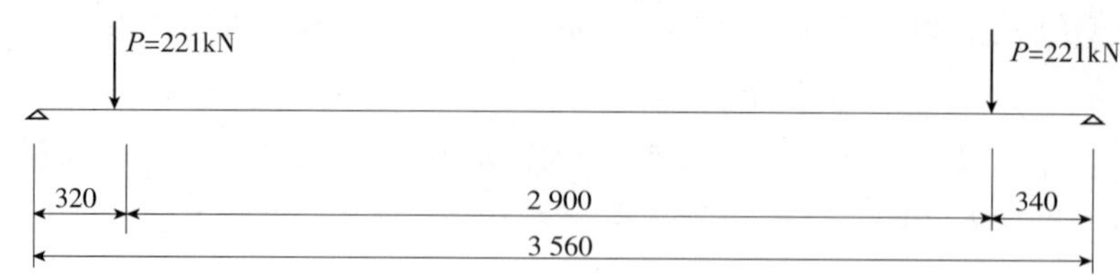

图 3.5　每根 H 型钢受力情况(尺寸单位:mm)

①抗剪强度

反力：$R_a = P(2\times0.34+2.9)/3.56 = 222.2(\text{kN})$

$R_b = P(2\times0.32+2.9)/3.56 = 219.7(\text{kN})$

剪力：$Q_1 = P(2\times0.34+2.9)/3.56 = 222.2(\text{kN})$

$Q_2 = P(0.34-0.32)/3.56 = 1.3(\text{kN})$

$Q_3 = -P(2\times0.32+2.9)/3.5 = -219.7(\text{kN})$

即上横梁的最大剪力 $Q = 222(\text{kN})$。

上面计算过，40H 型钢的最大抗剪力为 $F_s = 242.76\text{kN}$，则

$F_s = 242.76\text{kN} > Q = 222\text{kN}$，合格。

②挠度计算

根据公式可以算出：

$$f_c = 0.75\text{mm}, f_d = 0.82\text{mm}$$

$[W] = L/400 = 8.9\text{mm} > f_c$ 和 f_d，能够满足要求，合格。

(3) S_3 断面

计算 S_3 断面横梁所受荷载，见表 3.3。

S_3 断面横梁所受荷载　　表 3.3

序号	项目	数量	单位重力	合计(kN)
1	吊杆	20m	0.066kN/m	1.32
2	吊具	4 个	1.8kN/个	7.2
3	下横梁	10.222m	1.53kN/m	15.64
4	梁底纵梁	12 根	5.961kN/根	71.53
5	底模	27.6m^2	0.7kN/m^3	19.32
6	钢筋	30.5m^3	1.64kN/m^3	50.02
7	混凝土	30.5m^3	25kN/m^3	762.5
总重力				928

其该段上横梁受到的总荷载为 $928\times2.0/2 = 928(\text{kN})$（2.0 为抗倾覆系数，不再考虑施工荷载等因素。前横梁和后锚共同承担整个荷载，实际后锚承重要大于前横梁，但这里按照 0.5 考虑各承担一半重力）。

设 S_3 断面的上横梁荷载全部由 2 根吊杆均匀承担，则每根吊杆承重 464kN。同样，上横梁由 2 根 40H 型钢组成，则每根 H 型钢在吊点的位置承受重力为 232kN，如图 3.6 所示。

①抗剪强度

反力：$R_a = P(2\times1.119+2.9)/4.16=286.5(\mathrm{kN})$

$R_b = P(2\times0.141+2.9)/4.16=177.5(\mathrm{kN})$

剪力：$Q_1 = P(2\times1.119+2.9)/4.16=286.5(\mathrm{kN})$

$Q_2 = P(1.119-0.141)/4.16=54.5(\mathrm{kN})$

$Q_3 = -P(2\times0.141+2.9)/4.16=-177.5(\mathrm{kN})$

即上横梁的最大剪力 $Q=286.5\mathrm{kN}$。

上面计算过，40H 型钢的最大抗剪力为 $F_s=242.76(\mathrm{kN})$，则

$F_s=242.76\mathrm{kN}<Q=286.5\mathrm{kN}$，即取 2 的荷载系数不合格。重新计算，取荷载系数 1.6，算出 $Q=229\mathrm{kN}$。由于荷载系数一般为 1.2，因此该段横梁仍然满足要求。

②挠度计算

根据公式可以算出：

$$f_c=0.62\mathrm{mm}, f_d=5.05\mathrm{mm}$$

$[W]=L/400=10.4\mathrm{mm}>f_c$ 和 f_d，能够满足要求，合格。

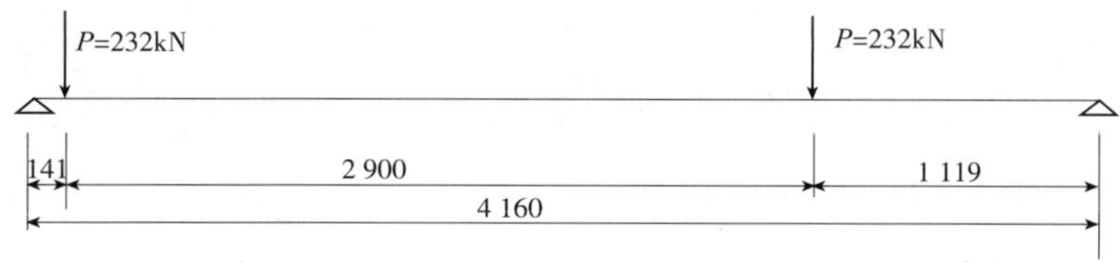

图 3.6　每根 H 型钢受力情况(尺寸单位：mm)

(4) S_4 断面

计算 S_4 断面横梁所受荷载，见表 3.4。

S_4 断面横梁所受荷载　　表 3.4

序号	项目	数量	单位重力	合计(kN)
1	吊杆	10m	0.066kN/m	0.66
2	吊具	2 个	1.8kN/个	3.6
3	下横梁	11.878m	1.53kN/m	18.17
4	梁底纵梁	0 根	5.961kN/根	0
5	底模	1.07m^2	0.7kN/m^3	0.75
6	侧模	57.17kN		57.17
7	钢筋	11.35m^3	1.64kN/m^3	18.6
8	混凝土	11.35m^3	25kN/m^3	283.75
总重力				383

其该段上横梁受到的总荷载为 $383\times2.0/2=383(\mathrm{kN})$(2.0 为抗倾覆系数，不再考虑施工荷载等因素。前横梁和后锚共同承担整个荷载，实际后锚承重要大于前横梁，但这里按照 0.5 考虑各承担一半重力)。

设 S_4 断面的上横梁荷载全部由 1 根吊杆均匀承担，则每根吊杆承重 383kN。同样，上横梁由 2 根 40H 型钢组成，则每根 H 型钢在吊点的位置承受重力为 191.5kN。

由于该断面横梁受力距离支点仅 0.141m，且最大力为 191.5kN。根据前面计算结果，可以判断该段上横梁的安全系数在 2 以上，合格。

(5) S_5 断面

计算 S_5 断面横梁所受荷载，见表 3.5。

S_5 断面横梁所受荷载　　表 3.5

序号	项目	数量	单位重力	合计(kN)
1	吊杆	10m	0.066kN/m	0.66
2	滚动吊架	4 个	0.911kN/个	3.644
3	导梁	2 根	14.216kN/根	28.432
4	翼缘板支撑	7 个	1.894kN/个	13.258
5	翼缘板模板	20.651kN		20.651
6	钢筋	$7.95m^3$	$1.64kN/m^3$	13.038
7	混凝土	$7.95m^3$	$25kN/m^3$	198.75
总重力				278

其该段上横梁受到的总荷载为 $278 \times 2.0/2 = 278$(kN)（2.0 为抗倾覆系数，不再考虑施工荷载等因素。前横梁和后锚共同承担整个荷载，实际后锚承重要大于前横梁，但这里按照 0.5 考虑各承担一半重力）。

设 S_5 断面的上横梁荷载全部由 1 根吊杆均匀承担，则每根吊杆承重 278kN。同样，上横梁由 2 根 40H 型钢组成，则每根 H 型钢在吊点的位置承受重量为 139kN，如图 3.7 所示。

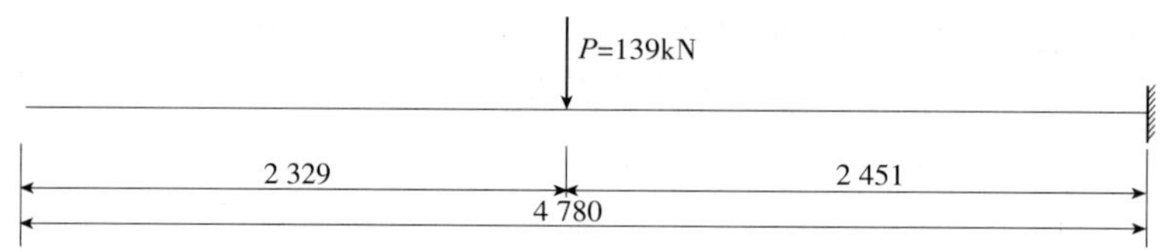

图 3.7　每根 H 型钢受力情况（尺寸单位：mm）

①抗剪强度。

S_5 断面属于悬臂梁受力，反力 = 剪力 = 139kN。上面计算过，40H 型钢的最大抗剪力为 $F_s = 242.76$kN，则

$F_s = 242.76\text{kN} > Q = 139\text{kN}$，合格。

②挠度计算。

根据公式可以算出：

$$f_{max} = \frac{Pb^2 l}{6EI}\left(3 - \frac{b}{l}\right) = 3.5\text{mm}$$

$[W] = L/400 = 11.95\text{mm} > f_{max}$，能够满足要求，合格。

(6) 综上所述

上横梁采用 40H 型钢，取 2.0 的荷载系数，在没有计算临时结构提高 30% 钢材容许应力情况下，强度、刚度、挠度等指标均能达到设计要求，可以认定其安全性。

3.2.3 下横梁验算

根据图3.8可知,将下横梁的受力分为6段进行验算。

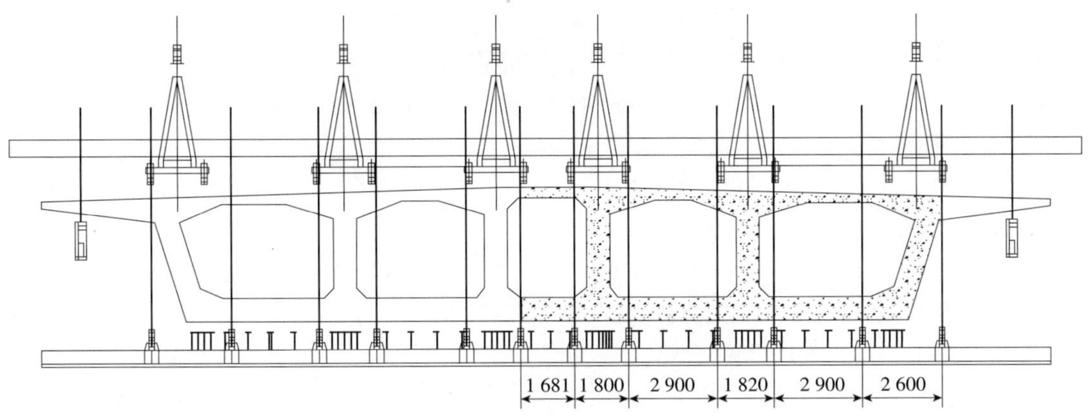

图3.8 3号梁挂篮断面下横梁受力图(尺寸单位:mm)

下横梁荷载组合如下:

①混凝土重+挂篮自重+施工、人群机具+动力附加系数;

②混凝土重+挂篮自重;

③挂篮自重+冲击附加系数。

为安全起见,在考虑超载系数、冲击系数、混凝土动力系数的情况下,统一取值抗倾覆系数2.0。

上横梁所受的荷载包括钢筋混凝土自重以及底模系统。

比较S_1、S_3、S_5这三个断面,从图3.8中可以看出,只要S_3段下横梁验算合格,其余两段肯定合格。

比较S_2、S_4断面,若S_4段下横梁验算合格,则S_2段必然合格。

因此,只针对S_2、S_3、S_6段下横梁进行验算。

(1)S_2断面

计算S_2断面横梁所受荷载,见表3.6。

S_2断面横梁所受荷载 表3.6

序号	项目	数量	单位重力	合计(kN)
1	梁底纵梁	5根	5.961kN/根	29.8
2	底模	9.72m^2	0.7kN/m^3	6.8
3	钢筋	18.45m^3	1.64kN/m^3	30.258
4	混凝土	18.45m^3	25kN/m^3	461.25
总重力				528

其该段上横梁受到的总荷载为528×2.0/2=528(kN)(2.0为抗倾覆系数,不再考虑施工荷载等因素。前下横梁和下横梁共同承担整个荷载,按照0.5考虑各承担一半重力。)

下横梁由2根40H型钢组成,则每根H型钢承受重力为264kN。

①按照均布荷载进行计算

$$q_{均}=264/1.8=147(\text{kN/m})$$

40H型钢的参数:$I_x=22\ 964.86\text{cm}^4$,$W_x=1\ 148.24\text{cm}^3$。

钢的容许弯曲应力[σ] = 145MPa,计算能承受最大的均布荷载:

M_{max} = [σ_{max}] · W_x = 145 × 10^6 × 1 148.24 × 10^{-6} = 166 494.8(N · m) = 166.5(kN · m)

由 $M_{均} = ql^2/8$,得:

$q = 8M_{均}/l^2 = 8 \times 166.5/1.8^2 = 411$(kN/m),满均布荷载

$q_{均}$ = 147kN/m < q = 411kN/m,安全系数大于2,能够满足要求,安全。

②抗剪强度计算

计算单根工字钢抗剪强度。为保证安全,$q_{均}$按150kN/m取值荷载计算(实际$q_{均}$ = 147kN/m)。

$$Q = ql/2 = 150 \times 1.8/2 = 135(\text{kN})$$

上面计算过,40H型钢的最大抗剪力为 F_s = 242.76kN。

F_s = 242.76kN > Q = 135kN,合格。

③挠度计算

由 E = 206GPa,I = 22 964.86cm^4,故

$$W_c = \frac{5ql^4}{384EI} = \frac{5 \times 150 \times 10^3 \times 1.8^4}{384 \times 206 \times 10^9 \times 22\,964.86 \times 10^{-8}} = 0.43(\text{mm})$$

[W] = L/400 = 4.5mm > W_c = 0.43mm,能够满足要求,合格。

(2)S_3 断面

计算 S_3 断面横梁所受荷载,见表3.7。

S_3 断面横梁所受荷载 表3.7

序号	项目	数量	单位重力	合计(kN)
1	梁底纵梁	4根	5.961kN/根	23.8
2	底模	15.66m^2	0.7kN/m^3	11.0
3	钢筋	13.05m^3	1.64kN/m^3	21.4
4	混凝土	13.05m^3	25kN/m^3	326.25
总重力				382

其该段上横梁受到的总荷载为382×2.0/2 = 382(kN)(2.0为抗倾覆系数,不再考虑施工荷载等因素。前下横梁和下横梁共同承担整个荷载,按照0.5考虑各承担一半重力)。

下横梁由2根40H型钢组成,则每根H型钢承受重力为191kN。

①按照均布荷载进行计算

$q_{均}$ = 191/2.9 = 66(kN/m)

40H型钢的参数:I_x = 22 964.86cm^4,W_x = 1 148.24cm^3。

钢的容许弯曲应力[σ] = 145MPa,计算能承受最大的均布荷载:

M_{max} = [σ_{m}ax] · W_x = 145 × 10^6 × 1 148.24 × 10^{-6} = 166 494.8(N · m) = 166.5(kN · m)

由 $M_{均} = ql^2/8$,得:

$q = 8M_{均}/l^2 = 8 \times 166.5/2.9^2 = 158$(kN/m),满均布荷载。

$q_{均}$ = 66kN/m < q = 158kN/m,安全系数大于2,能够满足要求,安全。

②抗剪强度计算

计算单根工字钢抗剪强度。为保证安全,$q_{均}$按70kN/m取值荷载计算(实际$q_{均}$ = 66kN/m)。

$Q = ql/2 = 70 \times 2.9/2 = 101.5(kN)$

上面计算过,40H 型钢的最大抗剪力为 $F_s = 242.76kN$。

$F_s = 242.76kN > Q = 101.5kN$,合格。

③挠度计算

$E = 206GPa, I = 22\ 964.86cm^4$,故

$$W_c = \frac{5ql^4}{384EI} = \frac{5 \times 70 \times 10^3 \times 2.9^4}{384 \times 206 \times 10^9 \times 22\ 964.86 \times 10^{-8}} = 1.4(mm)$$

$[W] = L/400 = 7.25mm > W_c = 1.4mm$,能够满足要求,合格。

(3)S_6 断面

计算 S_6 断面横梁所受荷载,见表 3.8。

S_6 断面横梁所受荷载 表 3.8

序号	项目	数量	单位重力	合计(kN)
1	梁底纵梁	5 根	5.961kN/根	29.8
2	底模	8.1m²	0.7kN/m³	5.67
	侧模	57.17kN		57.17
3	钢筋	18.7m³	1.64kN/m³	30.7
4	混凝土	18.7m³	25kN/m³	467.5
总重力				590

其该段上横梁受到的总荷载为 590 × 2.0/2 = 590(kN)(2.0 为抗倾覆系数,不再考虑施工荷载等因素。前下横梁和下横梁共同承担整个荷载,按照 0.5 考虑各承担一半重力)。

下横梁由 2 根 40H 型钢组成,则每根 H 型钢承受重力为 295kN。

①按照局部均布荷载进行计算(图 3.9)

$$q_{均} = 295/1.5 = 196(kN/m)$$

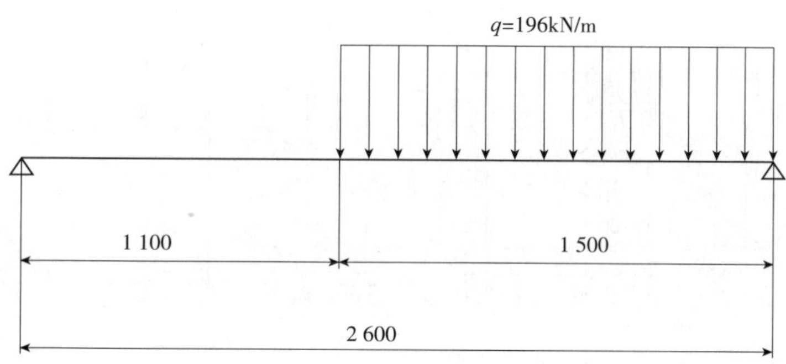

图 3.9 局部均布荷载(尺寸单位:mm)

40H 型钢的参数:$I_x = 22\ 964.86cm^4, W_x = 1\ 148.24cm^3$。

钢的容许弯曲应力$[\sigma] = 145MPa$,计算能承受最大的均布荷载:

$M_{max} = [\sigma_{max}] \cdot W_x = 145 \times 10^6 \times 1\ 148.24 \times 10^{-6} = 166\ 494.8(N \cdot m) = 166.5(kN \cdot m)$

由 $M_{均} = ql^2/8$,得:

$q = 8M_{均}/l^2 = 8 \times 166.5/2.6^2 = 197kN/m$,满均布荷载。

$q_{均} = 196kN/m < q = 197kN/m$,能够满足要求,安全。

②抗剪强度计算

剪力：$Q_a = qb^2/2l = 196 \times 1.5^2/(2 \times 2.6) = 84.8(\mathrm{kN})$

$$Q_b = qb(2 - b/l)/2 = 196 \times 1.5 \times (2 - 1.5/2.6)/2 = 209(\mathrm{kN})$$

因此，$Q_{max} = 209\mathrm{kN}$。

上面计算过，40H 型钢的最大抗剪力为 $F_s = 242.76\mathrm{kN}$。

$F_s = 242.76\mathrm{kN} > Q = 209\mathrm{kN}$，合格。

③挠度计算

由 $E = 206\mathrm{GPa}$，$I = 22\,964.86\mathrm{cm}^4$，根据公式：

$$f_a = \frac{qb^2lx}{24EIl}\left(2 - \frac{b^2}{l^2} - 2\frac{x^2}{l^2}\right)$$

$$f_b = \frac{qb^2l^2}{24EIl}\left[\left(2 - \frac{b^2}{l^2} - 2\frac{x^2}{l^2}\right)\frac{x}{l} + \frac{(x-a)^4}{b^2l^2}\right]$$

同时，$x = a + \dfrac{b^2}{2l}$，代入数据，算出：

$$f_a = 0.6\mathrm{mm}, f_b = 0.6\mathrm{mm}$$

$[W] = L/400 = 6.5\mathrm{mm} > f_a$ 和 f_b，能够满足要求，合格。

(4)综上所述

下横梁采用40H 型钢，取2.0 的荷载系数，在没有计算临时结构提高30% 钢材容许应力情况下，强度、刚度、挠度等指标均能达到设计要求，可以认定其安全性。

3.2.4　后锚压梁计算

根据图3.10 可知，三角梁受力最大的为边梁1 和边梁2，因此后锚压梁的受力也是最大。

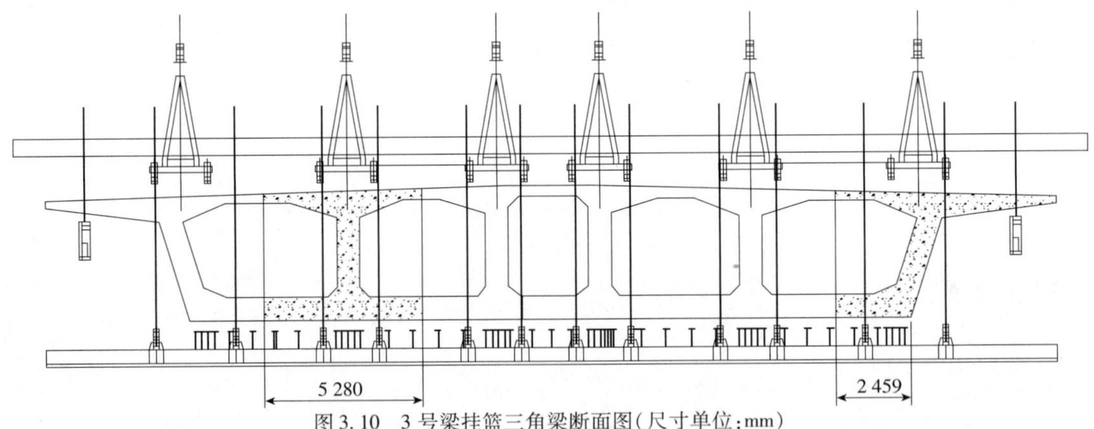

图3.10　3 号梁挂篮三角梁断面图(尺寸单位：mm)

S_1 断面所受的荷载包括钢筋混凝土自重、三角梁、上横梁、吊杆、下横梁以及底模系统。

S_2 断面所受的荷载包括钢筋混凝土自重、三角梁、上横梁、吊杆、下横梁以及底模、侧模和翼缘板模板系统。

为安全起见，在考虑超载系数、冲击系数、混凝土动力系数的情况下，统一取抗倾覆系数2.0。

同时，根据图3.11 可知，前吊点距支点5.983m，后锚点距支点4.55m。由于是3 个后锚点，因此力矩取中间一个后锚压梁的位置。

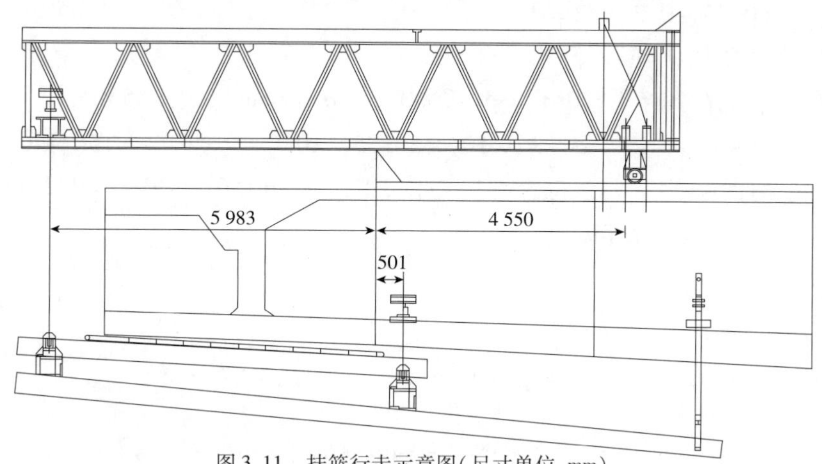

图3.11 挂篮行走示意图(尺寸单位:mm)

(1)S_1 断面

计算 S_1 断面横梁所受荷载,见表3.9。

S_1 断面横梁所受荷载 表3.9

序号	项目	数量	单位重力	合计(kN)
1	三角梁	33.1kN		33.1
2	上横梁	5.2	1.53kN/m	7.956
3	吊杆	20m	0.066kN/m	1.32
4	吊具	4个	1.8kN/个	7.2
5	梁底纵梁	10根	5.961kN/根	59.61
6	下横梁	10.4	1.53kN/m	15.912
7	底模	28.08m^2	0.7kN/m^3	19.656
8	钢筋	34m^3	1.64kN/m^3	55.76
9	混凝土	34m^3	25kN/m^3	850
总重力				1 050

其该断面上的总荷载为 $1\,050 \times 1.5 = 1\,575(\mathrm{kN})$(荷载系数取1.5,实际系数为超载系数×动力系数 $=1.05 \times 1.2 = 1.26$,不再考虑施工荷载等其他因素)。

后锚压梁受到总荷载为 $1\,575 \times 5.983/4.55 = 2\,071(\mathrm{kN})$。

每个后锚压梁承受荷载为 $2\,071/3 = 690(\mathrm{kN})$。

后锚压梁由2根25b槽钢双拼而成,则单根槽钢的受力情况如图3.12所示。

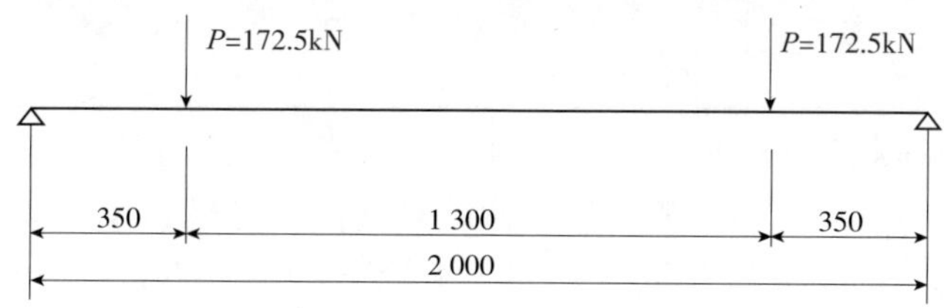

图3.12 单根槽钢受力情况(尺寸单位:mm)

①抗剪强度

反力:$R = P(2 \times 0.35 + 1.3)/2 = 172.5\mathrm{kN}$

剪力:$Q_1 = \pm P(0.35 + 1.3)/2 = \pm 172.5\mathrm{kN}$

$Q_2 = P(0.35 - 0.35)/2 = 0$

即压梁的最大剪力 $Q = 172.5\text{kN}$。

25b 槽钢的参数：$I_z/S_z = 3\,530/173.5 = 20.35\text{cm}$，$d = 9\text{mm}$，$[\tau] = 85\text{MPa}$

$$F_s = [\tau] \times (I_z/S_z) \times d = 85 \times 10^6 \times 20.35 \times 10^{-2} \times 9 \times 10^{-3} = 156(\text{kN})$$

考虑临时结构提高 30% 的钢材容许应力值，因此 $F_s = 156 \times 130\% = 202.8(\text{kN}) > Q = 201\text{kN}$，最大剪力满足要求，合格。

②挠度计算

根据公式：

$$f_c = \frac{Pa}{6EIl}[(2a + c)l^2 - 4a^2 l + 2a^3 - a^2 b - c^3]$$

$$f_d = \frac{Pc}{6EIl}[(2c + a)l^2 - 4c^2 l + 2c^3 - ac^2 - a^3]$$

计算得出：

$$f_c = 2.2\text{mm}, f_d = 2.3\text{mm}$$

$[W] = L/400 = 5\text{mm} > f_c$ 和 f_d，能够满足要求，合格。

(2) S_2 断面

计算 S_2 断面横梁所受荷载，见表 3.10。

S_2 断面横梁所受荷载　　表 3.10

序号	项目	数量	单位重力	合计(kN)
1	三角梁	33.1kN		33.1
2	上横梁	7.2	1.53kN/m	11.0
3	吊杆	30m	0.066kN/m	1.98
4	吊具	4 个	1.8kN/个	7.2
5	梁底纵梁	6 根	5.961kN/根	35.77
6	下横梁	14.4	1.53kN/m	22.03
7	底模	13.3m^2	0.7kN/m^3	9.31
8	侧模	57.17kN		57.17
9	滚动吊架	4 个	0.911kN/个	3.64
10	外导梁	2 根	14.216kN/根	28.43
11	钢筋	30.7m^3	1.64kN/m^3	50.35
12	混凝土	30.7m^3	25kN/m^3	767.5
总重力				1 028

其该断面上的总荷载为 $1\,028 \times 1.5 = 1\,542\text{kN}$（荷载系数取 1.5，实际系数为超载系数 × 动力系数 $= 1.05 \times 1.2 = 1.26$，不再考虑施工荷载等其他因素）。

后锚压梁受到的总的荷载为 $1\,542 \times 5.983/4.55 = 2\,028(\text{kN})$。

每个后锚压梁承受荷载为 $2\,028/3 = 676(\text{kN})$。

而后锚压梁由 2 根 25b 槽钢双拼而成，则单根槽钢的受力 169kN。

同 S_1 断面，在后锚压梁完全相同的情况下：$Q_2 = 169\text{kN} < Q_1 = 172.5\text{kN}$，则可以判断，$S_2$ 断面的后锚压梁满足相关要求，安全合格。

(3)综上所述

后锚压梁采用双拼 25b 槽钢，在 1.5 倍的荷载系数下，通过计算临时结构提高 30% 钢材容许应力情况下，强度、刚度、挠度等指标均能达到设计要求，可以认定其安全性。

3.2.5 小车反压梁验算

根据图 3.13 可知，使用反压小车时，是混凝土浇筑完成、前移挂篮的时候。

根据腹板和翼缘板模板，可以判定最外边梁所承受的荷载最重。此时，反压小车所受的荷载包括三角梁、上横梁、吊杆、下横梁以及底模、侧模和翼缘板模板系统。

为安全起见，在考虑超载系数、冲击系数、混凝土动力系数的情况下，统一取抗倾覆系数 2.0。

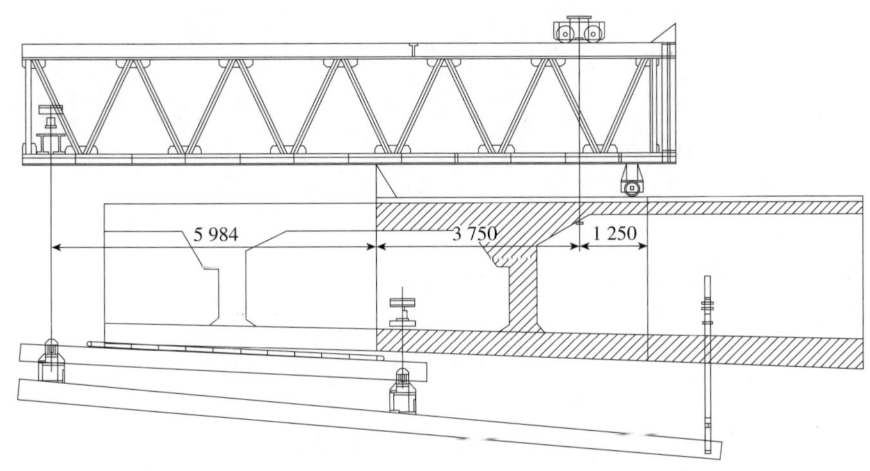

图 3.13 挂篮行走示意图(尺寸单位:mm)

同时，根据图 3.13 可知，反压小车的最小力矩在移动挂篮到位的时候，其锚点距支点 3.75m，前吊点距支点 5.984m。反压梁验算荷载见表 3.11。

反压梁验算荷载 表 3.11

序号	项目	数量	单位重力	合计(kN)
1	三角梁	33.1kN		33.1
2	上横梁	7.2	1.53kN/m	11.0
3	吊杆	30m	0.066kN/m	1.98
4	吊具	4 个	1.8kN/个	7.2
5	梁底纵梁	6 根	5.961kN/根	35.77
6	下横梁	14.4	1.53kN/m	22.03
7	底模	13.3m^2	0.7kN/m^3	9.31
8	侧模	57.17kN		57.17
9	滚动吊架	4 个	0.911kN/个	3.64
10	外导梁	2 根	14.216kN/根	28.43
总重力				210

其该断面上的总荷载为 $210\times2.0=420(\text{kN})$（2.0 为抗倾覆系数，不再考虑施工荷载等其他因素。）

反压梁受到的总荷载为 $420\times5.984/3.75=670(\text{kN})$，而反压梁由 2 根 40a 工字钢双拼而成，则单根工字钢的受力情况如图 3.14 所示。

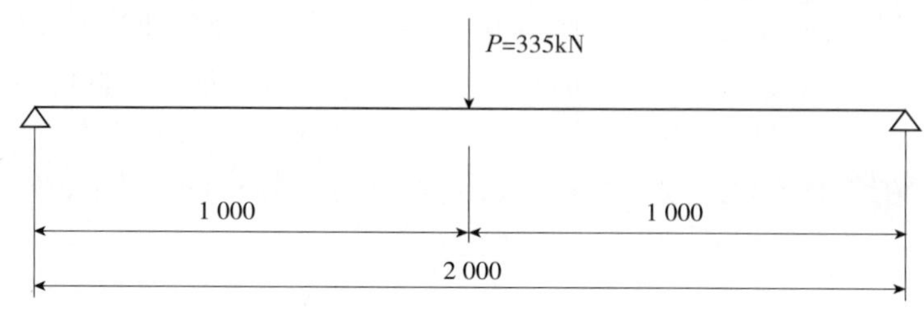

图 3.14　单根工字钢受力情况（尺寸单位：mm）

（1）抗剪强度

剪力：$Q=\pm P/2=\pm167.5\text{kN}$

40a 工字钢的参数：$I_z/S_z=34.1\text{cm}$，$d=10.5\text{mm}$，$[\tau]=85\text{MPa}$

$$F_s=[\tau]\cdot(I_z/S_z)\cdot d=85\times10^6\times34.1\times10^{-2}\times10.5\times10^{-3}=304\text{kN}$$

$F_s=304\text{kN}>Q=167.5\text{kN}$，最大剪力满足要求，合格。

（2）弯矩计算

$$M=Pl/4=335\times2/4=167.5(\text{kN}\cdot\text{m})$$

40a 工字钢的参数：$W_x=1\ 090\text{cm}^3$。

钢的容许弯曲应力$[\sigma]=145\text{MPa}$，计算能承受的最大荷载：

$$M_{\max}=[\sigma_{\max}]\times W_x=145\times10^6\times1\ 090\times10^{-6}\times130\%=205(\text{kN}\cdot\text{m})$$

注：130% 为临时结构提升的钢材容许应力。

$M_{\max}=205\text{kN}\cdot\text{m}>M=167.5\text{kN}\cdot\text{m}$，满足要求，安全合格。

（3）挠度计算

40a 工字钢的参数：$I_x=21\ 720\text{cm}^4$。

根据公式 $f_{\max}=\dfrac{Pl^3}{48EI}$，代入数据可得：$f_{\max}=1.25\text{mm}$。$[W]=L/400=5\text{mm}>f_{\max}=1.25\text{mm}$，能够满足要求，合格。

（4）综上所述

小车反压梁用 40a 工字钢双拼，取 2.0 的荷载系数，在没有计算临时结构提高 30% 钢材容许应力情况下，强度、刚度、挠度等指标均能达到设计要求，可以认定其安全性。

3.3　挂篮吊杆验算书

3.3.1　基本数据

挂篮用吊杆包括横梁吊杆、后锚吊杆、后锚压梁吊杆和小车反压梁吊杆。

吊杆采用精轧螺纹钢，直径 32mm，抗拉强度标准值 $f=930\text{MPa}$，截面积 $A=804.2\text{mm}^2$，能承受的最大拉力为：

$$P_{max}=930\times 804.2=747.9(kN)$$

3.3.2 横梁及后锚吊杆验算

根据**3.2.2**“上横梁验算”可知：

(1)S_1 断面

S_1 断面所受荷载为804kN，其总荷载为 $804\times 2.0=1\ 608(kN)$(2.0为抗倾覆系数，不再考虑施工荷载等其他因素)。

所有荷载由前横梁2根吊杆和后锚2根吊杆共计4根吊杆承受，则每根吊杆所受拉力 $P=1\ 608/4=402(kN)<P_{max}=747.9(kN)$。满足要求，安全合格。

(2)S_2 断面

S_2 断面所受荷载为884kN，其总荷载为 $884\times 2.0=1\ 768(kN)$(2.0为抗倾覆系数，不再考虑施工荷载等其他因素)。

所有荷载由前横梁2根吊杆和后锚2根吊杆共计4根吊杆承受，则每根吊杆所受拉力 $P=1\ 768/4=442(kN)<P_{max}=747.9(kN)$。满足要求，安全合格。

(3)S_3 断面

S_3 断面所受荷载为928kN，其总荷载为 $928\times 2.0=1\ 856(kN)$(2.0为抗倾覆系数，不再考虑施工荷载等其他因素)。

所有荷载由前横梁2根吊杆和后锚2根吊杆共计4根吊杆承受，则每根吊杆所受拉力 $P=1\ 856/4=464(kN)<P_{max}=747.9(kN)$。满足要求，安全合格。

(4)S_4 断面

S_4 断面所受荷载为383kN，其总荷载为 $383\times 2.0=766(kN)$(2.0为抗倾覆系数，不再考虑施工荷载等其他因素)。

所有荷载由前横梁1根吊杆和后锚1根吊杆共计2根吊杆承受，则每根吊杆所受拉力 $P=766/2=383(kN)<P_{max}=747.9(kN)$。满足要求，安全合格。

(5)S_5 断面

S_5 断面所受荷载为278kN，其总荷载为 $278\times 2.0=556(kN)$(2.0为抗倾覆系数，不再考虑施工荷载等其他因素)。

所有荷载由前横梁1根吊杆和后锚1根吊杆共计2根吊杆承受，则每根吊杆所受拉力 $P=556/2=278(kN)<P_{max}=747.9(kN)$。满足要求，安全合格。

(6)综上所述

采用精轧螺纹钢作为吊杆满足要求，安全合格。

3.3.3 后锚压梁吊杆验算

根据**3.2.4**“后锚压梁验算”可知：

(1)S_1 断面

S_1 断面所受荷载为1 050(kN)，其总荷载为 $1\ 050\times 2.0=2\ 100(kN)$(2.0为抗倾覆系数，不再考虑施工荷载等其他因素)。

所有荷载由后锚压梁6根吊杆承受，则每根吊杆所受拉力 $P=2\ 100/6=350(kN)<P_{max}=747.9(kN)$。满足要求，安全合格。

(2)S_2 断面

S_2 断面所受荷载为1 028(kN),其总荷载为1 028×2.0=2 056(kN)(2.0为抗倾覆系数,不再考虑施工荷载等其他因素)。

所有荷载由后锚压梁6根吊杆承受,则每根吊杆所受拉力 $P=2\ 056/6=342.7(\mathrm{kN})<P_{max}=747.9(\mathrm{kN})$。满足要求,安全合格。

(3)综上所述

采用精轧螺纹钢作为吊杆满足要求,安全合格。

3.3.4 小车反压梁吊杆验算

根据**3.2.5**"小车反压梁验算"可知:最不利情况下荷载为210kN,其总荷载为210×2.0=420(kN)(2.0为抗倾覆系数,不再考虑施工荷载等其他因素)。

所有荷载由反压梁的2根吊杆承受,则每根吊杆所受拉力 $P=420/2=210(\mathrm{kN})<P_{max}=747.9(\mathrm{kN})$。满足要求,安全合格。

综上所述,采用精轧螺纹钢作为吊杆满足要求,安全合格。

3.4 三角桁架挂篮空间模型分析计算

3.4.1 计算依据

(1)计算说明

主桥上部采用70m+117m预应力混凝土连续箱梁。箱梁断面为单箱五室斜腹板断面,箱梁顶宽32m,底宽23m/24.21m,翼缘板宽3.75m,根部梁高4.0m,腹板厚75~45cm,底板厚度为100~26cm,悬浇段顶板厚度26cm。

箱梁0号块在托(支)架上施工,梁段总长11m,边、中合龙段长为2m;挂篮悬臂浇筑箱梁1~2号块段长4.0m,3~9号块段长5m,10~11号块段长4.5m,箱梁悬臂浇筑采用桁架挂篮进行施工。

根据设计图纸,对挂篮的主要构造进行了空间建模,采用大型结构计算软件MIDAS进行空间分析,按允许应力法进行计算。

计算中对传力作了如下的假定:

①箱梁翼缘板混凝土及侧模重力通过外导梁、外滑梁分别传至前一节段已施工完的箱梁翼板和挂篮主桁的前上横梁承担。

②箱梁顶板混凝土、内模支架、内模重力由挂篮底模平台承担。

③箱梁底板、腹板混凝土及底篮平台重力分别由前一节段已施工完的箱梁和挂篮主桁的前上横梁承担。

(2)计算参数

钢材弹性模量:$E=206\mathrm{GPa}$,密度:$\rho=7\ 850\mathrm{kg/m^3}$,泊松比:$\nu=0.3$,线膨胀系数:$\alpha=0.000\ 012$,钢材按容许应力取值,临时结构提高30%。

(3)计算模型

挂篮结构计算空间模型见图3.15,包括主桁架、立柱间横向连接系、前上横梁、底篮、导梁等所有的承重系统。

(4)挂篮主要技术参数

悬臂浇筑箱梁最大质量段是3号梁段,混凝土浇筑体积210.1m³,按照钢筋混凝土密度2.65t/m³计算,最大质量为556.765t。悬臂浇筑箱梁梁段最大分段长度为5m。

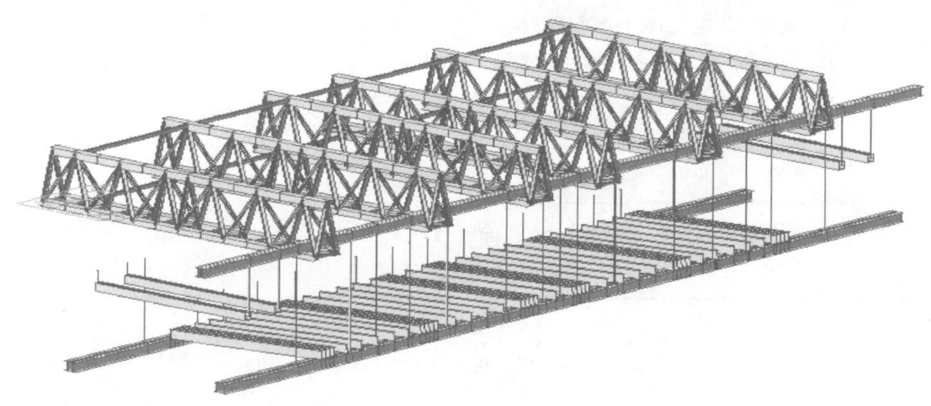

图3.15　挂篮结构计算空间模型(尺寸单位:mm)

(5)挂篮设计基本参数

①梁段混凝土密度为2.65t/m³;

②人群及机具荷载取2.5kPa;

③超载系数取1.05;

④新浇筑混凝土动力系数取1.2;

⑤挂篮行走时的冲击系数取1.2;

⑥抗倾覆稳定系数为2.0。

(6)荷载组合

①混凝土重+挂篮自重+施工、人群机具+动力附加系数(强度计算);

②混凝土重+挂篮自重(刚度计算);

③挂篮自重+冲击附加系数(行走稳定性)。

(7)计算工况

根据梁段长度、质量、梁高等参数,设计时按以下两种工况进行计算。

工况一:3号梁段混凝土灌注完成工况。此工况梁段长度最长、混凝土质量最大。

工况二:3号梁段完成,挂篮由3号至4号梁段走行工况。此工况挂篮走行距离较长,控制挂篮走行状态抗倾覆稳定及外模、底模走行梁走行状态的强度和刚度。

3.4.2　荷载计算

(1)底篮平台计算

箱梁顶板采用钢管支架和方木,模板用竹胶板,荷载按1.8kN/m²计算,箱梁重力按腹板、底板高度和纵梁间距折算成线荷载加到纵梁上进行计算。

荷载分析表如表3.12～表3.16所示。

3号块高侧一根底板纵梁(间距0.8m)荷载分析表(不计入中间横隔墙部分)见表3.12。

底篮平台荷载验算　　表3.12

编号	项目		计算强度荷载	计算刚度荷载
1	底板混凝土重力	kN/m	0.57×0.8×26.5=12.08	12.08
2	底板混凝土设计重力	kN/m	12.08×1.2×1.05=15.23	12.1×1.05=12.69
3	施工、机具荷载	kN/m	2.5×0.8=2	
4	底模自重力	kN/m	3×0.8=2.4	2.4
5	纵梁自重力	kN/m	0.74	0.74

3号块低侧一根底板纵梁(间距0.8m)荷载分析表(不计入中间横隔墙部分)见表3.13。

底板纵梁荷载验算　　表3.13

编号	项目		计算荷载强度	计算刚度荷载
1	底板混凝土重力	kN/m	0.49×0.8×26.5=10.39	10.39
2	底板混凝土设计重力	kN/m	10.39×1.2×1.05=13.09	10.04×1.05=10.91
3	施工、机具荷载	kN/m	2.5×0.8=2	
4	底模自重力	kN/m	3×0.8=2.4	2.4
5	纵梁自重力	kN/m	0.74	0.74

3号块高侧一根腹板纵梁(间距0.2m)荷载分析表(不计入中间横隔墙部分)见表3.14。

高侧底板纵梁荷载验算　　表3.14

编号	项目		计算强度荷载	计算刚度荷载
1	底板混凝土重力	kN/m	3.23×0.2×26.5=17.12	17.12
2	底板混凝土设计重力	kN/m	17.12×1.2×1.05=21.57	17.1×1.05=17.97
3	施工、机具荷载	kN/m	2.5×0.2=0.5	
4	底模自重力	kN/m	3×0.2=0.6	0.6
5	纵梁自重力	kN/m	0.74	0.74

3号块低侧一根腹板纵梁(间距0.2m)荷载分析表(不计入中间横隔墙部分)见表3.15。

低侧底板纵梁荷载验算　　表3.15

编号	项目		计算强度荷载	计算刚度荷载
1	底板混凝土重力	kN/m	3×0.2×26.5=15.9	15.9
2	底板混凝土设计重力	kN/m	15.9×1.2×1.05=20.03	15.9×1.05=16.7
3	施工、机具荷载	kN/m	2.5×0.2=0.5	
4	底模自重力	kN/m	3×0.2=0.6	0.6
5	纵梁自重力	kN/m	0.74	0.74

3号块横隔墙部分一根腹板纵梁(间距0.2m)荷载分析表见表3.16。

横隔墙荷载验算 表 3.16

编号	项目		计算强度荷载	计算刚度荷载
1	底板混凝土重力	kN/m	3.1 ×0.8 ×26.5 ×65.72	65.72
2	底板混凝土设计重力	kN/m	65.72 ×1.2 ×1.05 =82.81	65.7 ×1.05 =69.01
3	施工、机具荷载	kN/m	2.5 ×0.8 =2	
4	底模自重力	kN/m	3 ×0.8 =2.4	2.4
5	纵梁自重力	kN/m	0.74	0.74

相应计算模型及应力变形图见图 3.16 ~ 图 3.19。

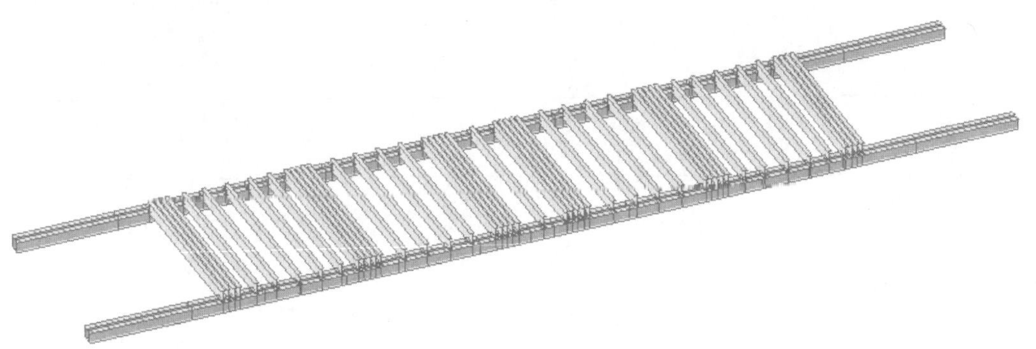

图 3.16 底模平台整体计算模型

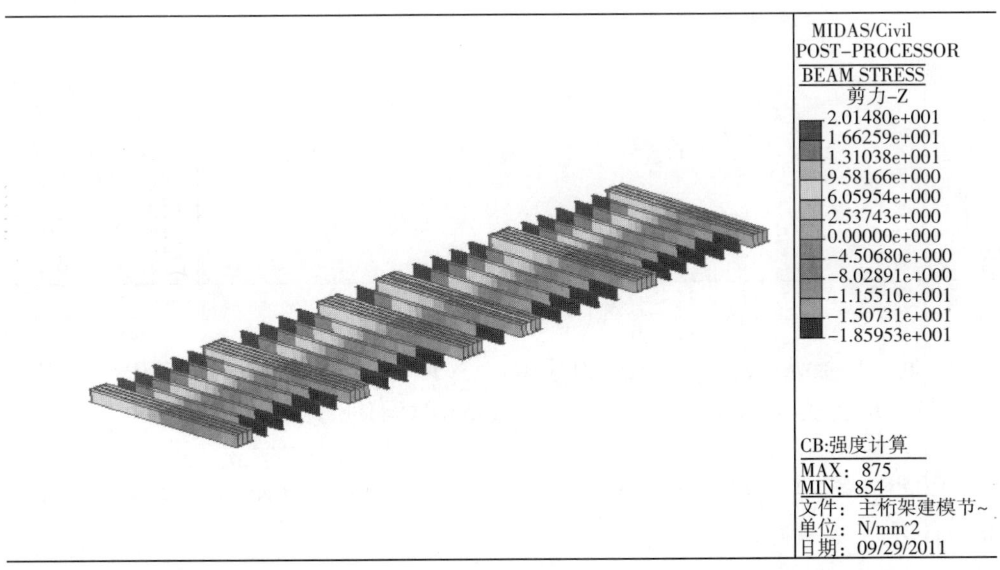

图 3.17 底板纵梁剪应力

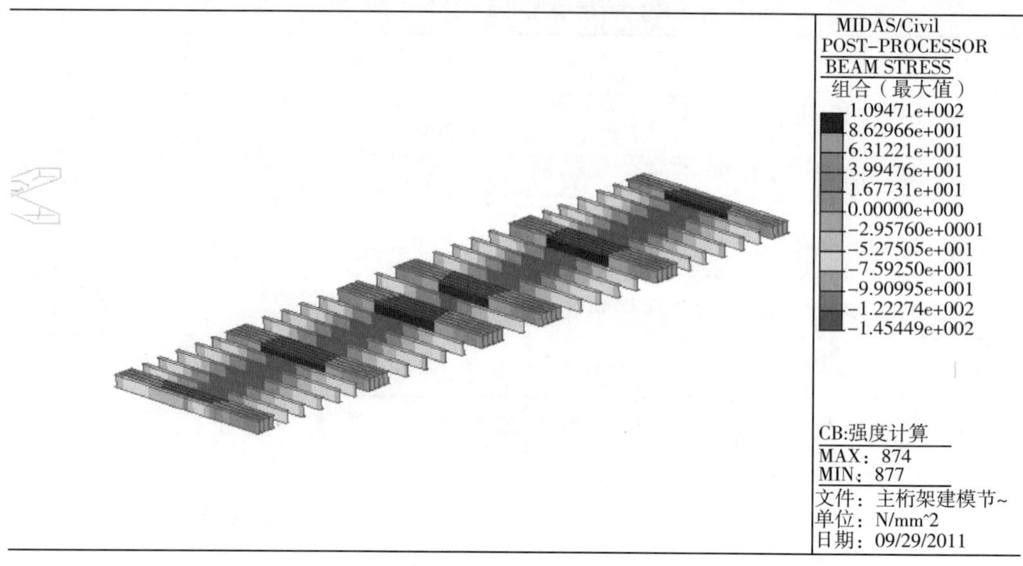

图3.18　底板纵梁弯曲组合应力

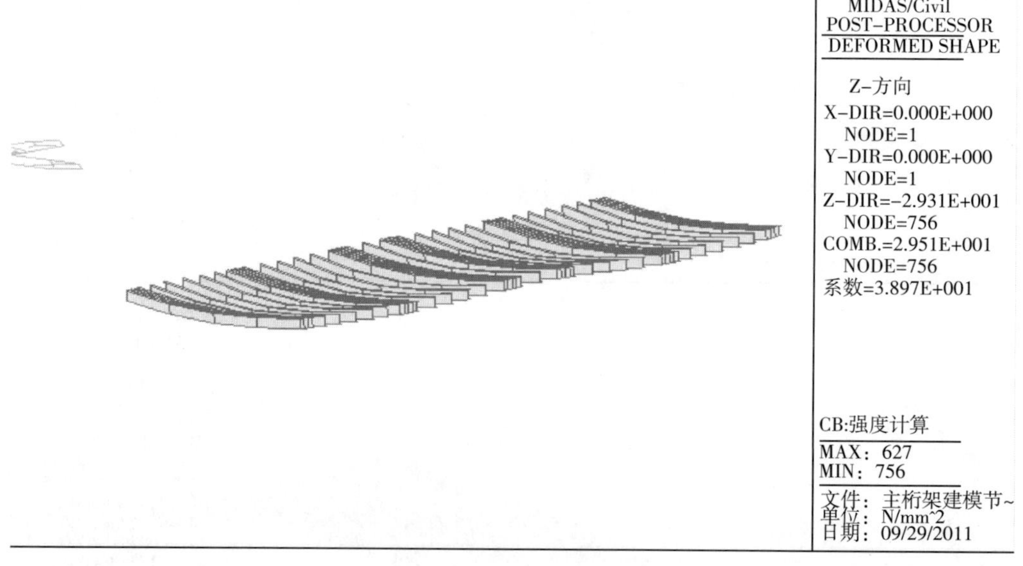

图3.19　底板纵梁变形值

3号块底篮底板纵梁最大剪力为20.1MPa，小于1.3×85MPa=110.5MPa（容许抗剪）；最大弯曲组合应力为145.4MPa，小于1.3×145MPa=188.5MPa（容许抗弯）。强度满足要求。

3号块底篮底板纵梁最大挠度22－14=8（mm），小于6 400/400=14（mm），刚度满足要求。

（2）下横梁计算（图3.20～图3.22）

3号块底篮横梁最大剪力为54.6MPa，小于1.3×85MPa=110.5MPa（容许抗剪）；最大弯曲组合应力为102.1MPa，小于1.3×145MPa=188.5MPa（容许抗弯）。强度满足要求。

3 号块底篮底板纵梁最大挠度 27.5 − 20.2 = 7.5(mm),小于 4 000/400 = 10(mm),刚度满足要求。

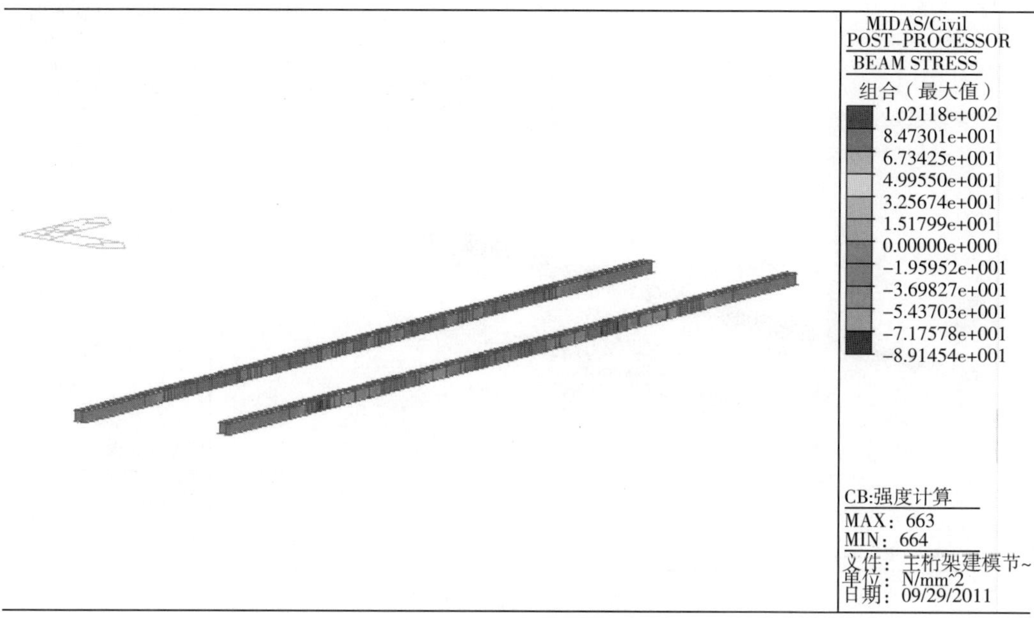

图 3.20　下横梁弯曲组合应力

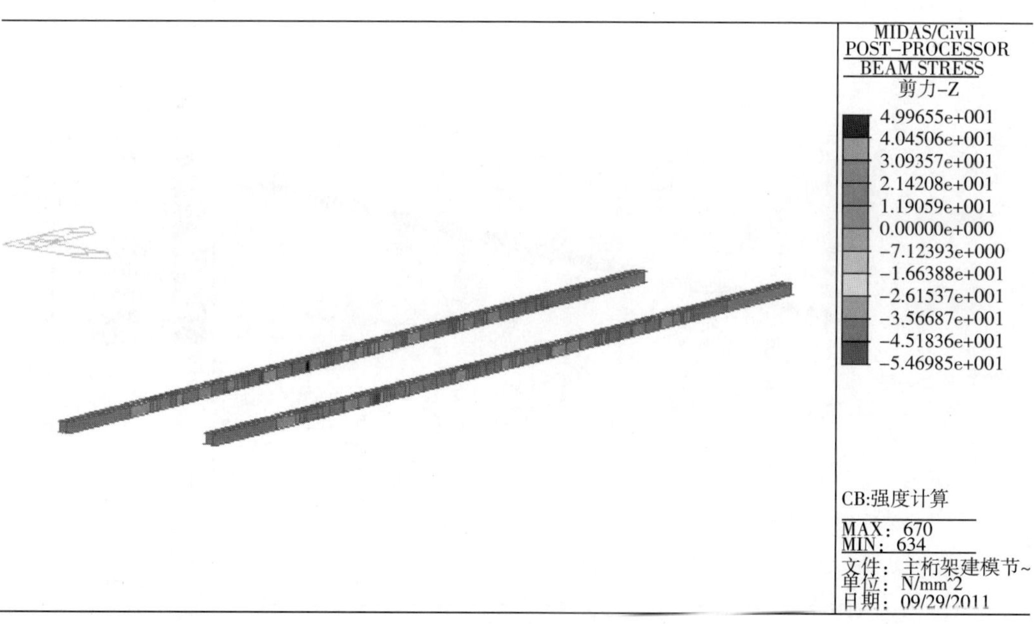

图 3.21　下横梁剪应力

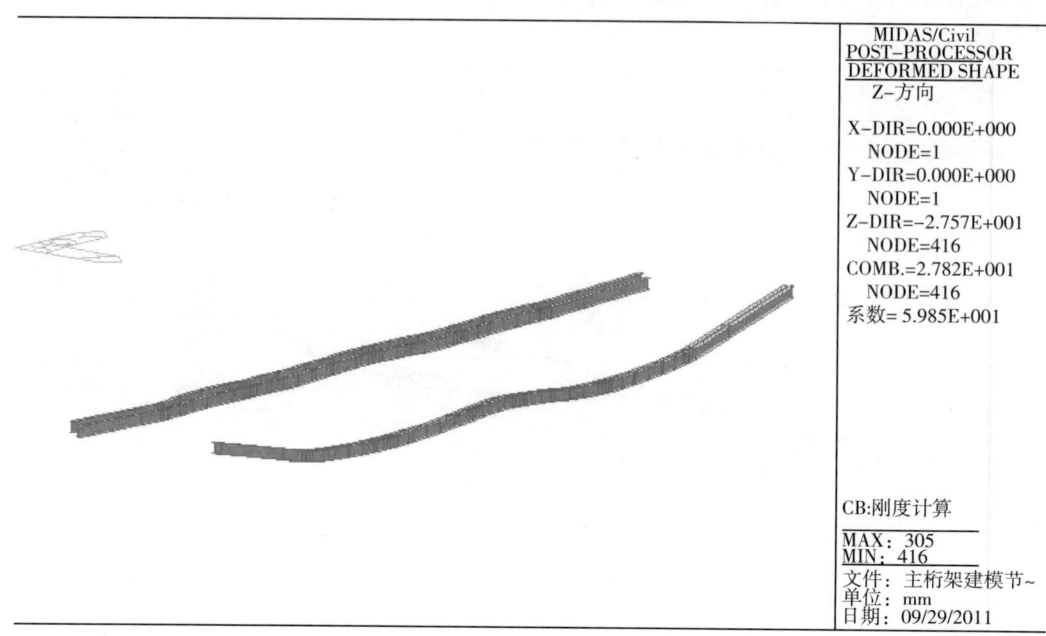

图 3.22　下横梁变形值

(3)前上横梁计算(图 3.23 ~ 图 3.25)

3 号块底篮横梁最大剪力为 65.1MPa，小于 1.3 × 85MPa = 110.5MPa(容许抗剪)；最大弯曲组合应力为 136.5MPa，小于 1.3 × 145MPa = 188.5MPa(容许抗弯)。强度满足要求。

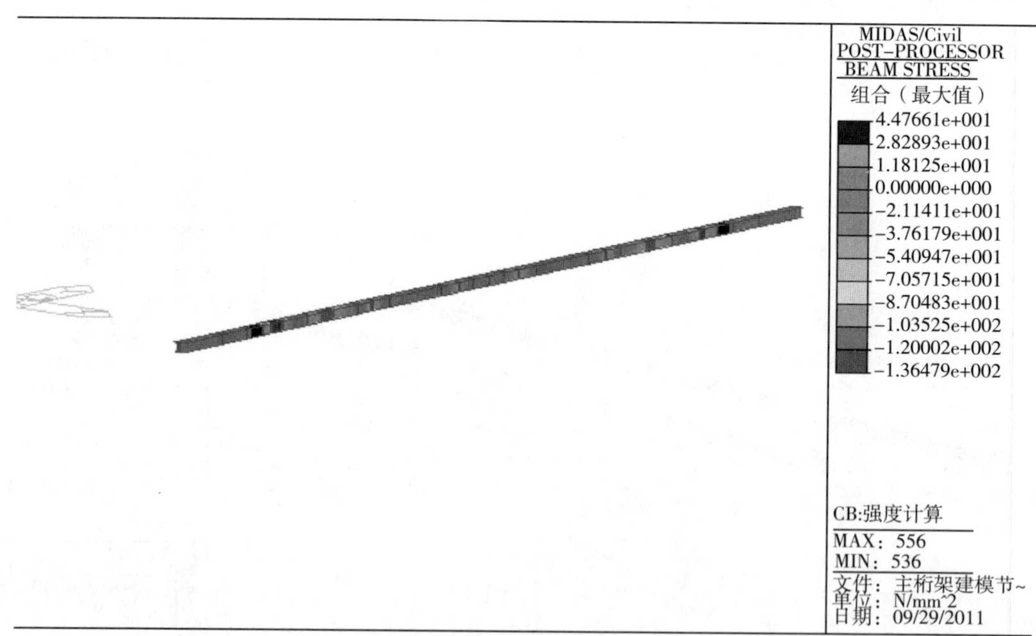

图 3.23　前上横梁弯曲组合应力

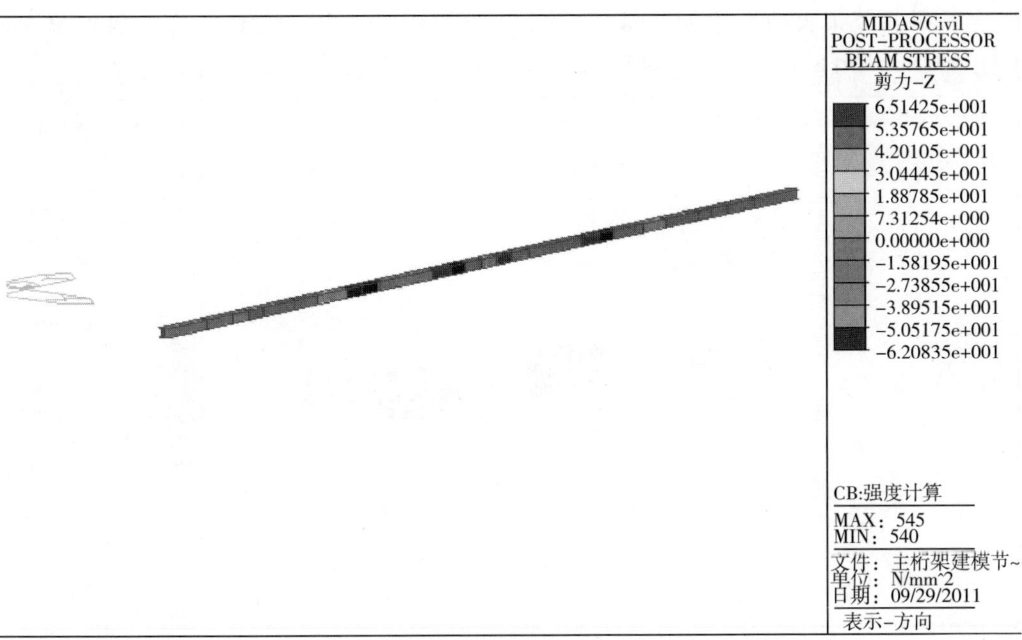

图 3.24　前上横梁剪应力

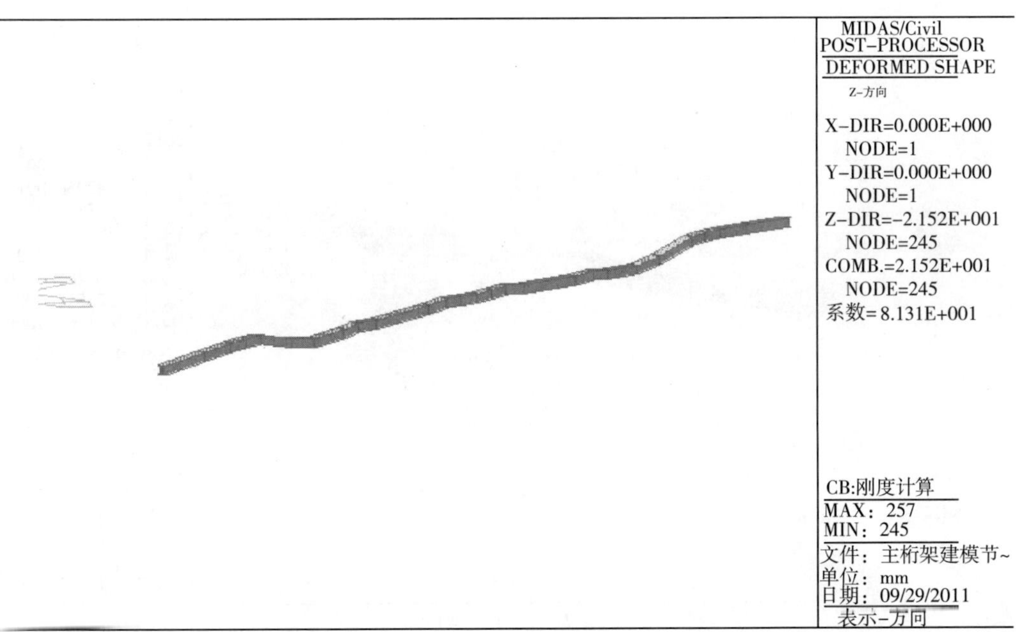

图 3.25　前上横梁变形值

3 号块底篮底板纵梁最大挠度 21.5mm，小于 33 000/400 = 82.0(mm)，刚度满足要求。

(4)外滑梁验算(图 3.26、图 3.27)

3 号块外滑梁最大剪力为 31MPa，小于 1.3 × 85MPa = 110.5MPa(容许抗剪)；最大弯曲组合应力为 40.4MPa，小于 1.3 × 145MPa = 188.5MPa(容许抗弯)。强度满足要求。

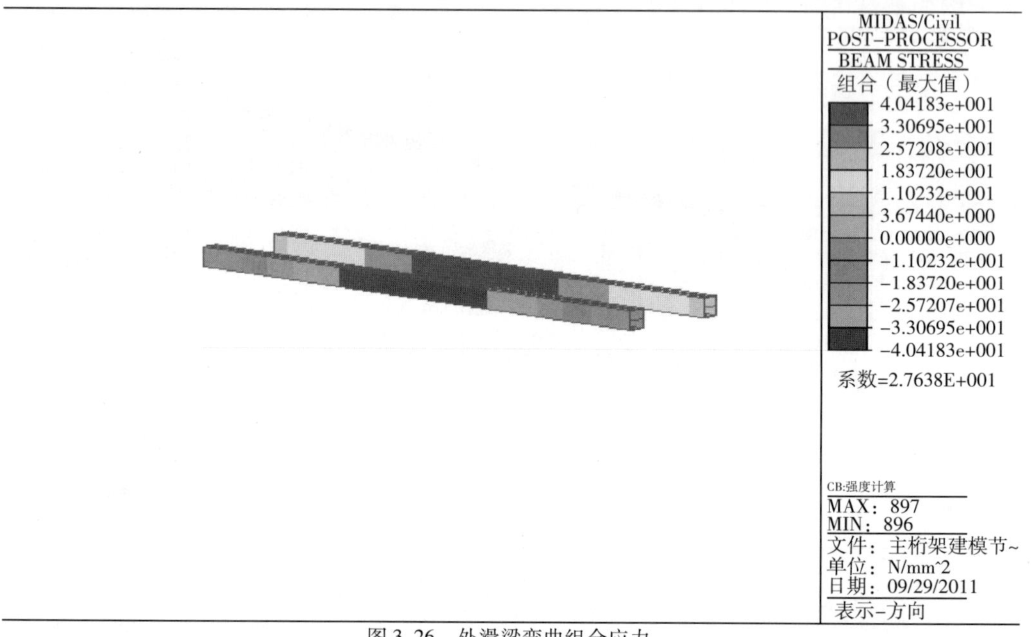

图 3.26　外滑梁弯曲组合应力

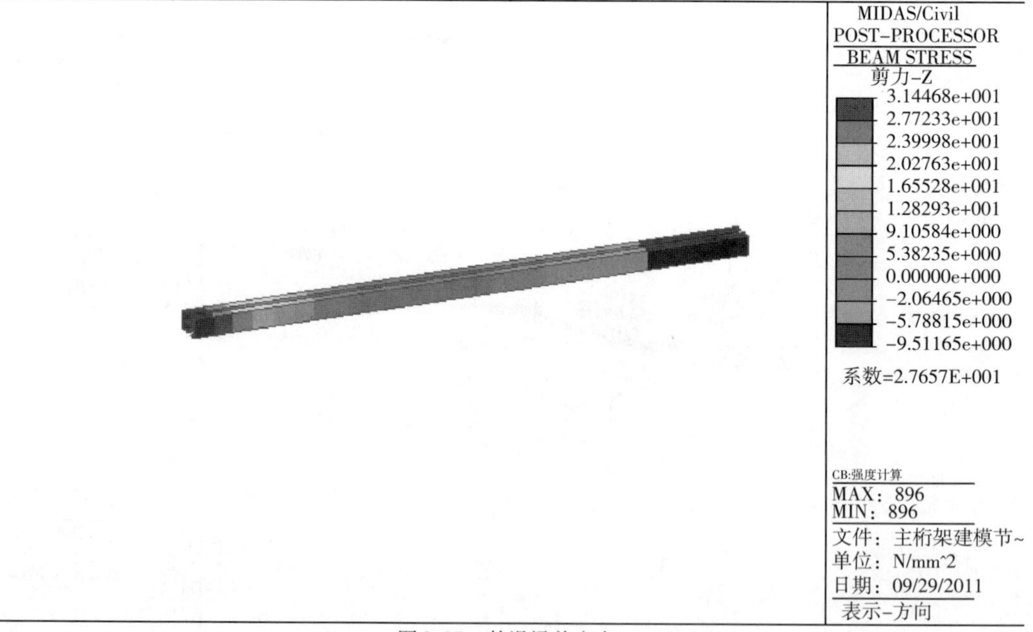

图 3.27　外滑梁剪应力

(5)主桁架验算(图 3.28)

主桁承重系统采用 6 片三角桁架，材质为 16Mn，容许应力为 1.3 × 210MPa = 273MPa。

考虑到主桁与前上横梁实际传力情况，桁架考虑节点次弯矩，最大组合应力为 178MPa，小于 1.3×210MPa＝273MPa，强度满足要求。

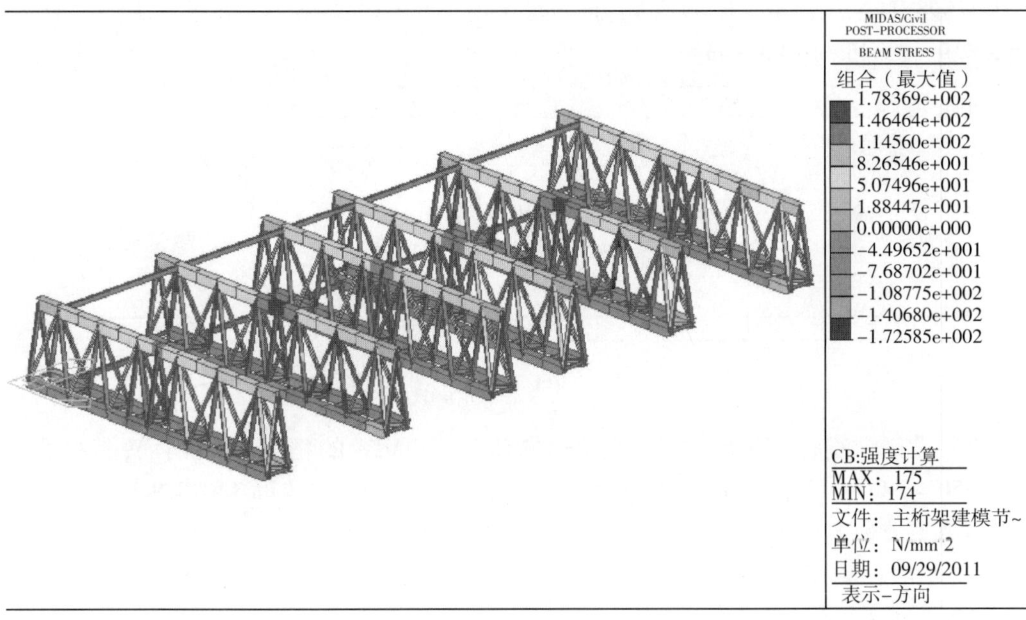

图 3.28　主桁架组合应力值

（6）挂篮主桁竖向变形（图 3.29）

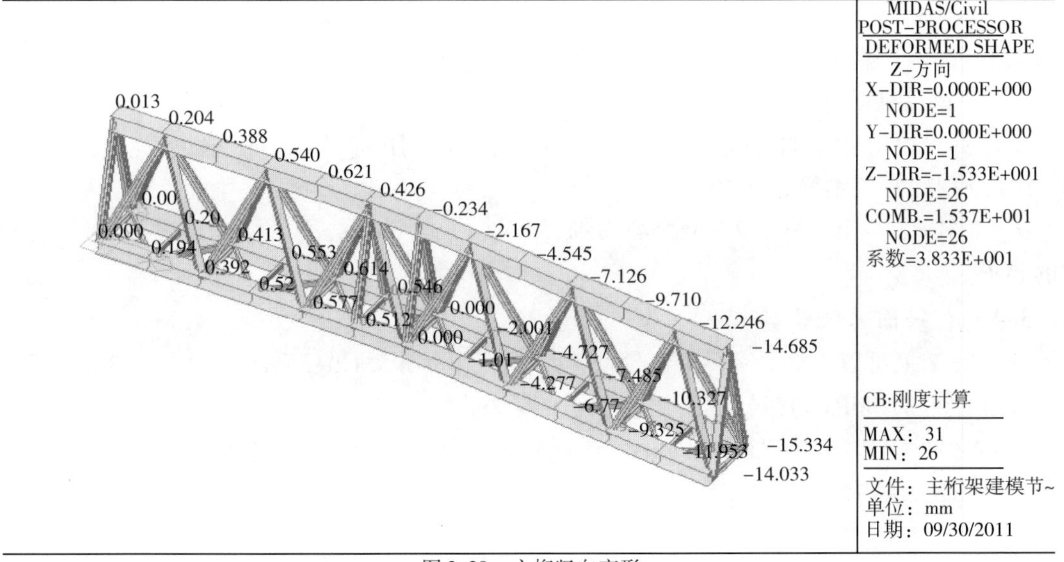

图 3.29　主桁竖向变形

三角主桁架在最重梁段作用下前支点最大竖向变形为 15.3mm，小于 20mm（允许最大变形值），满足施工要求。

3.4.3　浇筑时主桁抗倾覆计算

（1）计算简图（图 3.30）

(2)浇筑混凝土时的抗倾覆计算

根据计算结果,主纵梁后锚在浇筑3号块5.0m节段混凝土时锚力最大,主桁架后锚力最大 $P_1=593.1$kN。由电算模型可知:前支点倾覆力 $P=736.5$kN,倾覆弯矩 $M=P\cdot L=736.5\times5.9=4\ 345.35$(kN·m)。

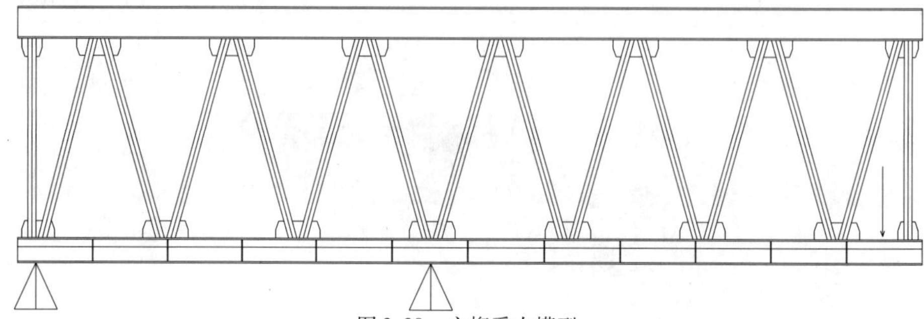

图3.30　主桁受力模型

后锚共设4根直径32mm、抗拉强度标准值为930MPa的精轧螺纹钢筋,其抗力达到 $P_1=4\times550=2\ 200$(kN),抗倾覆弯矩 $M_1=P_1\times L_1=2\ 200\times5.2=11\ 440$(kN·m)。

抗倾覆系数为 $K=M_1/M=2.63>2$,满足规范要求。

3.4.4　吊杆验算

(1)横梁吊杆验算

由计算可得底篮吊杆的最大拉力为344.58kN,底篮吊杆采用直径32mm、抗拉强度标准值为930MPa的精轧螺纹钢筋,$A=804.2\text{mm}^2$。

$\sigma=N/A=344.58\times10^3/804.2=428.48(MPa)<f/2=465$MPa,吊杆满足规范2倍安全系数的要求。

(2)滑梁吊杆验算

由计算可得滑梁吊杆的最大拉力为31kN,吊杆采用直径32mm、抗拉强度标准值为930MPa的精轧螺纹钢筋,$A=804.2\text{mm}^2$。

$\sigma=N/A=31\times10^3/804.2=38.54(MPa)<f/2=392.5$MPa,故吊杆满足规范2倍安全系数的要求。

3.4.5　锚固系统验算

从计算结果可以得到,一个后锚点的最大锚固力为593.1kN,采用4根直径32mm、抗拉强度标准值为930MPa的精轧螺纹钢筋,$A=804.2\text{mm}^2\times4=3\ 216.8\text{mm}^2$。

$\sigma=N/A=593.1\times10^3/3\ 216.8=184.4(MPa)<f/2=392.5$MPa,故后锚钢筋满足规范2倍安全系数的要求。

3.4.6　挂篮行走验算

(1)挂篮行走受力分析

挂篮行走时,底篮平台前端还是通过前吊杆吊在前上横梁上,后端通过底模滑梁吊在后上横梁上,侧模支架通过外滑梁行走。外滑梁和底模滑梁前端吊在前上横梁上,后端吊在已浇筑好的梁段上。

挂篮行走侧面图、后端正面图、空间计算模型分别见图3.31~图3.33。

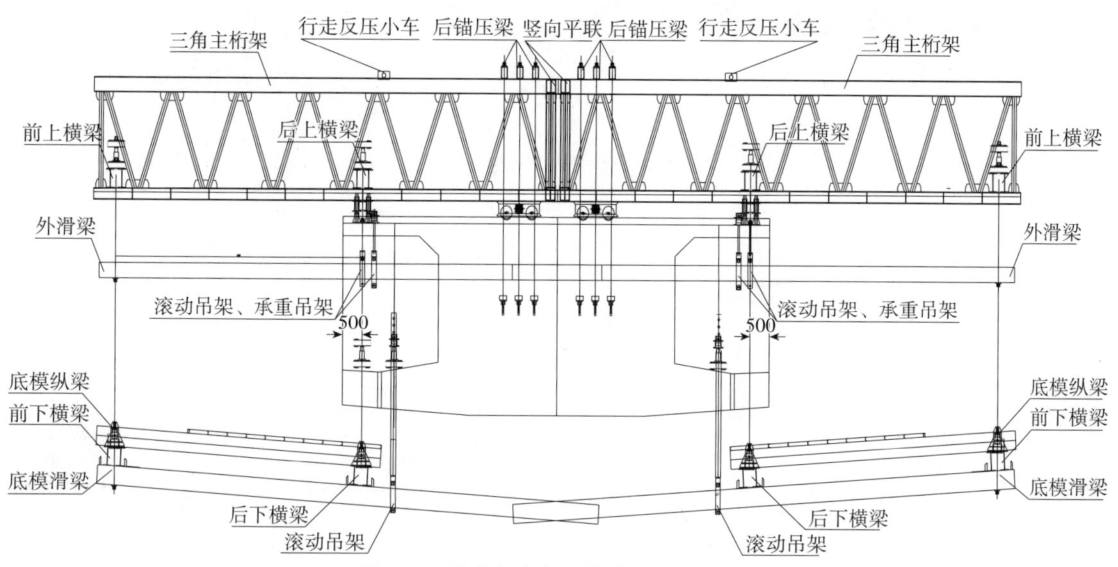

图 3.31　挂篮行走侧面图(尺寸单位:mm)

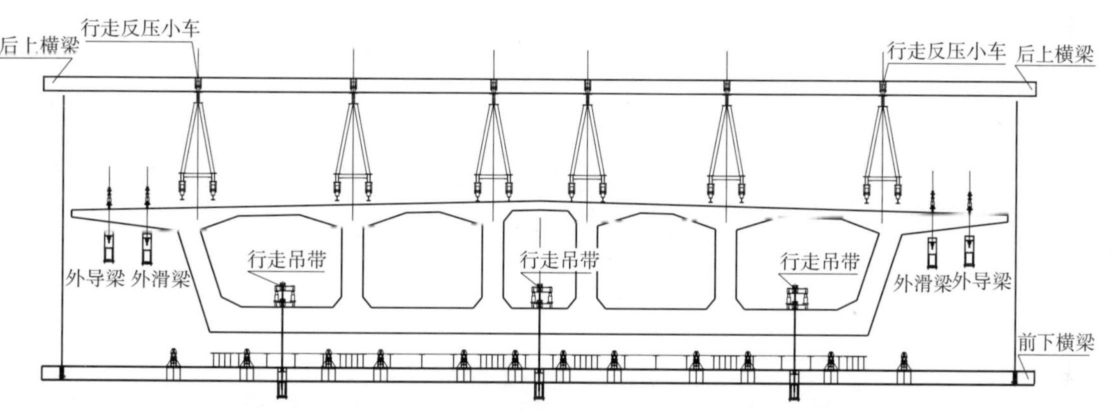

图 3.32　挂篮行走后端正面图

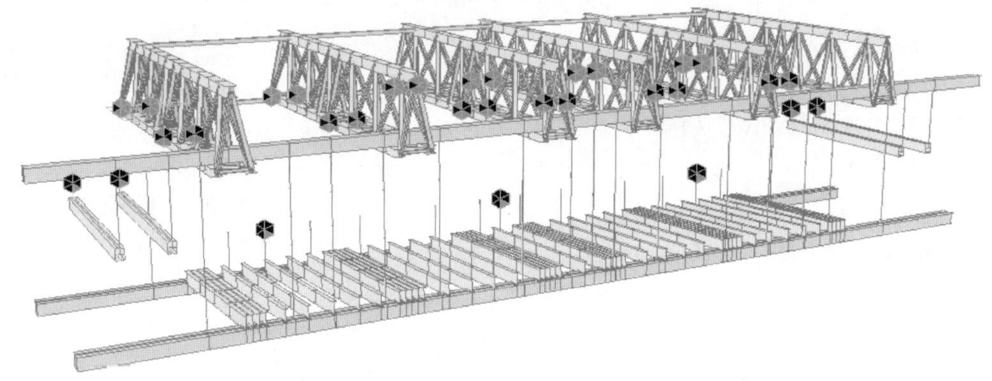

图 3.33　挂篮行走空间计算模型

（2）下横梁（图3.34、图3.35）

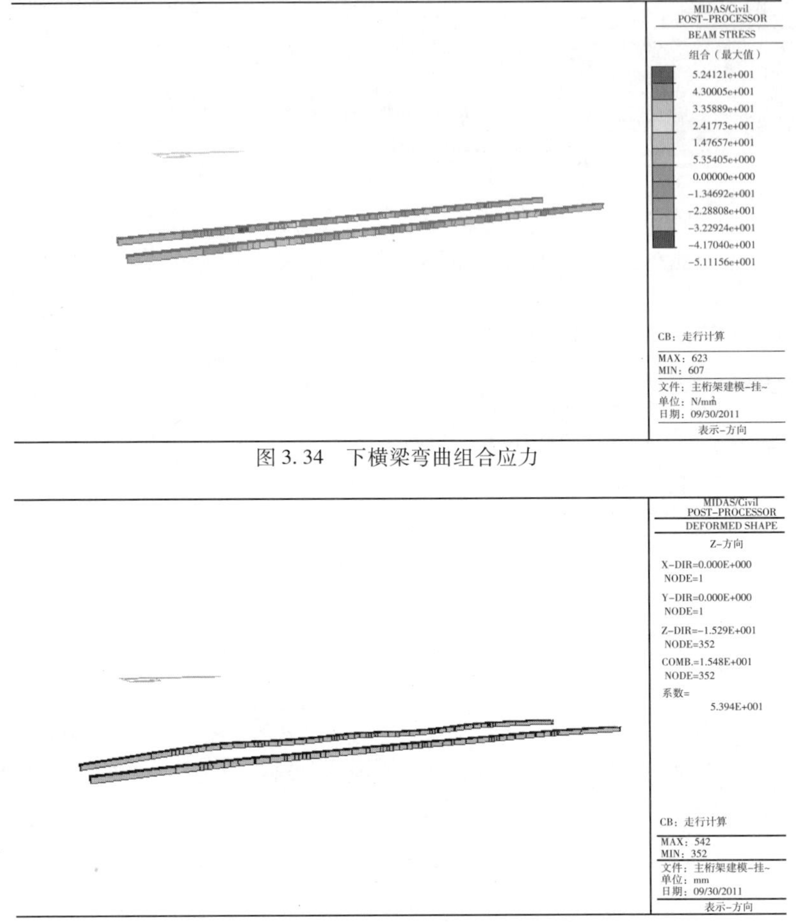

图3.34　下横梁弯曲组合应力

图3.35　下横梁变形值

行走时下横梁最大弯曲组合应力为52.4MPa，小于1.3×145MPa＝188.5MPa，强度满足要求。

最大挠度15.2mm，小于33 000/400＝82.0（mm），刚度满足要求。

（3）滑梁（图3.36、图3.37）

行走时下横梁最大弯曲组合应力为27.3MPa，小于1.3×145MPa＝188.5MPa，强度满足要求。

最大挠度14.1mm，小于7 000/400＝17.5（mm），刚度满足要求。

（4）行走吊杆

由计算可得滑梁吊杆的最大拉力为131.9kN，吊杆采用直径32mm、抗拉强度标准值为930MPa的精轧螺纹钢筋，$A=804.2\text{mm}^2$。$\sigma=N/A=131.9\times10^3/804.2=164.01(\text{MPa})<f/2=392.5(\text{MPa})$，故吊杆满足规范2倍安全系数的要求。

（5）反压轮

①单片主桁行走受力验算

后锚反扣轮167.2kN，前支座385.19kN。

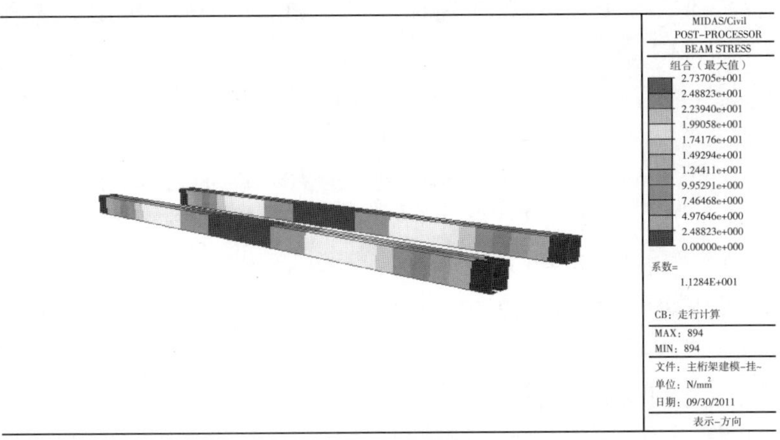

图 3.36　滑梁弯曲组合应力

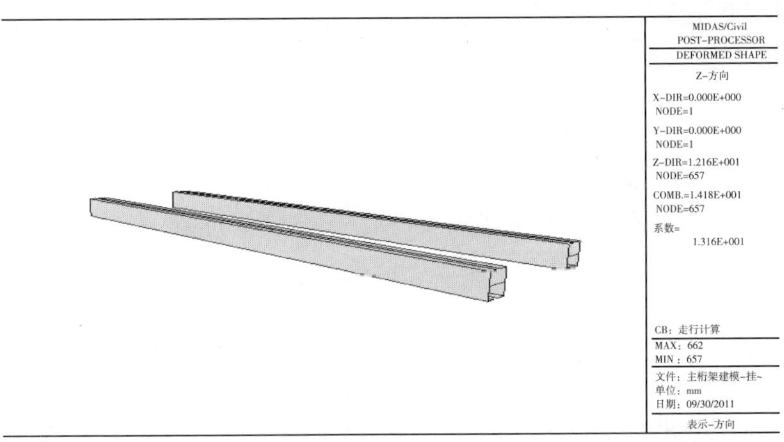

图 3.37　滑梁变形值

反扣轮轴直径为 60mm，材质为 45 号钢调质，受力模型为短悬臂梁，则

$\tau_{max} = \frac{1}{4} \cdot \frac{16}{3} \cdot \frac{P}{\pi d^2} = 16 \times 167\ 200/(3 \times 3.14 \times 60 \times 60)/4 = 19.7(\text{MPa}) < 196\text{MPa}$，满足要求。

②抗弯强度计算

$$M = \frac{1}{4}P \cdot a = 167.2 \times 0.05/4 = 2.1(\text{kN} \cdot \text{m})$$

$$W = \frac{\pi d^3}{32} = \frac{3.14 \times 60^3}{32} = 21\ 195(\text{mm}^3)$$

$\sigma = \frac{M}{W} = 2.1 \times 10^6/21\ 195 = 99.1(\text{MPa})$，小于容许抗弯强度 $1.3 \times 360\text{MPa} = 468\text{MPa}$，满足要求。

反压轮吊带销轴采用贝雷销，材质为 30CrMnTi，容许抗剪力为 844kN(单剪)，远大于反扣轮受力 167.2/2 = 83.36(kN)，吊带主销轴为直径 80mm 的调质钢，这里不再验算。

(6)行走主桁抗倾覆计算

根据行走工况计算结果，主纵梁后走反扣轮锚力 $N = 167.2\text{kN}$，由电算模型可知，倾覆力 $P = 126.194\text{kN}$，$M = P \cdot L = 126.194 \times 5.8 = 731.925(\text{kN} \cdot \text{m})$。

反扣轮轴直径为 60mm，材质为 45 号钢调质，受力模型为短悬臂梁，则

单只轮子最大抗力 $Q = 125 \times 3 \times 3.14 \times 60 \times 60/16 = 265(\text{kN})$

则 4 只轮子抗倾覆力矩 $M_1 = 4 \times 265 \times 5 = 5\ 300(\text{kN} \cdot \text{m})$

反扣轮抗倾覆系数 $K = M_1/M = 5\ 300/731.925 = 7.2 > 2$，满足规范要求。

3.4.7　结论

基于前述计算，得到以下结论：

(1)挂篮主桁架，前横梁构件强度、刚度、整体稳定和局部稳定都能满足规范设计要求。

(2)挂篮吊杆以及锚固系统验算表明，精轧螺纹钢吊杆以及后锚吊杆都能满足规范设计要求。

4　挂篮加工制作要求

4.1　材料

(1)挂篮侧板所用钢板和型钢均为 Q235 钢。

(2)焊接材料应选用符合标准要求的 E4300 ~ E4313 型焊条。

4.2　工艺

(1)加工制作单位应仔细阅读设计图纸和相关技术规范、标准，编制切实可行的加工制作方案和详尽的工艺设计，并经我方同意后才能实施。

(2)加工挂篮时其误差标准由加工单位根据有关标准自行制订，但不得超过下限误差要求。

(3)在放样下料前，应对原材料进行调直，调平、矫正，矫正允许误差按相关规范制定，必要时需进行清洁、除锈处理。

(4)杆件需接长时，按等强度要求，确保接头连接质量。

(5)标识：半成品和成品均分类堆放，并悬挂、张贴、涂写唯一的标识。堆放时应采取防止其变形的有效措施。

4.3　质量与验收

(1)所采用的焊接材料、焊接方法、工艺规程、预处理、焊后处理及检验要求等，均需满足规范要求，参照工厂的实际经验，协商一致。

(2)焊接工艺要求：

①所有涉及双拼对焊的焊缝必须采用通长满焊。

②筋板与壁板的焊缝采用满焊。

③所有焊缝的焊缝厚度均不小于 8mm。

(3)焊缝缺陷焊补:

①每道工序中发生的焊接缺陷应及时进行焊补,焊补完毕经检验合格才能进入下道工序。

②焊补用焊条应与原施焊焊条相同,焊条直径为3.2~4.0mm,焊接电流不宜过大。

③焊补前根据焊接缺陷情况,用碳弧气刨刨出根部光顺圆弧的坡口,缺陷金属应仔细刨净,直至露出致密金属。

④冬季气温在0℃以下时,主要焊缝焊补应将焊补处预热至100~150℃,然后施焊。

(4)焊缝质量检查:

①由挂篮验收小组进行挂篮质量的验收,且后道工序即挂篮拼装作业队应参与验收。

②挂篮上的所有焊缝必须经过煤油渗漏检测,检查面板有无渗漏气孔。焊缝厚度和长度必须达到图纸要求。验收时应按顺序进行分块编号,以利于现场拼装。

5 挂篮拼装

5.1 挂篮安装流程(图5.1)。

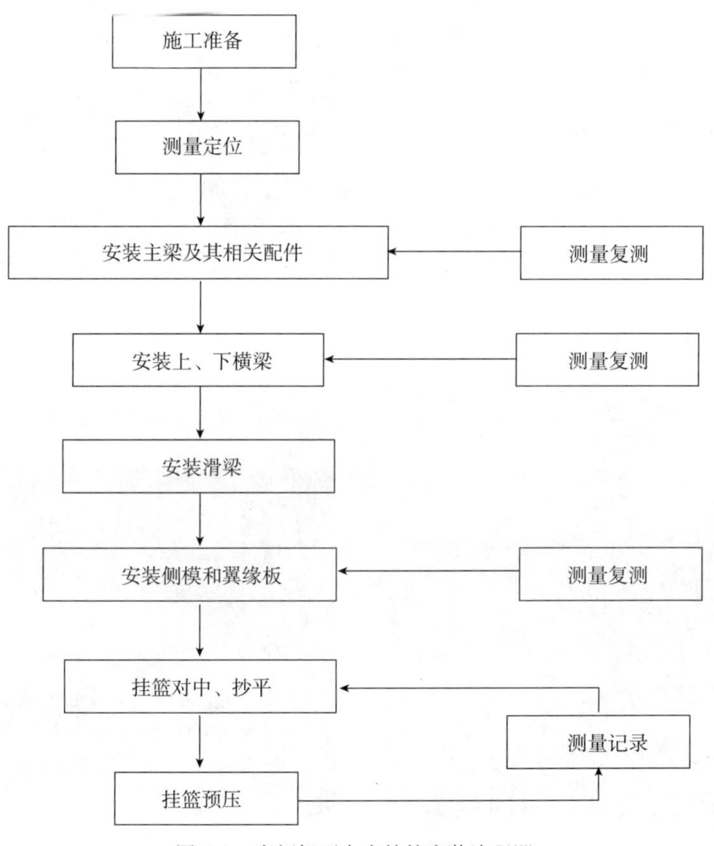

图5.1 宽幅轻型自走挂篮安装流程图

5.2　挂篮安装操作要点

挂篮全部部件准备完成后，拉运至现场进行拼装。

(1)测量定位，清除梁段梁面两腹板部位的杂物，测量画线，轨道底面抄平。

(2)装轨道、行走小车、三角主梁和前支点。安装后锚压梁，安装横联。

(3)安装上横梁。

(4)安装下横梁。

(5)安装底模。

(6)安装侧模和翼缘板。

(7)安装滑梁。

(8)挂篮安装后，用经纬仪对中，拨正挂篮中线位置，抄平挂篮。

拼装完成后，由技术、质量、生产等部门以及作业队共同验收合格后，方可允许进行预压工作。挂篮安装工序照片见图5.2～图5.11。

图5.2　安装轨道、行走小车等配件

图5.3　安装三角主梁

图5.4　安装后锚

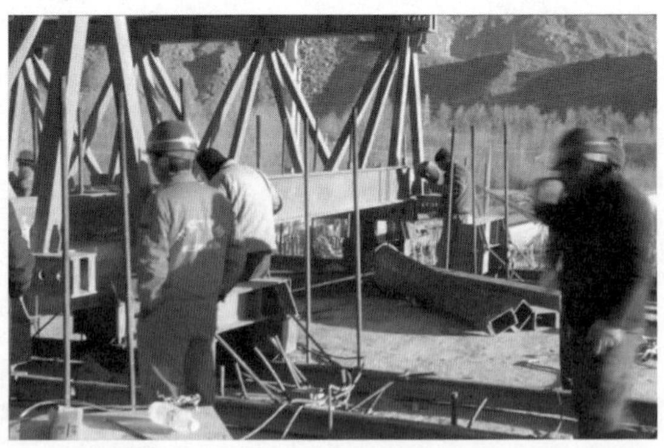

图5.5　安装横联

图5.6　安装上横梁

图5.7　安装下横梁

图5.8　安装滑梁

图5.9　安装模板

图5.10　主梁施加体内应力

图5.11　挂篮拼装完成

5.3　安装注意事项

(1)三角梁之间的横联必须焊接牢固,确保整体性。

(2)模板安装时,轻拿轻放,避免变形。

(3)必须对受力的精轧螺纹钢进行调直,即进行竖直度的调整,保证垂直受力。

(4)螺纹钢与吊具的连接一定要拧到底。吊具与销座的连接,以及各种铰接部位均需要进行经常性检查。

(5)确保预埋孔的准确性。

(6)挂篮拼装时成立专业组装队伍,安装操作人员必须严格按照操作规程进行作业,高空作业必须佩戴相应的防护设施。

6　挂篮预压

6.1　概述

主桥箱梁采用挂篮进行悬浇施工。根据工期要求,3 个主墩投入 3 套共 6 个挂篮安排施工。为确保挂篮施工安全,需对挂篮进行重载试验以检验挂篮的承载能力和挠度值,从而有效进行线形控制。通过模拟挂篮在每段施工时的加载过程来分析、验证挂篮的弹性变形,消除其非弹性变形,以此来指导挂篮在施工中设置模板的预拱度值及混凝土分层浇筑的顺序。因此,需要对每套挂篮在施工前进行加载预压试验。

6.2　基本数据

每个 T 构共有 11 个悬浇段,其中 3 号梁段在 11 个挂篮悬浇段中混凝土体积最大,为 210.1m^3;梁段浇筑长度最长,为 5m。因此,整套挂篮以 3 号块为标准进行设计和验算,挂篮超载预压也以 3 号块为标准进行。箱梁 3 号节段质量表见表 6.1。

箱梁 3 号节段质量表　　表 6.1

项目	数量	质量	备注
混凝土	210.1m^3	505.29t	混凝土密度 2.405t/m^3
钢筋	34.46t	34.46t	
横隔板钢筋	7.43t	7.43t	
合计		547.18t	

设计预压为节段质量的 1.2 倍,因此预压的总质量为 $1.2 \times 547.18t = 656.6t$。

6.3　准备工作

由于大桥位于拉萨河床内,卵碎石丰富,因此计划采用沙袋装填卵石作为配重。同时,为了保证挂篮两边同时配重,必须确保 2 台吊车同时进行预压工作。

6.4 预压前的检查

(1)检查挂篮各构件连接是否紧固,各杆件有无变形。

(2)检查锚固点之间连接是否密实。

(3)警示明确,工作通道宽敞、通畅。

(4)完全模拟浇筑状态进行全面检查,只有全面检查合格后方能进行试验工作。

6.5 预压方案

挂篮在加载试验期间,荷载在底板位置由底板模板及分配梁传至底板前、后横梁,再由吊带传递到桥面主桁架,最终由已经施工完成的 0 号块承担全部荷载。

(1)测试方法

加载质量按照最大节段质量的 1.2 倍。于加载前独立进行二次挂篮初始状态测点高程测量读数,在后续加减载每工况结束后 20min 进行高程测量读数。加载按照 20%、50%、65%、80%、90%、95% 和 100% 预压荷载进行分级均匀对称加载,卸载按 80%、50%、0% 预压荷载进行卸载。每级加载卸载至少持续半小时,最大荷载持续 48h,然后进行分级卸载。

加载过程施工方对挂篮外观安排专人进行检查,观察挂篮受力后有无因刚度不够产生变形,焊缝有无脱焊,连接销有无松动,并综合挂篮变形观测数据,发现异常应及时停止加载、分析原因,采取相应措施。

(2)测点布置

挂篮竖向变形观测点:

①挂篮底模前端中间位置;

②挂篮前上横梁跨中;

③主梁尾部后锚点处。

前端和侧面的挂篮变形观测点布置图分别见图 6.1、图 6.2。

一套挂篮于悬臂两侧对称布置共 15 ×2 =30 个水准变形观测点。观测基点使用墩顶中心点。

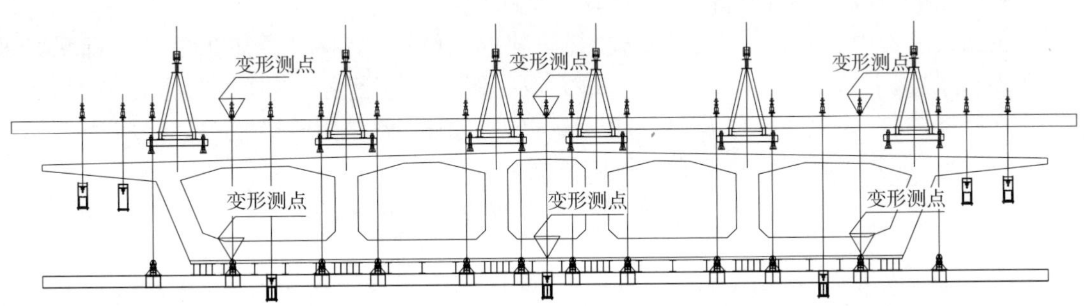

图 6.1 挂篮变形观测点布置图(前端)

(3)加载工况

第一级加载:0%→20%,加载约131t;

第二级加载:20%→50%,加载约328t;

第三级加载:50%→65%,加载约427t;

第四级加载:65%→80%,加载约525t;

第五级加载:80%→90%,加载约590t;

第六级加载:90%→95%,加载约624t;

第七级加载:95%→100%,加载656.6t。

第一级卸载:100%→80%,卸载约131t;

第二级卸载:80%→50%,卸载约197t;

第三级卸载:50%→0%,卸载约328t。

每级加载卸载至少持续半小时,最大荷载持续48h。

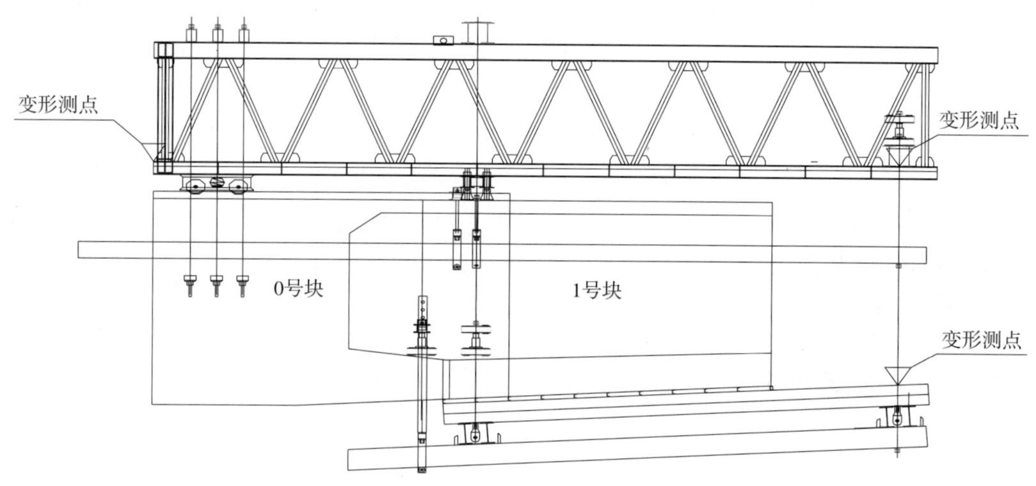

图6.2　挂篮变形观测点布置图(侧面)

(4)加载过程中应注意的问题

①对各个压重荷载必须认真称量、计算和记录,由专人负责。

②所有压重荷载应提前准备至方便起吊运输的地方。

③在加载过程中,要求详细记录加载时间、吨位及位置,要及时通知测量组进行现场跟踪观测,未经观测不能进行下一级荷载。每完成一级加载应暂停一段时间,进行观测,并对挂篮进行检查,发现异常情况应及时停止加载,分析原因,采取相应措施。如果实测值与理论值相差太大,应分析原因后再确定下一步方案。

④加载过程中,一个T构两套挂篮必须在过程中等重预压,同时进行,不得出现一边超压的现象。

⑤沙袋要轻拿轻放,避免出现冲击现象。沙袋一层一层均匀叠放,严禁在局部大量堆积。必须模仿混凝土浇筑的流程进行预压。

现场预压照片见图6.3。

图6.3 现场预压照片

6.6 安全防护

(1)设专人负责预压过程的安全防护。

(2)预压施工靠近便道,在预压过程中,禁止人员进入施工现场。

(3)加载全过程中要统一组织、统一指挥,要有专业技术人员及负责人在现场协调。

(4)夜间施工时,道路交叉口应设警示排,并且要有足够的照明设备。

6.7 试验记录表格

每项工作、每个表格都要记录指挥、协调、实施、记录、确认等人员名单和时间,表格主要有:

(1)荷载加载程序记录表。

(2)挠度测量记录表(各点)。

6.8 卸载方案及注意事项

卸载方案类似加载方案,只是加载程序的逆过程,卸载过程同样分两个阶段。要均匀依次卸载,防止突然释荷之冲击,并妥善放置重物,以免影响正常施工。卸载时每级卸载均待观察完成、做好记录后再卸至下一级荷载,并测量记录挂篮的弹性恢复情况。所有测量记录资料要求当天上报试验指导小组,现场发现异常问题要及时汇报。

6.9 预压分析报告

2012年3月15日,8号墩挂篮预压结束,具体观测数据详见挂篮预压测量记录表(表6.2)。

由数据分析可知:三角梁弹性变量最小22mm,最大64mm,平均弹性变量42mm。变量较大的主要集中在中间4片三角梁上,两侧的三角梁变形较小。

表6.2

挂篮预压测量记录表

	测点编号	加载阶段										卸载阶段									弹性变量（m）
		0%（0t）	50%（325t）			80%（520t）			100%（650t）			100%（650t）			50%（325t）			0%（0t）			
		高程值（m）	高程值（m）	相对变值（m）	累计变值（m）	高程值（m）	相对变值（m）	累计变值（m）	高程值（m）	相对变值（m）	累计变值（m）	高程值（m）	相对变值（m）	累计变值（m）	高程值（m）	相对变值（m）	累计变值（m）	高程值（m）	相对变值（m）	累计变值（m）	
（8号）墩北侧	上1	10.971	10.949	11	22	10.937	12	34	10.923	14	48	10.921	2	50	10.936	-15	35	10.943	-7	28	22
	上2	10.981	10.955	17	26	10.939	16	42	10.93	9	51	10.929	1	52	10.95	-21	31	10.966	-6	25	27
	上3	11.005	10.963	15	42	10.95	13	55	10.96	0	55	10.948	2	57	10.96	-12	45	10.962	-22	23	34
	上4	11.015	10.975	14	40	10.951	24	64	10.953	-2	62	10.952	1	63	10.97	-18	45	11.002	-32	13	50
	上5	11.024	10.983	16	41	10.964	19	60	10.964	0	60	10.963	1	61	10.984	-21	40	11.006	-22	18	43
	上6	11.009	10.979	-1	30	10.959	20	50	10.956	3	53	10.956	0	53	10.977	-21	32	10.993	-16	16	37
	上7	10.99	10.966	11	24	10.949	17	41	10.94	9	50	10.94	0	50	10.962	-22	28	10.963	-21	7	43
	上8	10.977	10.957	4	20	10.936	21	41	10.921	15	56	10.92	1	57	10.954	-34	23	10.962	-8	15	42
	下1	6.274	6.258	6	16	6.244	14	30	6.228	16	46	6.226	2	48	6.238	-12	36	6.257	-19	17	31
	下2	6.264	6.229	14	35	6.207	22	57	6.202	5	62	6.201	1	63	6.218	-17	46	6.245	-27	19	44
	下3	6.257	6.215	15	42	6.192	23	65	6.192	0	65	6.19	2	67	6.211	-21	46	6.233	-27	19	48
	下4	6.263	6.218	18	45	6.197	21	66	6.193	4	70	6.189	4	74	6.216	-27	47	6.245	-29	18	56
	下5	6.249	6.227	6	22	6.213	14	36	6.197	16	52	6.194	3	55	6.216	-22	33	6.233	-17	16	39

续上表

	测点编号	加载阶段										卸载阶段									弹性变量(m)
		0%(0t)	50%(325t)			80%(520t)			100%(650t)			100%(650t)			50%(325t)			0%(0t)			
		高程值(m)	高程值(m)	相对变值(m)	累计变值(m)	高程值(m)	相对变值(m)	累计变值(m)	高程值(m)	相对变值(m)	累计变值(m)	高程值(m)	相对变值(m)	累计变值(m)	高程值(m)	相对变值(m)	累计变值(m)	高程值(m)	相对变值(m)	累计变值(m)	
(8号)墩北侧	上1	11.55	11.533	2	17	11.529	4	21	11.514	15	36	11.513	1	37	11.532	-19	18	11.538	-6	12	25
	上2	11.542	11.517	19	25	11.498	19	44	11.485	13	57	11.485	0	57	11.503	-18	39	11.523	-20	19	38
	上3	11.536	11.5	16	36	11.481	19	55	11.476	5	60	11.474	2	62	11.493	-19	43	11.516	-23	20	42
	上4	11.524	11.484	16	40	11.462	22	62	11.458	4	66	11.456	2	63	11.416	-5	63	11.501	-40	23	45
	上5	11.511	11.469	14	42	11.443	26	63	11.44	3	71	11.439	1	72	11.457	-18	54	11.491	-34	20	52
	上6	11.512	11.472	18	40	11.452	20	60	11.447	5	66	11.447	0	65	11.461	-14	51	11.497	-36	15	50
	上7	11.516	11.477	17	39	11.461	16	55	11.45	11	66	11.45	0	66	11.463	-13	53	11.496	-33	20	46
	上8	11.521	11.509	5	12	11.496	13	25	11.481	15	40	11.48	1	41	11.498	-18	23	11.51	-12	11	30
	下1	6.844	6.814	14	30	6.811	3	33	6.796	16	49	6.795	-0	49	6.816	-21	28	6.829	-13	15	34
	下2	6.857	6.813	20	44	6H791	22	66	6.787	4	70	5.784	1	73	6.807	-23	50	6.836	-29	21	52
	下3	6.835	6.785	20	50	6.757	28	78	6.754	3	81	6.75	4	85	6.775	-25	60	6.811	-36	24	61
	下4	6.858	6.800	20	55	6.78	23	78	6.775	5	83	6.771	4	87	6.793	-22	65	6.835	-42	23	64
	下5	6.814	6.784	14	30	6.775	9	39	6.759	16	55	6.759	-0	55	6.776	-17	38	6.798	-22	16	39

整体预压结果不理想,分析原因,主要有4个方面的因素:

(1)前支点采用型钢、导轨、钢板等临时组成,各种构件之间缝隙较多,导致非弹性变形全部反应在挂篮的沉降上。预压后结构变形情况见图6.4。

图6.4　预压后结构变形情况

(2)后锚压梁预压前没有提前施加应力,导致挂篮加载后,三角梁尾部翘起。

(3)测量工作没有到位,对前支点和后锚点都没有进行监测,以至于不知道这些非弹性变形的具体数值。

(4)挂篮按照最重梁段的1.2倍质量预压,实际最重梁段为547t,预压质量高达656t。预压采用沙袋预压,由于施工空间的限制,沙袋主要集中堆载在前吊点,距离前支点约6m,而实际最长梁段为5m,因此荷载中心前移了1~2m,造成力矩变化,产生了较大变形。而在实际施工中,混凝土荷载均匀作用在挂篮上,其对挂篮的变形量将远远小于预压。图6.5为预压位置示意图,荷载中心距前支点2.5m。

图6.6为预压位置与梁段中心位置示意图,采用沙袋预压,由于环境限制,又必须加载到100%荷载,导致荷载中心前移距前支点3.5m。实际挂篮承受的荷载远远大于设计荷载。

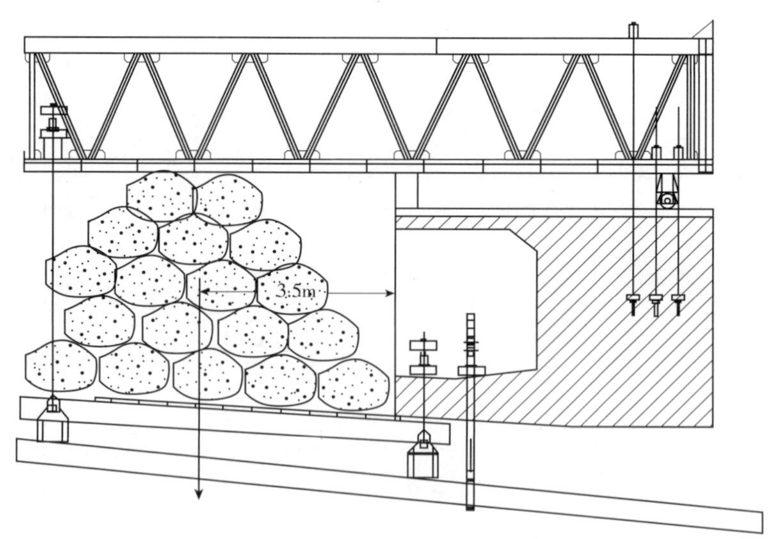

图6.5　预压位置示意图

对此,施工方相当重视,会后立即开展相关措施,力争从以下几方面最大限度地减小挂篮的变形量。

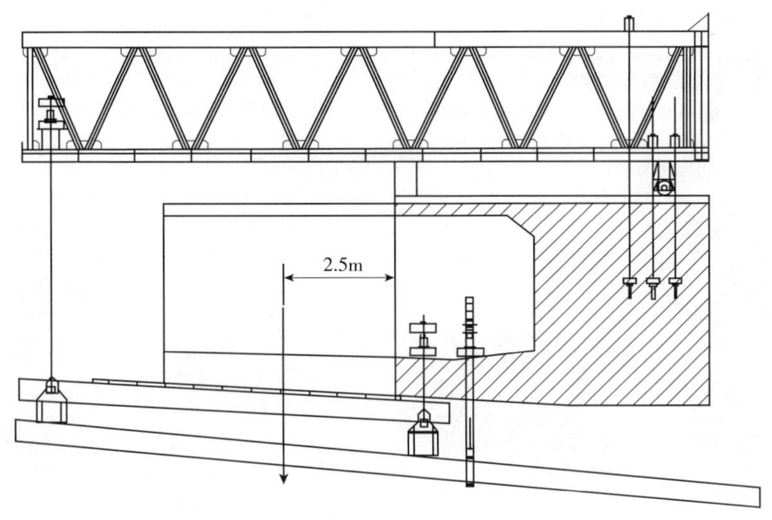

图6.6 预压位置与梁段中心位置示意图

①更换前支点:将前支点更换成型钢和钢盒,通过减少构件达到减小非弹性变量的目的。图6.7为减少非弹性变形对挂篮沉降的措施,更换了前支点,采用规范的构件,大大减少了非弹性变形对挂篮沉降的影响。

图6.7 减少非弹性变形对挂篮沉降的措施

②预紧后锚压梁:8号墩预压时,后锚压梁没有提前施加应力,导致预压过程中后锚压梁抬升了1~2cm,直接导致所测挂篮变形增大。通过后锚压梁的预紧,能避免挂篮后锚抬起,大大减少挂篮前吊点的沉降。图6.8为预紧后锚梁减少非弹性变形措施,通过对后锚压梁的预紧,确保在预压过程中挂篮后部不会翘起,同样减少了非弹性变形。

③在前支点和后锚点均设置观测点,观察变形。

通过以上措施,按照相同的方法,项目部于3月25日完成了10号墩挂篮预压工作,具体观测数据详见表6.3。

图6.8　预紧后锚梁减少非弹性变形措施

数据分析:

10号北侧挂篮,最大弹性变量42mm,最小变量22mm,平均弹性变量32mm。同时,前支点平均变形2.6mm,后锚平均抬起3.6mm,减去两者引发的挂篮沉降,挂篮实际弹性变形约为25.8mm。

10号南侧挂篮,最大弹性变量53mm,最小变量24mm,平均弹性变量37mm。同时,前支点平均变形2.3mm,后锚平均抬起4.3mm,减去两者引发的挂篮沉降,挂篮实际弹性变形约为30.4mm。

实际结果表明,采取措施后,在挂篮形式完全相同的情况下,预压变形量发生了明显的变化,10号挂篮较8号挂篮整体减少了1cm以上的变形。

针对8号、10号挂篮的预压数据,施工方做了总结:

(1)第一次的挂篮预压(8号),由于措施不到位,造成非弹性变量无法确认(前支点、后锚压梁等构件受力变形值,全部计算在挂篮的弹性变量里),直接导致挂篮整体变形偏大。整改后,挂篮变形明显变小,但由于挂篮自身的特性(自行加工,构件较多),仍有部分非弹性变形无法测量,从而导致挂篮变形值增大。

(2)挂篮按照最重梁段的1.2倍质量预压,预压质量高达656t,超出最重梁段施工110t。同时由于施工环境的影响,造成荷载前移的现象,直接导致挂篮变形加剧。而实际施工中,混凝土均匀荷载在挂篮上,挂篮的变形将大大小于预压时的变形值。

(3)预压过程中,挂篮整体性良好,所有构件节点均无变形。逐级荷载逐级测量,挂篮变形量呈线性变化,48h100%荷载测量,挂篮则再无变形。说明挂篮自身安全、稳定。

(4)实际施工中,挂篮的最大变形肯定要小于预压的变形值。

(5)8号墩1号块浇筑过程中全程测量。观测结果为:北侧底板高程点平均下降了

采取措施后挂篮预压测量记录表

表6.3

	测点编号	加载阶段										卸载阶段									弹性变量(m)
		0%(0t)	50%(325t)			80%(520t)			100%(650t)			100%(650t)			50%(325t)			0%(0t)			
		高程值(m)	高程值(m)	相对变值(m)	累计变值(m)	高程值(m)	相对变值(m)	累计变值(m)	高程值(m)	相对变值(m)	累计变值(m)	高程值(m)	相对变值(m)	累计变值(m)	高程值(m)	相对变值(m)	累计变值(m)	高程值(m)	相对变值(m)	累计变值(m)	
(8号)墩北侧	上1	10.971	10.949	11	22	10.937	12	34	10.923	14	48	10.921	2	50	10.396	−15	35	10.943	−7	28	22
	上2	10.981	10.955	17	26	10.939	16	42	10.93	9	51	10.929	1	52	10.95	−21	31	10.966	−6	25	27
	上3	11.005	10.963	15	42	10.95	13	55	10.96	0	55	10.948	2	57	10.96	−12	45	10.962	−22	23	34
	上4	11.015	10.975	14	40	10.951	24	64	10.953	−2	62	10.952	1	63	10.97	−18	45	11.002	−32	13	50
	上5	11.024	10.983	16	41	10.964	19	60	10.964	0	60	10.963	1	61	10.984	−21	40	11.006	−22	18	43
	上6	11.009	10.979	−1	30	10.959	20	50	10.956	3	53	10.956	0	53	10.977	−21	32	10.993	−16	16	37
	上7	10.99	10.966	11	24	10.949	17	41	10.94	9	50	10.94	0	50	10.962	−22	28	83	−21	7	43
	上8	10.977	10.957	4	20	10.936	21	41	10.921	15	56	10.92	1	57	10.954	−34	23	10.962	−8	15	42
	下1	6.274	6.258	6	16	6.244	14	30	6.228	16	46	6.226	2	48	6.238	−12	36	6.257	−19	17	31
	下2	6.264	6.229	14	35	6.207	22	57	6.202	5	62	6.201	1	63	6.218	−17	46	6.245	−27	19	44
	下3	6.257	6.215	15	42	6.192	23	65	6.192	0	65	6.19	2	67	6.211	−21	46	6.238	−27	19	48
	下4	6.263	6.218	18	45	6.197	21	66	6.193	4	70	6.189	4	74	6.216	−27	47	6.245	−29	18	56
	下5	6.249	6.227	6	22	6.213	14	36	6.197	16	52	6.194	3	55	6.216	−22	33	6.233	−17	16	39

续上表

	测点编号	加载阶段										卸载阶段						弹性变量（m）
		0%（0t）	50%（325t）			80%（520t）			100%（650t）			50%（325t）			0%（0t）			
		高程（m）	高程（m）	相对变值（m）	累计变值（m）	高程（m）	相对变值（m）	累计变值（m）	高程（m）	相对变值（m）	累计变值（m）	高程（m）	相对变值（m）	累计变值（m）	高程（m）	相对变值（m）	累计变值（m）	
（8号）墩北侧	上1		3 671.227	3		3 671.212	12		3 671.196			3 671.217	−21		3 671.226	−9		30
	上2		3 671.203	12		3 671.185	11		3 671.171			3 671.196	−25		3 671.214	−18		43
	上3		3 671.179	13		3 671.162	6		3 671.156			3 671.175	−19		3 671.195	−20		39
	上4		3 671.152	14		3 671.137	3		3 671.137			3 671.155	−18		3 671.170	−15		33
	上5		3 671.160	11		3 671.144	−1		3 671.142			3 671.156	−14		3 671.172	−16		30
	上6		3 671.171	9		3 671.157	4		3 671.153			3 671.168	−15		3 671.177	−9		24
	下1	3 666.408	3 666.392	5	16	3 666.285	6	23	3 666.356		52	3 666.382	−26	26	3 666.395	−13	13	3 9
	下2	3 666.416	3 666.382	14	34	3 666.357	14	59	3 666.344	0	72	3 666.372	−28	44	3 666.397	−25	19	53
	下3	3 666.417	3 666.378	18	39	3 666.357	5	60	3 666.354	1	63	3 666.380	−26	37	3 666.400	−20	17	46
	下4	3 666.419	3 666.381	18	38	3 666.362	3	57	3 666.363	1	56	3 666.384	−21	35	3 666.402	−18	17	39
	下5	3 666.404	3 666.383	9	21	3 666.368	3	36	3 666.362	1	42	3 666.379	−17	25	3 666.393	−14	11	31
	前1	3 670.566	3 670.565	0	1	3 670.562	3	4	3 670.561		5	3 670.564	−3	2	3 670.563	1	3	2
	前2	3 670.575	3 670.573	1	2	3 670.568	2	7	3 670.568		7	3 670.569	−1	6	3 670.510	−1	5	2
	前3	3 670.604	3 670.601	1	3	3 670.597	2	7	3 670.598		6	3 670.599	−1	5	3 670.601	−2	3	3
	后1	3 670.971	3 670.972	−1	−1	3 670.973	−1	−2	3 670.975	1	−4	3 670.973	2	−2	3 670.972	1	−1	−3
	后2	3 671.037	3 671.040	−1	−3	3 671.043	−2	−6	3 671.044	1	−7	3 671.042	2	−5	3 671.039	3	−2	−5
	后3	3 671.033	3 671.033	−1	0	3 671.036	−1	−3	3 671.037	1	−4	3 671.034	3	−1	3 671.032	2	1	−5

22mm,顶板高程点平均下降了17mm;南侧地板高程点平均下降了20mm,顶板高程点平均下降了21mm。从观测数据可知,挂篮实际变形值小于监控提供的抛高值,说明预压方式确实影响到了挂篮的变形。而整套挂篮在混凝土浇筑过程中变形稳定,构件安全,能满足后续施工的需要。

预压施工数据见表6.4。

预压施工数据图表 表6.4

	纵向测点	梁底			梁顶				
	梁	F	G	H	A	B	C	D	E
N	0%	3 665.902	3 665.903	3 665.908	3 669.239	3 669.314	3 669.462	3 669.323	3 669.254
	80%	3 665.887	3 665.884	3 665.887					
	100%	3 665.883	3 665.877	3 665.888	3 669.218	3 669.291	3 669.447	3 669.307	3 669.236
	100%24h	3 665.883	3 665.878	3 665.886	3 669.220	3 669.293	3 669.449	3 669.307	3 669.236
	差值	0.019	0.025	0.022	0.019	0.021	0.013	0.016	0.018
	平均	0.022			0.017				
S	0%	3 666.451	3 666.438	3 666.448	3 669.732	3 669.804	3 669.940	3 669.809	3 669.709
	80%	3 666.433	3 666.423	3 666.432					
	100%	3 666.432	3 666.420	3 666.428	3 669.705	3 669.782	3 669.922	3 669.787	3 669.693
	100%24h	3 666.430	3 666.419	3 666.427	3 669.704	3 669.781	3 669.923	3 669.787	3 669.692
	差值	0.021	0.019	0.021	0.028	0.023	0.017	0.022	0.017
	平均	0.020			0.021				

说明:S表示南侧,N表示北侧。

测点图如图6.9所示。

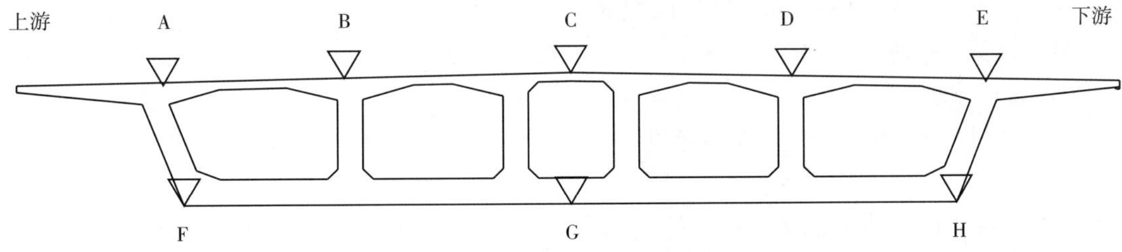

图6.9　测点位置示意图

由预压施工数据图表及经现场多个块段的施工证明(包括最重梁段3号块的施工),该套挂篮完全能满足施工要求。

7　挂篮悬浇施工

7.1　挂篮行走流程(图7.1)

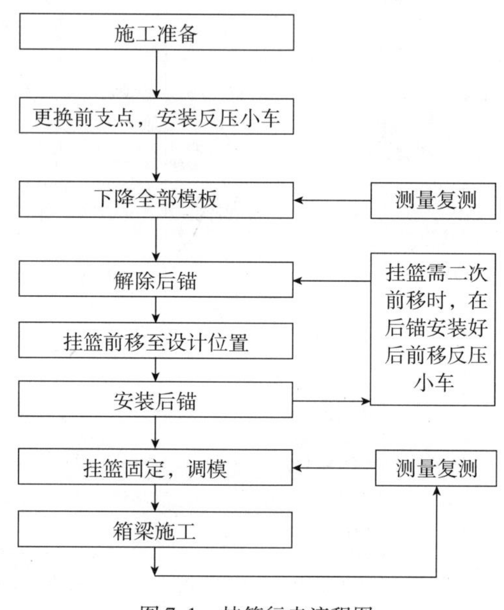

图7.1　挂篮行走流程图

7.2　挂篮行走

(1)当前块段预应力完成后,更换前支点为行走小车,安装反压小车,通过多个手摇葫芦,将挂篮下横梁的前吊点和后吊点缓缓放松,均匀下降。拆除后下横梁的吊杆,确保挂篮行走。

(2)除后锚压梁,让反压小车受力。

(3)通过6个行走马达同时缓慢拉拽6个主梁,使6片主梁缓慢、平行、齐头前移。

(4)挂篮行走到位后,立即安装后锚压梁,固定三角主梁。

(5)通过预埋孔,连接后下横梁吊杆。

(6)通过手摇葫芦,提升整套模板,并调整高程。高程、轴线符合要求后,立即拧紧吊杆。

(7)如遇到长的块段时,需要对挂篮进行二次前移。确保反压梁和后锚梁其中之一受力,按照上述方法反复进行,即可完成挂篮的二次前移。

挂篮行走工序见图7.2~图7.5。

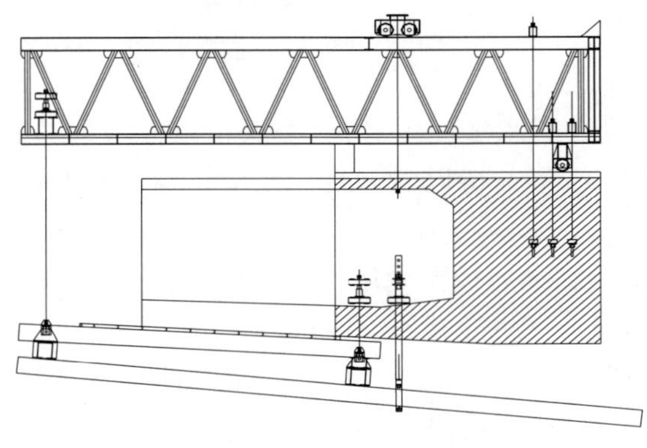

图7.2　进行当前块段施工

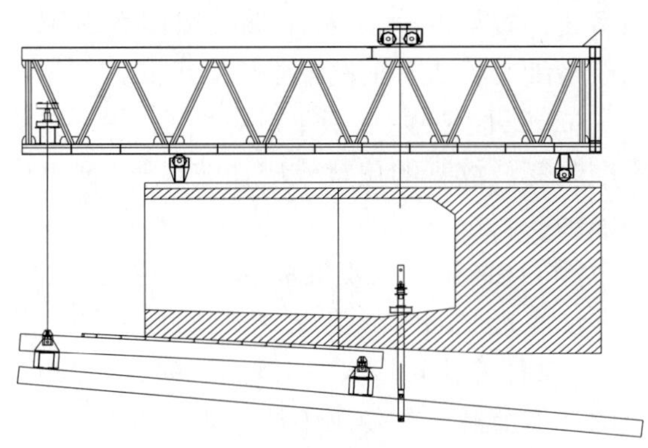

图7.3　完成块段施工，下降模板
更换前支点，解除后锚

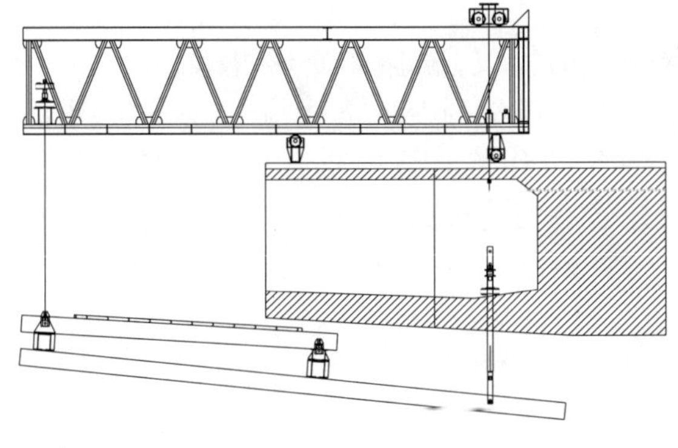

图7.4　挂篮前移

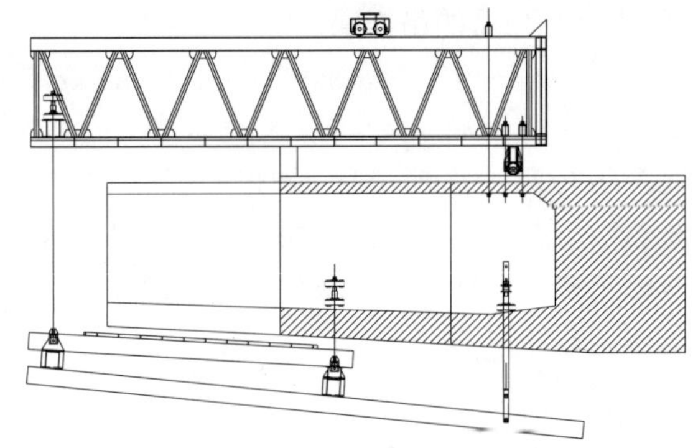

图7.5　挂篮到位，更换前支点，安装后锚，固定模板

7.3　混凝土施工相应措施

箱梁断面宽33m，拉萨地区气候干燥、强风、强日照、昼夜温差大，对混凝土的施工和养护都影响显著，对此，需采取以下措施确保混凝土的施工质量：

（1）混凝土采用高性能混凝土，和易性和流动性好，初凝时间控制在9h。

（2）认真组织混凝土浇筑，原则上采用2台汽车泵浇筑，2台地泵备用。

（3）严格对称浇筑，每个块段的浇筑时间控制在8h左右，即在混凝土初凝时间前完成块段浇筑。

（4）混凝土浇筑严格按照从前到后、从两侧到中间的浇筑顺序。

（5）配备足够的塑料薄膜和棉被，对裸露在外的混凝土（振捣收面后）及时覆盖，避免出现干缩裂缝。

（6）严格养生周期，专人洒水，夜间棉被覆盖。

（7）设立观察小组，认真观察每块段的情况，发现问题，及时处理。

7.4　总结

（1）挂篮初步拼装完成后必须进行检查验收，特别注意挂篮后锚系统（含主桁后锚及底篮后锚）、主桁系统、悬吊系统（含顶升系统）、行走系统的安装正确性和精确性。挂篮后锚预留孔位置要准确，吊杆下端及扁担底面用铁楔块垫平，上端横梁上用千斤顶调整。必须做到严格细心检查，确保锚固绝对可靠。

(2)梁段顶板、底板上的预留孔、预埋件要准确并与水平面垂直，若与底板锯齿块相遇，不准改变波纹管的位置或碰伤波纹管，锯齿块钢筋先预留，待以后恢复。预留孔周边应安装加强钢筋。

(3)挂篮横梁吊点安装，必须先安装中间的短吊杆使底模贴紧后，再提升两侧的长吊杆，以保证底板底面线形美观，箱梁底板吊杆上、下面用木楔块或其他铁件垫平。

(4)挂篮比较庞大，挂篮施工时，应尽量减少偏心荷载，除挂篮自重外，限制施加在挂篮上的其他荷载。在使用中注意观察挂篮主桁的型钢，防止挂篮扭曲而失稳。

(5)挂篮每次悬浇前，均需进行签证手续检查；对梁段的中线、高程、块段高度严加控制，必须检查全体结构螺栓、焊缝、后锚设备联结状态、前后吊杆及横梁的受力情况；收紧一次吊杆，所有起顶后的吊杆限位螺栓上紧。

(6)调整挂篮前吊杆的高程，应在浇筑混凝土前完成，若挂篮变形过大，也可在混凝土初凝前进行。在混凝土浇筑中，应派人测量观察模板的变形下挠情况，及时收紧底模短吊杆和抬高前吊杆，防止底模漏浆和发生水平位移。调整挂篮高程并在施工中不断总结，尽可能使混凝土浇筑一次完成。采用挂篮悬浇箱梁施工，应严格遵守平衡对称的原则进行，严格控制各浇筑梁段混凝土超方现象，任何梁段实际浇筑混凝土超方质量不得超过设计要求。

(7)挂篮行走必须在相应施工块段混凝土浇筑完成，达到设计张拉强度并张拉预应力束后方可行走。

(8)脱落底模时，应注意先松后吊杆，再松前吊杆，否则会因底模蹩劲短吊杆无法卸脱。短吊杆卸下后搁于后下横梁的悬挂手孔内，并加上保险装置，防止掉落于河道内，小扁担梁千斤顶等物均留在原处。

(9)挂篮前移要有专人统一指挥，移动前必须在主桁后端挂好防倾千斤绳，正常情况下千斤绳是不受力的。挂篮就位后，立即将后锚设备装上并把锚杆上的螺栓拧紧，所有构件处于受力状态时，才能进行悬臂作业。

(10)挂篮行走就位后必须有现场技术人员和作业队负责人协同检查挂篮的定位和锚固系统的安全性，检查合格经签认交验后方可进行下一步工序作业。

(11)挂篮桁架行走前要测定已完成节段梁端高程，并定出箱梁中轴线。当解除挂篮的后锚固后，挂篮沿箱梁中轴线对称向两端推进，每前进50cm做一次同步观测，防止挂篮转角、偏位而造成挂篮受扭。

(12)挂篮两侧翼缘板底部、底篮纵梁下方必须悬挂安全网，中横梁及前横梁通道周围及操作平台周圈，必须设置防护栏杆及防护网。

(13)在强风时节禁止挂篮施工，将挂篮退回到已浇筑块段上并与箱梁两体锚固，各模板结构也必须固定。强风后仔细检查挂篮各部位的结构完好性，如有损伤须补强后方可进行施工。

(14)挂篮施工要求保持对称均衡施工，最大浇筑混凝土质量不得大于设计要求。

(15)应严格控制浇筑箱梁梁段混凝土的超方现象，箱梁顶板顶面浇筑混凝土的不平整度、合龙段的相对高程误差、轴线偏差必须符合设计及规范要求。

8 应用评价

传统用宽幅挂篮,多为三角挂篮或菱形挂篮,挂篮用钢量大,导致挂篮自重增加,对挂篮前移以及桥梁自身受力都有不利的影响。同时,在前移时,多为千斤顶顶进,每道主梁顶进均需较多操作人员,且容易出现主梁不均匀前移的现象。整套挂篮系统的运输、进场成本较高,配件没有富余,一旦施工中出现故障,维修费用大、时间长。

而该套宽幅轻型自走式挂篮系统,比传统挂篮有以下优点:

(1)结构合理。本实用新型挂篮克服了传统的挂篮的缺点,用钢量低,通过体内预应力来增强刚度,保证了挂篮整体的稳定性。配件规范,方便制作,现场组装时可根据实际情况及时调整。

(2)成本低。主梁不是专一用途,一梁多用,减小了设备的进出场费用;整套系统用钢量低,大大减少了整体费用;小型配件可以批量加工,制作成本较低。

(3)使用方便。挂篮设有自行行走系统,无需大量人员同时进行操作,施工中极其方便。

宽幅轻型自走式挂篮系统具有很强的推广性,革新了传统挂篮工艺,真正做到了结构合理、操作方便、成本节约,能够大大提高西藏地区桥梁建设行业在全国的竞争力。项目采用该套挂篮系统成功进行了纳金大桥 33m 宽整幅箱梁的悬浇施工,得到了业主乃至西藏业界的高度关注,大大提升了一公局高精尖的技术形象,为我局在西藏地区的发展起到了大力推进的作用。

拉萨纳金大桥索塔及斜拉索安装施工技术

1 概述

主桥横向单塔,布置在中分带,索塔顺桥向采用变截面,塔形由两道圆弧相切形成,横桥向为2.5m等宽截面。主塔从桥面以上塔高为17.7m,桥面以上受力部位塔高为15.7m。索塔构造图见图1.1。

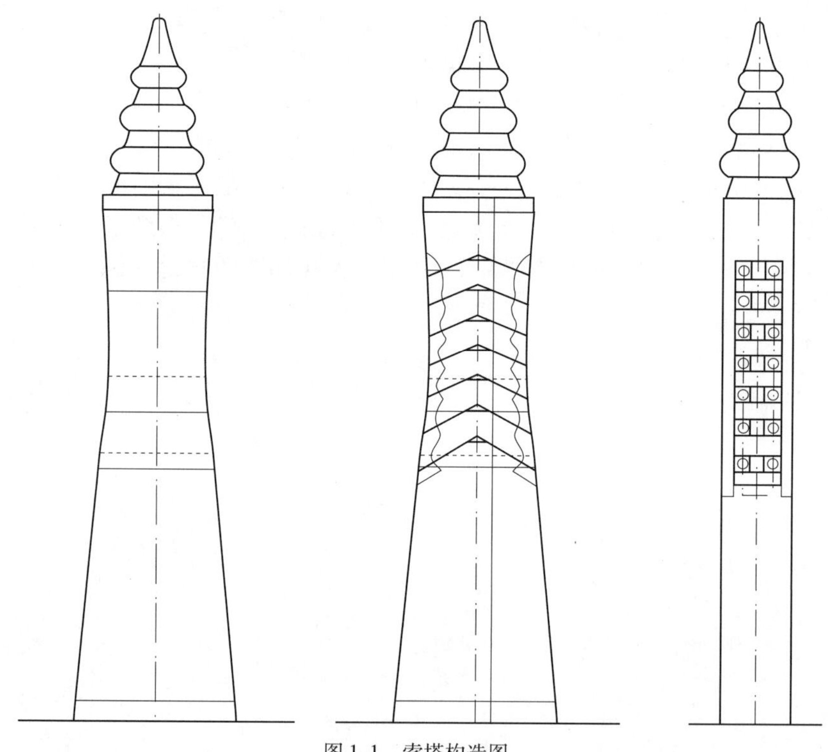

图1.1 索塔构造图

针对索塔结构高度只有17.7m,但结构复杂,截面不规则,索塔模板采用整体式组合钢模,模板安装采用塔吊提升,人工螺栓连接,内置拉杆加固;钢筋由现场集中加工、编号,平板车运输到位,塔吊提升,人工绑扎,焊接成型;混凝土由搅拌站集中拌和,混凝土输送车运输到位,混凝土输送泵泵送入模,插入式振捣棒振捣密实,分两次浇筑成型。

此次主桥斜拉体系采用的是国内最小半径的抗滑索鞍,半径仅为2.5m。小半径索鞍的应力集中,要求加工精度必须高,否则对索鞍、主塔以及整个斜拉桥都有质量隐患。

因此每个索鞍必须在工厂内统一加工制作,确保每个索鞍的尺寸精度。

拉运至现场后，通过增加劲性骨架的办法，确保索鞍分丝管的安装精度。

2 索塔施工

2.1 模板设计、加工

索塔施工时，应分节段支模和浇筑混凝土。本桥索塔分两次浇筑混凝土，第一次浇筑索塔高度约9m，第二次浇筑索塔异形段约8.7m。索塔模板每一节段的高度视索塔的尺寸、模板的质量和塔吊的吊装能力而定。为了保证模板具有足够的刚度和强度，加工前要进行强度验算，而且要防止吊装时模板变形。

图2.1 索塔模板现场拼装

索塔模板采用6mm面板，8号槽钢作背带，8号角钢作法兰盘连接，12号槽钢背对作围带。模板的加工精度将直接影响分丝管的定位，尤其索塔前后锯齿状模板的尺寸控制。因此，加工前要对加工平台用水准仪抄平，经纬仪放线。加工过程中，严格控制几何尺寸和平整度，保证焊接质量。现场施工前要对模板进行整体组装，合格后才能投入使用。索塔模板现场拼装见图2.1。

2.2 分丝管安装

分丝管作为矮塔斜拉桥索塔鞍座的一种特殊形式，由37（或43）根$\phi 30$钢管组焊而成，分丝管截面形式同锚固端锚具形式对应。为与斜拉索过鞍座相适应，分丝管采用圆弧形，弯曲半径2.5m。每根斜拉索对应一个分丝管，分丝管横桥向呈两排布置，间距100cm。分丝管构造图见图2.2。

图2.2 分丝管构造图

由于索塔内每一根斜拉索的角度、高程均不相同，施工中一点小小的偏差将影响全桥斜拉索的安装质量，因此分丝管定位精度的控制是矮塔斜桥索塔施工的关键。通过增设劲性骨架的方法，确保分丝管的安装精度，见图2.3和图2.4。

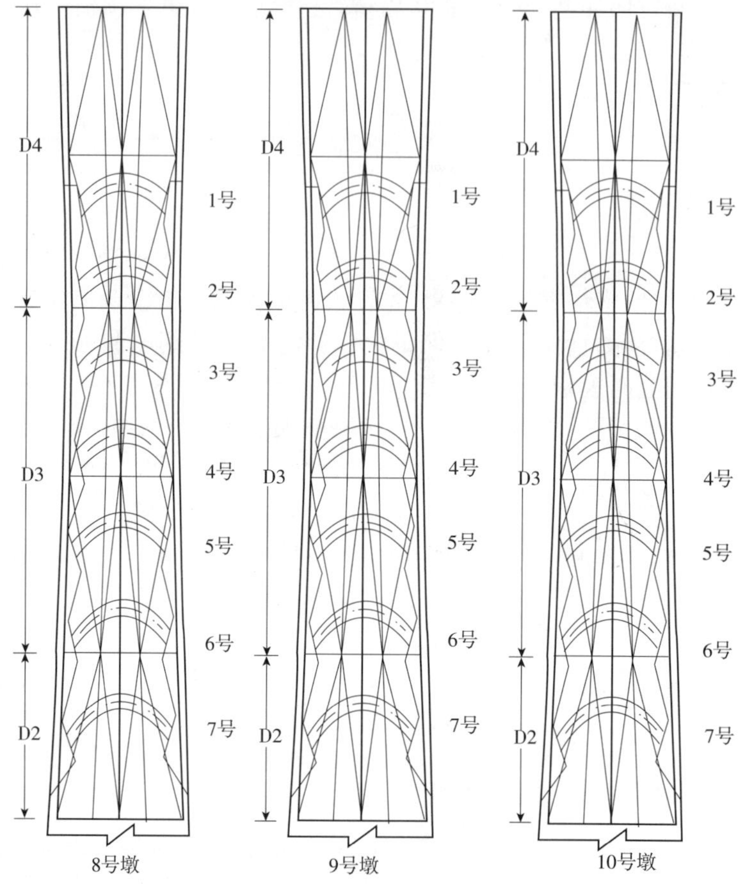

图 2.3　劲性骨架示意图

图 2.4　通过劲性骨架安装分丝管

3 斜拉索施工

3.1 斜拉索体系

主桥采用70m+117m+117m+70m三塔四跨双索面部分斜拉桥，塔梁固结、墩塔分离，南引桥跨径布置为22×30m部分预应力混凝土连续箱梁，桥梁全长2 689m。桥面宽度为3.0m（人行道）+11.75m（行车道）+3.5m（中央分隔带，布置桥墩和拉索）+11.75m（行车道）+3.0m（人行道）=33m。主梁塔柱无索区长度为27m，跨中无索区长度为20m，主塔从桥面以上塔高为17.7m，桥面以上受力部位塔高为15.7m，为跨径的1/7.5。索塔采用C50混凝土实心断面，顺桥向宽度为3.243～5.50m，横桥向宽度为2.5m，拉索在塔上采用扇形布置，每个塔柱共锚固7对拉索，拉索在塔上间距为1.0m，在梁上间距为5.0m，采用OVM250AT拉索体系，全桥共分为OVM250AT－37、OVM250AT－43两种型号。

拉索采用ϕ^{S}15.2环氧树脂全涂装钢绞线，斜拉索经下料后，单根安装、张拉、锚固、全桥单根调索、减震装置安装后再进行防腐，即成本桥斜拉索结构。斜拉索体系示意图见图3.1。锚具内腔及抗滑锚固装置内填注环氧砂浆。

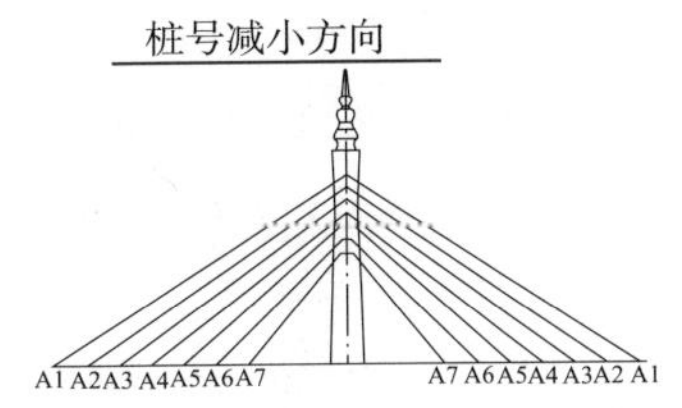

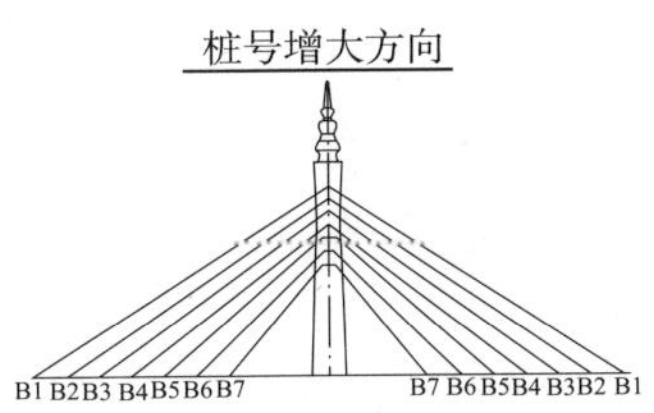

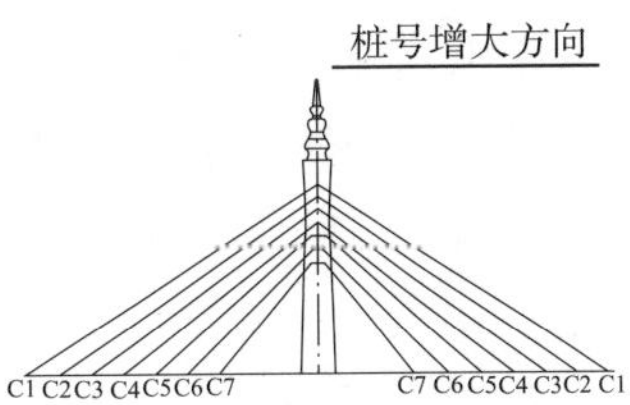

图3.1 斜拉索体系示意图

3.2 斜拉索结构

斜拉索采用OVM250AT系列环氧涂层高强度低松弛钢绞线斜拉索体系。钢绞线标准强度为1 860MPa，索的锚固端为张拉端，由锚固段＋过渡段＋自由段＋抗滑锚固段＋塔柱内索鞍段＋抗滑锚固段＋自由段＋过渡段＋锚固段构成。

斜拉索索体结构分为三个部分：索、体、张拉端和锚固系统。

索体：带PE高强度低松弛环氧涂层钢绞线，索外设整圆HDPE套管，HDPE防护层（套）性能指标见表3.1。

张拉端：张拉端采用OVM250型锚具，含压板、夹片、锚板、支承筒、工作螺母、密封筒。

锚固系统：锚具内灌注环氧砂浆，锚固点设于主梁的锚垫板中心点顶面。

HDPE防护层（套）性能指标 表3.1

序号	项目	单位	指标	试验规程或规范
1	密度	g/cm^3	0.942～0.988	GB/T 1033.1
2	熔融指数	g/10min	0.20	GB 3632

续上表

序号	项目	单位	指标	试验规程或规范
3	拉伸强度	MPa	≥20	ISO DIS－6259
4	屈服强度	MPa	≥16	ISO DIS－6259
5	断裂伸长率	%	≥650	ISO DIS－6259
6	硬度	Shore D	≥60	GB 2411
7	抗张弹性率	MPa	≥50	ISO DIS－6259
8	冲击强度	J/m²	≥25	ISO DIS－6259
9	软化温度	℃	≥115	ISO 306－74
10	耐老化性能:(1)抗张强度保留率; (2)伸长保留率; (3)耐氧化老化	%	≥80 ≥80 无异常变化	GB 7141

拉索采用四层防护:第一层为钢绞线外喷涂环氧涂层,第二层为无黏结筋专用油脂,第三层为热挤单层 HDPE 层,第四层为整体索外包 HDPE 护套。

3.3　主要施工工序

3.3.1　施工总体安排

确定主线工期:前期准备→下料→PE 圆管安装→挂索→张拉→调索→斜拉索防护。

其他工序:如施工平台、锚具安装、运料、施工设备安装、紧索、减振措施安装等穿插在主线工期内进行。

斜拉索防护包含:锚具内、塔端抗滑装置内注环氧砂浆,锚头保护罩注油防护,PE 管两端防水装置安装。

3.3.2　斜拉索相关主要施工工序

非挂篮施工段:混凝土达到 85% 设计强度→安装下端锚具→安装 PE 圆管→单根钢绞线挂索、张拉。

挂篮施工段:浇筑块件→张拉顶板预应力钢束→张拉底板预应力钢束→斜拉索单根挂索→张拉横向预应力→移动挂篮浇筑下一个块件。

3.4　施工准备

3.4.1　材料准备

锚具类:按设计图定出的锚具类型、标准、要求及总体施工工期,要求供索商制订加工及供货计划。

环氧涂层钢绞线:委派技术员到供索商生产车间指导下料,下料完成后重新成盘,按使用计划运至现场。

HDPE 圆管:根据斜拉索有关参数计算必要的下料长度,在现场通过加热焊进行对焊。

斜拉索锚具填充物:属锚具类供货内容,考虑损耗量。

材料进场:按施工周期,组织材料分批采用汽运或铁路运输进场。

3.4.2 设备准备

张拉设备：根据施工要求列举清单交设备科归类、维修、试机以待进场标定。

起重设备：本工程高空作业突出，各种起重设备必须按工艺要求配置，并完好无缺，卷扬机尽量利用现有，并配备足够的钢丝绳、吊具等。

注油设备：清洗、试机。

其他小工具：按清单收集、添置、集中存放。

主要机械设备表见表3.2。

主要机械设备表 表3.2

序号	设备名称	规格	单位	数量
1	顶压千斤顶		台	4
2	卷扬机	15kN/22	台	7
3	电动油泵	ZB4－500	台	8(备用2台)
4	千斤顶	YDCS160－150	台	6
5	环氧泵		台	1
6	环氧搅拌机		台	1
7	电动葫芦(挂索用)	1.5t	台	7(备用1台)
8	PE焊机	ϕ315	套	1
9	镦头器	LD10	台	1
10	对讲机		套	8
11	传感器	ZX300	套	6
12	电焊机	BX1－315	台	4
13	显示仪		套	4
14	打印复印一体机		台	1
15	电缆线	3×10＋1	m	300

3.4.3 人员准备

(1)组建拉萨纳金大桥项目部并委派前期人员进场，进行临时设施安装；进场通知书下达后，组织全体管理人员及全部操作人员进场。

(2)选定熟练的高级操作工及普通操作工。

(3)对人员进行方案交底及其他培训。

3.4.4 技术准备

(1)熟悉主桥结构图、斜拉索结构图、挂篮结构图。

(2)熟悉施工工艺，重点编制挂索、调索的详细操作规程。

(3)编制工地技术质量管理制度、设备操作规程、安全管理制度。

(4)详细计算下料长度。

3.4.5　材料设备保护

为保障安全文明施工,材料设备到达现场后,应按一定的次序堆放,一方面要确保外观上整齐,另一方面也需要确保防火防盗安全及避免对材料人为的损伤,对于容易损伤的材料,尤其加强保护。

锚具:在桥面附近搭设一个专用的仓库,用于堆放锚具及其配套设施,仓库要求防雨。

PE管:在锚具仓库旁边平整一块空地,用于PE管堆放,场地要求平整,以免PE管堆放时弯曲。PE管焊接时要求放置在专用支架制作的轨道上,以避免PE管在移动过程中损伤。在挂PE管时也要求放置在专用支架上,以免磨伤。

3.5　斜拉索安装工艺

3.5.1　斜拉索安装工艺流程(图3.2)

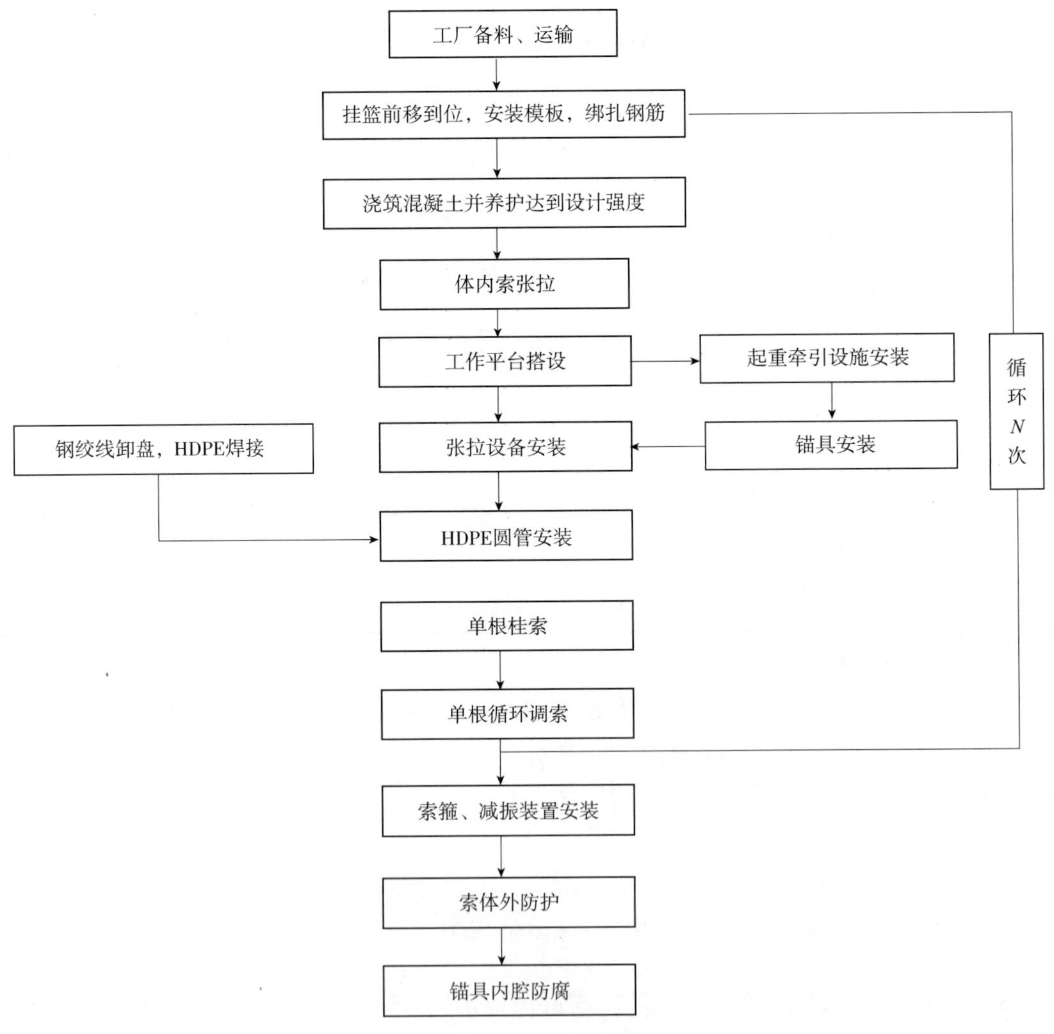

图3.2　斜拉索安装工艺流程

3.5.2　备料

工厂内备料：

下料时要求丈量准确，尽量减少下料误差，同时要有必要的保护措施，严防 PE 护套受损。

下料长度按下式计算：

$$L = L_0 + L'_0 + A_1 + A_2 + L_1 + L_2 + L_3 + L_4$$

式中：L_0——张拉端锚垫板、塔端分丝管锚垫板之间距离（如 A 区间）；

L'_0——张拉端锚垫板、塔端分丝管锚垫板之间距离（如 B 区间）；

L_1——两区间张拉端钢绞线牵引长度（需切除周围六丝），共计取 30cm 左右；

L_2——两张拉端钢绞线工作长度，考虑到张拉系统所需要的工作长度，共计取 260cm 左右；

L_3——钢绞线垂度影响长度，根据规范计算可得（两区间垂度总和）；

L_4——分丝管总长；

A_1——张拉端锚板厚度，取 20cm（如 A 区间）；

A_2——张拉端锚板厚度，取 20cm（如 B 区间）。

由于挂索张拉要求，两区间张拉端 PE 护套必须根据计算长度剥除；两区间张拉端分别剥除长度按下式计算：

张拉端：$L_{张} = (A_1)A_2 + 1/2L_2 + 1/2L_3 + 1/2\Delta L + 1/2L_1$

式中：ΔL——单根张拉理论伸长量（要求对称、同步张拉）。

根据设计院设计下料长度结合实际情况进行修订，经设计院批准，然后进行下料。下料施工选在车间内进行，下料时应注意：

（1）如果发现钢绞线 PE 护套有破损处，应及时进行修补，若破损严重，则应弃用此段钢绞线；随时对钢绞线长度进行复查，保证下料长度准确无误。

（2）张拉端 PE 护套剥除：剥除时应注意不得误伤钢绞线。剥除后，打散钢绞线用专门的清洗剂清洗两端油脂，清洗时注意保护环氧涂层，清洗后将钢绞线复原，对端头进行墩头处理，以供挂索时牵引用。

（3）钢绞线成盘：由于工厂到工地需要长距离运输，所以下好料的钢绞线必须卷成盘，成盘时必须考虑以下因素：

①索盘质量：单个索盘质量控制在 3.5t 以内。

②挂索工艺：挂索时使用卷扬机牵引系统或人工穿索，直接从盘上抽出挂索。

③料盘与索号对应：成盘后，用标签在料盘上注明索号、长度、根数。

3.5.3　斜拉索锚具安装

（1）安装前准备工作

①将锚具检查清洗后重新组装。

②检查锚孔、密封板孔位是否对齐，孔位不得有错位，并用钢绞线试穿。

③清理锚孔内杂物，保持锚孔清洁无污。

④检查孔位一一对应后，把密封板与延长筒、延长筒与支承筒点焊固定。

⑤安装前，先清理锚垫板、预埋管内杂物，下端注意清理排水槽。

⑥如有未被使用的锚孔,应作相应封堵,以防注浆时泄露。

(2)锚具安装技术要求

①两张拉端和分丝管孔位按每排孔水平排列,不得有错位现象。

②锚具中心线与锚垫板中心线保持一致,两者偏差不得超过 5mm。

3.5.4　HDPE 护管安装

(1)在套管内穿入一根已计算好长度的钢绞线,同时在 HDPE 套管两端安装抱箍。

(2)HDPE 管在吊装时难免调头或是弯曲,此时,人工辅助 HDPE 管弯曲使弯曲直径大于 15m。

(3)利用塔吊或是塔顶扒杆等起吊设备将钢绞线和套管一起吊起,利用千斤绳和葫芦将套管吊挂在塔外分丝管管口相应位置。

(4)套管下端牵引至下端预埋管口,先将钢绞线穿入下端锚具并固定。

(5)通过张拉钢绞线使套管挺直抬起达到设计的角度,以方便下一步挂索工作的进行。

(6)HDPE 套管焊接吊装过程中应注意以下要求:

①严格按 HDPE 焊机操作规程焊接,作好详细记录,保证焊接质量。

②在 HDPE 套管搬运及吊装过程中,应防止 HDPE 护管刮伤、碰伤,如损伤严重应及时修复。

③HDPE 套管弯折直径不小于 30D。

④HDPE 套管计算长度,应考虑上下管口挂索操作空间及整体防护时热胀冷缩的影响长度。

3.5.5　斜拉索单根挂索

(1)钢绞线运输到施工现场后,将索盘吊装于放线架上,考虑挂索时从 PE 管下端向上牵引,将放线方向朝向梁端预埋管处,放线架与预埋管之间应设铺垫及导向,以防钢绞线 PE 损伤。

(2)从桥面 A 预埋管处(A 区间)将盘好的钢绞线放盘打开一端与专用牵引系统连接,将钢绞线顺着 HDPE 护管牵引至塔端 HDPE 套管管口并连接好,通过索鞍分丝管后继续牵引至桥面 B 预埋管处(B 区间),与穿过张拉端锚具的牵引绳连接,用人工穿过锚孔,安装夹片锚固。挂索工艺流程图见图 3.3。斜拉索穿束见图 3.4。

(3)单根挂索时,注意 PE 护套的保护,严防打绞、旋转、扭曲现象发生。

(4)利用循环牵引系统或人工穿索一次牵引一根钢绞线。

3.5.6　单根张拉(图 3.5)

为了保证单束拉索中每根钢绞线应力满足设计要求,保证索力均匀度控制在 2% 范围内,张拉时严格按工艺控制进行。

(1)单根张拉力的确定

①第一根安装传感器的钢绞线张拉力按设计索力的平均值乘以计算的超张系数来确定:

$$T = K \cdot N/n = N/n + E_c \cdot A \cdot h \cdot \sin\alpha / L$$

②单根钢绞线索力均匀性(索力离散性)控制是平行钢绞线拉索制作安装的关键,本工程采用等张拉力法控制,将压力传感器安装在张拉端第1根钢绞线上,以后每根钢绞线的张拉力按压力传感器变化情况进行控制。

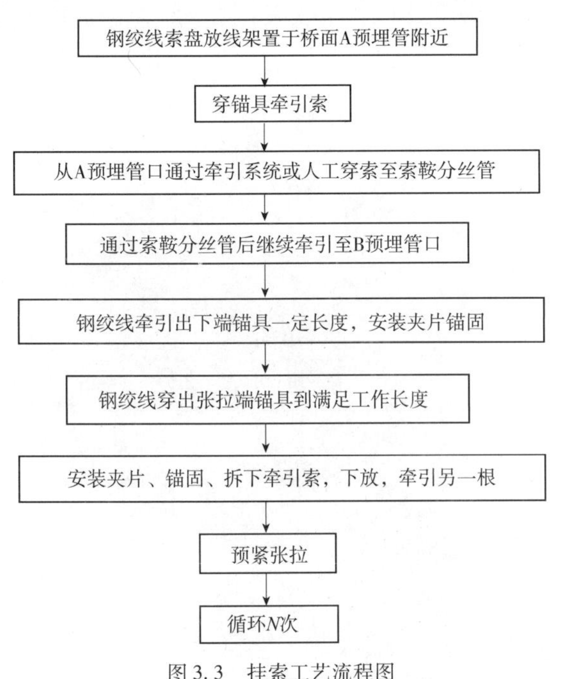

图3.3　挂索工艺流程图

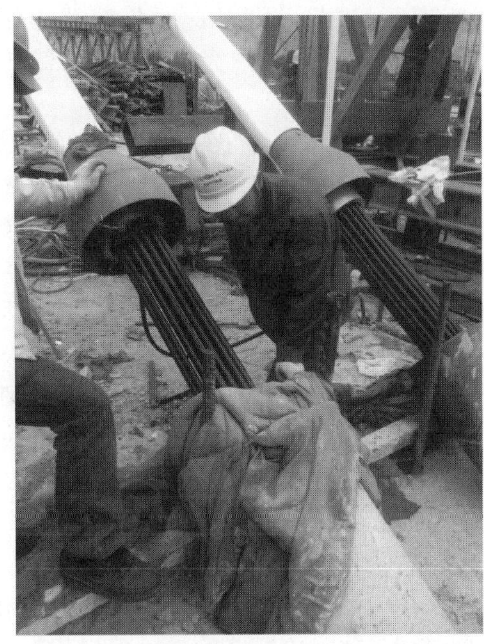

图3.4　斜拉索穿束

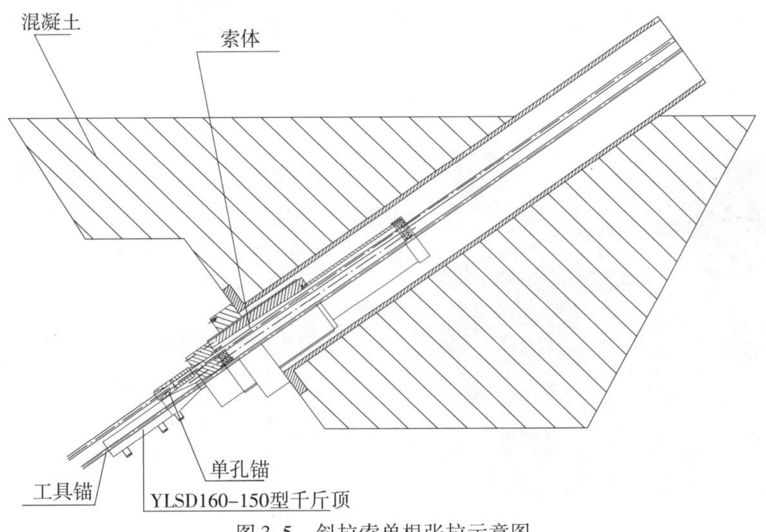

图3.5　斜拉索单根张拉示意图

③单根压力传感器的安装顺序:传感器支座→传感体→单孔工具锚→工具夹片,其中传感体通过导线与显示仪相连,压力变化值从显示仪中读取。当挂索完成后拆去传感器。

(2)单根张拉过程

①张拉端钢绞线装上夹片锚固后,安装好 YDCS160 - 150 千斤顶并在钢绞线相应部位

作好测量基点。

②用压力表控制最后一级张拉力，若一个行程未满足要求时，通过连续张拉装置反复张拉，直到张拉到动态控制应力值。第1根安装压力传感器，按控制应力的100%进行控制，并记录此时传感器显示值，第2根及以后各根根据传感器变化值进行控制，最后一根张拉完成后，拆除第1根钢绞线上传感器，并按当时变化值进行补张拉锚固。

③单根斜拉索张拉(图3.6)过程中的注意事项：

将PE圆管挺直需两根钢绞线，且需较大的张拉力，因此实际上在第3根钢绞线上安装传感器，用以指导后续钢绞线的张拉，最后一根钢绞线张拉完成后，再按传感器显示补拉第1、2根钢绞线。

张拉端钢绞线若一个行程未能满足张拉要求，则采用临时工具夹片在该千斤顶的连续张拉部件内临时锚固，不允许在工作锚板上进行临时锚固。

张拉加载至单根绞线控制应力的15%开始测初始伸长值。

当张拉到该根钢绞线计算控制应力的100%时，并采用专用工具适当打紧，保证均匀和跟进同步，同时记录此时传感器的显示值以指导下一根钢绞线张拉。

安装夹片时必须保证一致的外露量而且缝隙、高差必须保证达到相应控制值，使其自锚、跟进时同步，保证索力均匀性。

图3.6　单根斜拉索张拉

图3.7　索箍、减振器安装

索箍及减振器安装见图3.7。

防松装置安装：安装夹片防松装置，用专用扳手将各空心螺栓旋紧，空心螺栓与夹片间垫有两片蝶簧，以随时保持对夹片的压紧力。

利用专用紧索器按正六边形截面将整束紧固成形，对于断面不是正好六边形的索，需填充1m长的钢绞线作假索以使其形成正六边形截面。

索箍和减振器按设计位置进行安装，拧紧索箍紧固螺栓。

3.5.7　全桥调索

在梁段悬浇过程中或成桥后，如需调整桥面高程，则需进行整体调索，调索工艺与单根挂索施工工艺一致。调索顺序、部位、应力根据监控指令而定。

4 总结

4.1 斜拉索施工控制

在斜拉索施工过程中，施工控制是非常重要的一个环节。

施工控制实行索力、高程双控制，在悬臂施工过程中主要以高程控制为主，以索力控制为辅。在合龙后的全桥调索过程中，则以索力控制为主。

张拉完成后，索力与理论预测值相差不宜超过5%，高程相差不宜超过5mm，若因气温等外界环境影响，此范围可适当放宽。

施工控制的要点：

(1)挂篮前移到位、斜拉索挂索前，调整并确定立模高程，并从理论上计算出斜拉索挂索完成后桥面的抬升量，将其提供给斜拉索施工单位。

(2)挂索过程中，监控各索间的索力差，以防索力差过大对桥面产生不利的影响。

(3)全桥调索过程中，实时监控各索间的索力及桥面高程。

(4)在单根张拉及单根调索的过程中，实时监测索塔的偏移量。

(5)在单根张拉及单根调索的过程中，实时监测梁体应力变化情况。

4.2 低应力锚固技术措施

斜拉索施工不可避免钢绞线在低应力工作状态下工作，此时夹片夹持质量和夹持效果对施工过程的主体工程安全尤为关键，因此必须加强拉索低应力锚固措施，具体措施如下：

(1)严格控制进场拉索锚具产品的质量。

(2)单根张拉时严格控制夹片的安装质量，杜绝不规范的安装工艺出现。

(3)与总包单位、设计、监理讨论，尽量提高拉索初始控制应力。

(4)张拉时单根适当超张拉到$0.45\delta_b$，然后卸压回到该根钢绞线控制压力锚固。

单根张拉涉及临时锚固，全部在连续张拉装置内完成，工作夹片只一次性咬合锚固，不允许出现多次工作夹片锚固的情况。

单根钢绞线顶压：利用OVM拉索配套的张拉顶压设备，用专用顶压器对钢绞线进行逐根顶压，以总应力不超过钢绞线破断力的45%控制，一次性顶压锚固，使夹片锚固后产生相当于$0.45\delta_b$应力状态下的夹持效果，使之能适应在低应力状态下的锚固。

防松装置：安装夹片防松装置，用专用扳手将各空心螺栓旋紧，空心螺栓与夹片间垫有两片蝶簧，以随时保持对夹片的压紧力。

4.3 斜拉索防护

斜拉索是斜拉桥的生命线，索体、锚头防腐需高度重视，按国家有关标准和OVM250平行钢绞线拉索体系技术标准进行。

在整个斜拉索安装期间，需要对拉索的各裸露部位进行临时防护，以防雨水侵蚀。桥面预埋管口用防雨篷布包好，梁下锚垫板处设置排水槽。

4.4　斜拉索索体防腐

索体材料采用带PE环氧涂层钢绞线，PE层与钢绞线间涂专用油脂，如在下料、挂索等过程中发现PE有破损处，立即用焊枪修补，谨防钢绞线锈蚀。

索体外用HDPE套管防护，成桥调索结束、减振器固定后，固定已预先套在管外的防水罩，与两端预埋管连接，可有效防止水分进入PE管内，并隔绝了紫外线照射，进而起到保护索体的作用。假如预埋管因偏心过大造成防水罩无法顺利连接，预埋管安装方可考虑将预埋管接长，只要保证该接长段与索体同心即可。

4.5　锚头防腐

锚头内钢绞线由于挂索、张拉需要，两端PE需剥除，剥除段钢绞线必须进行有效防护，需在锚具内灌注环氧砂浆。注浆设备采用OVM活塞式注浆泵，待调索结束后，用该泵把环氧砂浆压进锚具内。

单根调索完成后，支承筒外露部分、锚板、夹片等都涂上防腐油脂，而且支承筒外露部分锚板用封箱带缠绕密封。调索结束后，锚具外安装保护罩，罩内注油对裸露钢绞线、夹片、锚板等进行防护。下端锚垫板设有排水槽。

拉萨纳金大桥施工监控技术

1 概述

纳金大桥主桥采用三塔四跨单索面部分斜拉桥，塔梁固结、墩塔分离，在墩顶设置支座。桥宽33m，桥面横向布置为3.0m（人行道）+11.75m（行车道）+3.5m（中央分隔带，布置桥塔和拉索）+11.75m（行车道）+3.0m（人行道）。

主桥箱梁主体结构采用单箱五室断面，箱梁高度从跨中无索区2.5m至主墩中心2m按圆弧线变化为4.0m，有索区每个梁段长5m。箱梁在横桥向底板保持水平，顶板设置双向2%的横坡，双向横坡通过调整内外侧腹板高度来调整。主桥箱梁采用纵、横、竖三向预应力体系。

主桥横向单塔，布置在中央分隔带，索塔顺桥向采用变截面，塔形由两道圆弧相切形成，顺桥向宽为3.243～5.50m，横桥向为2.5m等宽截面。拉索在塔上采用扇形布置，每个索塔共锚固7对拉索，拉索与塔柱中心交点间距按1m的等距布置，拉索与梁体交点按间距5m等距布置。

主桥桥墩墩身采用拱门式墩，根据支座布置方式，主墩横向设置宽度为4m、6m、4m三根墩柱。顺桥向主墩厚为3.5m。承台横向长度26.1m，顺桥向长度为11.6m，厚度为3.6m。过渡墩采用横向三柱式，墩上接盖梁，下接承台桩基础。桥墩直径为2m，柱间距为10.1m。

主桥主墩横桥向设置四个支座，主塔下两个间距为3.3m，两侧各设置一个，与相邻支座的间距为7.7m。主墩采用KZQZ双曲面球面减隔震支座，球心距为6m，边主墩上采用GPZ（Ⅱ）双向支座，过渡墩上支座采用GPZ（Ⅱ）双向支座。主桥伸缩缝采用D320伸缩缝。

主塔立面图见图1.1。主桥立面图见图1.2。

2 施工监控

2.1 施工监控目的

桥梁结构理想的几何线形与合理的内力状态不仅与设计有关，而且还依赖于科学合理的施工方法。如何通过施工时对浇筑过程的控制以及结构高程调整来获得预先设计的应力状态和几何线形，是大跨桥梁施工中非常关键的问题。

尽管在设计时已经考虑了施工中可能出现的情况，但是由于施工中出现的诸多因素，事先难以精确估计，而且在实际施工过程中由于施工误差，会使实际结构与原设计不符。所以在施工中对桥梁结构进行实时监测，并根据监测结果对施工过程中的控制参数进行相应调整是十分重要的。已建成的桥梁中就出现过施工控制不好，造成结构内力分配不合理、外观线形不和顺的情况，影响了桥梁的使用。

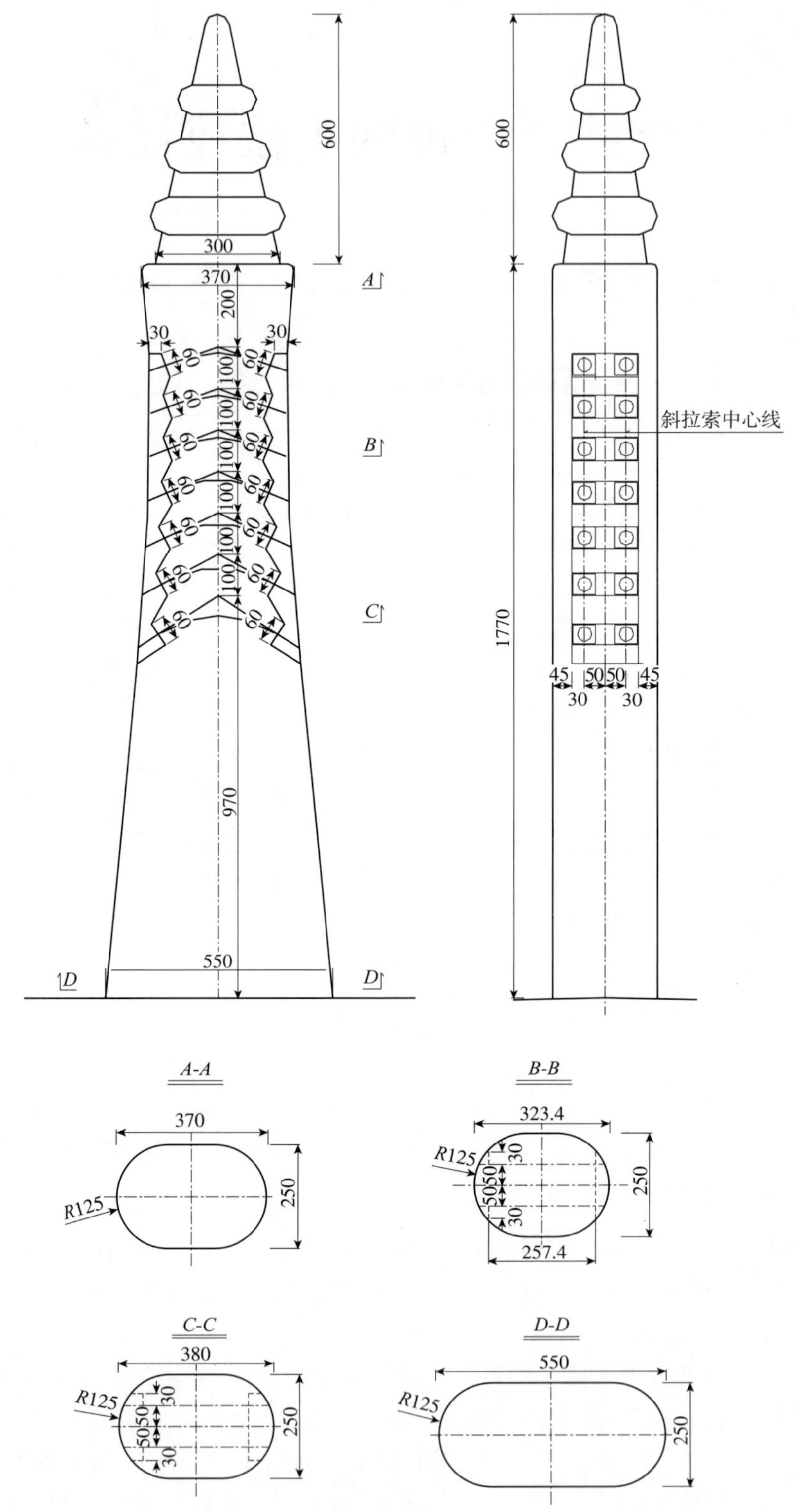

图 1.1　主塔立面图(尺寸单位:cm)

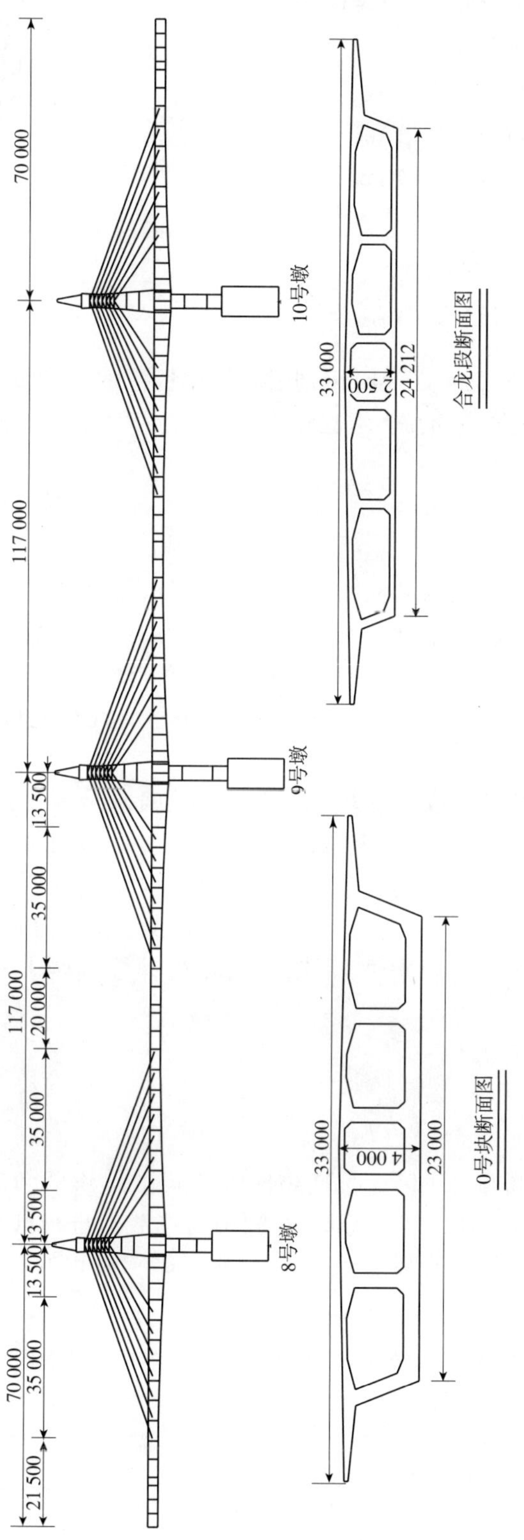

图 1.2　主桥立面图(尺寸单位：mm)

根据以往桥梁施工及控制经验,并根据该桥的具体情况,在施工过程中影响桥梁结构内力和线形的因素主要有以下几方面:

①桥梁施工临时荷载;

②混凝土浇筑方量的控制;

③支架挂篮变形、基础沉降;

④日照温度影响;

⑤结构安装误差;

⑥拉索、预应力张拉力控制;

⑦混凝土收缩徐变。

当上述因素与估计不符,而又不能及时识别引起控制目标偏离的真正原因时,必然导致在以后阶段施工中采用错误的纠偏措施,引起误差累积。所以施工监测和控制是大跨桥梁施工过程中不可缺少的工序。

2.2　施工监测的方法

桥梁施工控制包括主动控制和被动控制,所谓主动控制,是在预先分析各种风险因素及其导致目标偏离的可能性和程度的基础上,拟订和采取有针对性地预防措施;所谓被动控制是一种面对未来的控制,通过对产生偏差原因的分析,研究制订纠偏措施,以使偏差得以纠正,工程实施恢复到原来的计划状态,或虽然不能恢复到计划状态但可以减少偏差的严重程度。

在现实的桥梁控制中,仅仅采取被动控制措施,出现偏差是不可避免的,而且偏差可能有累积效应,即虽然采取了纠偏措施,但偏差可能越来越大,从而难以实现预定的目标。另一方面,主动控制的效果虽然比被动控制好,但仅仅采取主动控制措施却是不现实的,或者说是不可能的。因为施工过程中有相当多的风险因素是不可预见的,或者是无法定量和确认。因此,对于桥梁施工控制来说,主动控制和被动控制两者缺一不可,必须紧密结合。

施工监控过程流程图见图2.1。

2.3　施工监控目标

拉萨市纳金大桥工程主桥施工期间,通过对桥梁各施工阶段塔与主梁的线形、应力监测,斜拉索索力监测以及塔、索、梁的温度场测量,利用这些数据进行计算分析,及时掌握结构实际状态,提供施工监控信息,指导后续施工,确保桥梁施工过程的安全,并使成桥线形与结构内力状态满足设计要求。

施工监控应由以下几个体系组成:施工控制实时计算体系、施工测量体系、现场数据采集体系、结构应力与位移监控体系。

本桥的监控目标为:

(1)成桥后的轴线和桥面线形达到设计要求;

(2)索力达到设计目标索力;

(3)结构的内力分布与设计理想的内力状态基本吻合。

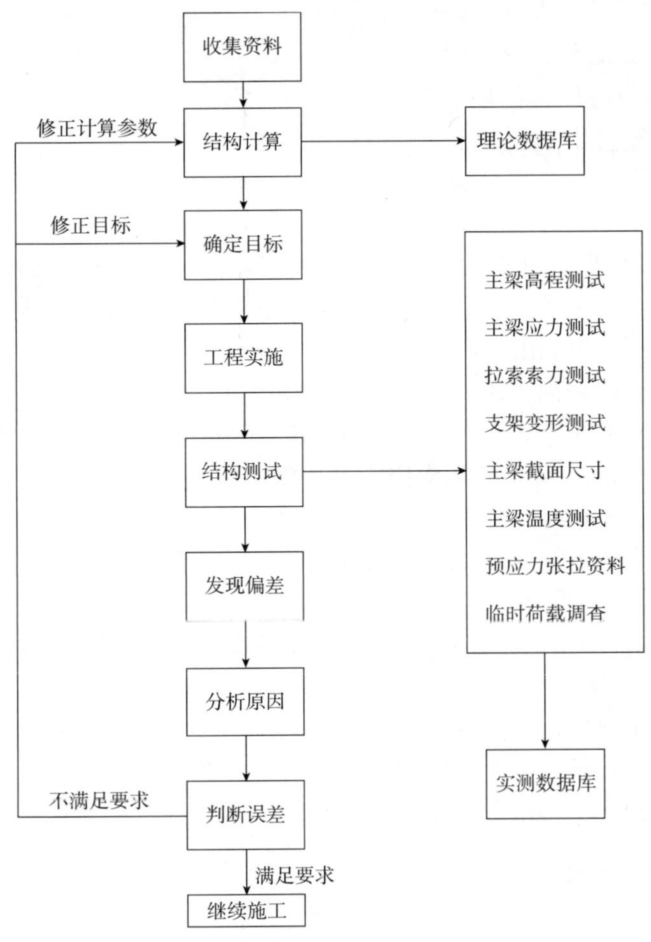

图 2.1　施工监控过程流程图

2.4　施工监控内容

(1)根据施工监控投标大纲、设计图纸、施工组织设计等资料,撰写纳金大桥施工监控方案和实施细则。

(2)桥梁结构验算:全桥结构安全验算(按设计图纸);施工过程中,各施工阶段结构的变形及应力计算。

(3)悬臂施工过程中主梁浇筑立模高程及拉索张拉力预告。

(4)施工过程中现场测试内容:

①悬臂施工过程中主梁应力、温度测试;

②悬臂施工过程中主梁高程和桥面轴线测试;

③斜拉索索力测试;

④索塔变位测量;

⑤主梁断面尺寸测量。

(5)施工过程中误差分析及参数修正。

(6)施工过程中参与重大技术讨论会。

(7)成桥结构状态的分析(按成桥参数)。

(8)施工监控报告的撰写。

2.5　施工监控控制精度

(1)变位控制

在施工过程的最终误差除符合现行《公路桥涵施工技术规范》(JTG/T F50—2011)和《公路工程质量检验评定标准》(JTG F80/1—2004)的要求外,各项参数还需满足设计文件以及针对本项目专门制订的相关要求,其中:

①主塔轴线偏差:顺桥向±10mm,横桥向±5mm。

②主塔断面尺寸:顺桥向±20mm,横桥向±10mm,壁厚±5mm。

③主塔垂直度:顺桥向 $H/3\ 000$,横桥向 $H/5\ 000$。

④主塔塔顶高程:±10mm。

⑤主梁轴线偏差≤±10mm,主梁宽度偏差≤±10mm。

⑥主梁高程偏差≤±20mm。

⑦斜拉索位置允许偏差:主塔锚固点高程偏差≤±5mm,锚固点平面偏差≤±10mm。

(2)索力误差控制:斜拉索索力允许偏差≤±5%。

说明:由于混凝土斜拉桥存在混凝土超方现象,并且存在理论模型结构自重力与实际结构的重力差异,因此此处索力误差是实测值与监控理论值相比。

(3)应力:混凝土应力满足设计及规范要求。

2.6　方案中控制数据的调整

本方案作为整个施工监控的指导性文件,内容包含了整个监控过程中所采用的技术、方法,以及进度、人员、设备的安排。但由于建设过程中存在下述原因:设计可能变更、施工方案可能调整、不可预见的因素,因此,方案中所涉及的理论计算值会在施工过程中调整,最终的监控监测数据以现场联系单为准。

3　施工各阶段监控重点

桥梁在施工过程中,会有很多影响因素,这些影响因素对不同的结构、不同的施工方法,产生的施工误差也不同。实际施工中必须抓住主要矛盾,只有解决了主要矛盾,才能做到经济有效。因此,监控计算与监测手段也是要针对不同情况而分别对待,将有限的资源投入到对主要误差的控制中。

3.1　准备阶段

与业主单位签订施工监测合同,着手进行监控实施方案的撰写。这一阶段须完成下列工作:

(1)获取设计、施工相关资料;

(2)根据设计图纸进行结构验算;

(3)与设计单位核对监控理论值(提交监控联系单),内容包括:主塔施工过程结构应力和变形表,主梁施工过程结构内力和变形表,主梁定位值表,斜拉索参数表(含拉索的无应力长度);

(4)撰写监控方案并汇报审查及交底。

监控方案通过审查,并且与参建各方沟通,可成为后期施工监控的依据。

3.2 安装挂篮施工

(1)施工工作

① 0 号块和主塔施工完毕。

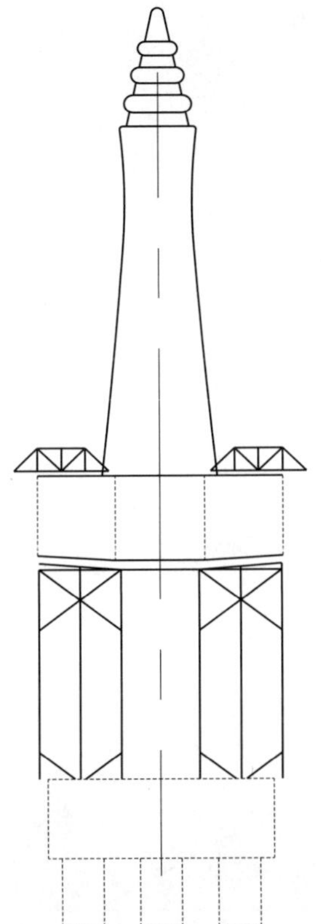

图 3.1 挂篮安装施工

②对称安装中跨侧和边跨侧挂篮,挂篮、模板、施工机具按 2 000kN 考虑。挂篮安装施工见图 3.1。

③挂篮压载试验,测量挂篮挠度。

(2)监控工作

协助施工单位进行挂篮变形观测。

(3)监控要点

为了检验挂篮的稳定性与承载能力,取得挂篮结构的变形量值,消除非弹性变形,为精确地控制箱梁的几何形态提供可靠的参数依据,须对挂篮在施工前进行加载预压试验。配重物采用沙袋与钢筋等(根据施工条件定),分级加载及卸载。

加载前独立进行二次挂篮初始状态测点高程测量读数,在后续加减载每工况结束后 20min 进行高程测量读数。预压材料堆放模拟箱梁形态进行加载试验,加载共分三级,第一次加载为预压重量的 50%,第二次加载为预压的重量的 80%,第三次加载为预压重量的 100%(1.2 倍)。加载过程要求平衡对称进行。

加载过程施工方对挂篮外观安排专人进行检查,观察挂篮受力后有无刚度不够产生变形,连接销有无松动,并综合挂篮变形观测数据,发现异常则停止加载、分析原因,采取安全措施。

监控组协助施工单位埋设测点,协同观测挂篮变形,满载须持荷 48h 以上,如无变形发展则卸载,卸载过程中须监测 50% 荷载和完全卸载后的挂篮变形。

3.3 主梁无索区施工阶段

(1)施工工作

①对称浇筑主梁 1 号块;

②张拉梁体纵、横、竖向预应力束;

③前移挂篮;

④重复 1 ~ 3 步,直到完成 2 号梁段。

(2)监控工作

①预告主梁定位高程;

②安装应变和高程观测点；

③每节段主梁施工观测 3 个工况（模板定位、浇筑混凝土、张拉预应力）的数据（混凝土应变和主梁挠度）。

挂篮无索区悬臂施工见图 3.2。

(3) 监控要点

①每节段挂篮模板定位前，监控单位须提供立模高程，立模高程须签字后有效；

②挂篮定位测量值须经监理工程师确认；

③挂篮的后锚点须固结可靠，浇筑混凝土后，后锚不产生松动；

④浇筑混凝土后，须在桥面埋设高程测点，转移定位时的挂篮模板测点。

3.4　主梁有索区施工阶段

(1) 施工工作

①挂篮对称浇筑 3 号梁段；

②张拉梁体纵、横、竖向、横隔梁预应力束；

③安装并张拉相应斜拉索；

④移动挂篮，完成 4 ~ 9 号梁段。

挂篮有索区悬臂施工见图 3.3。

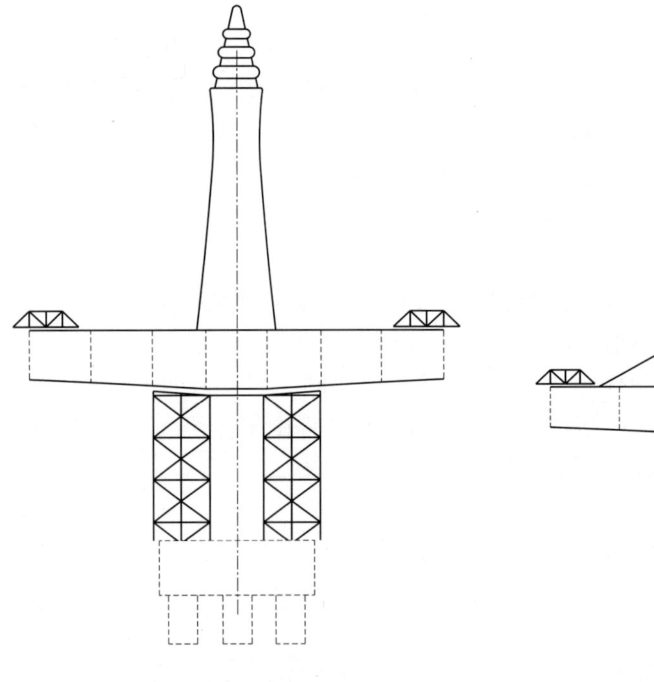

图 3.2　挂篮无索区悬臂施工

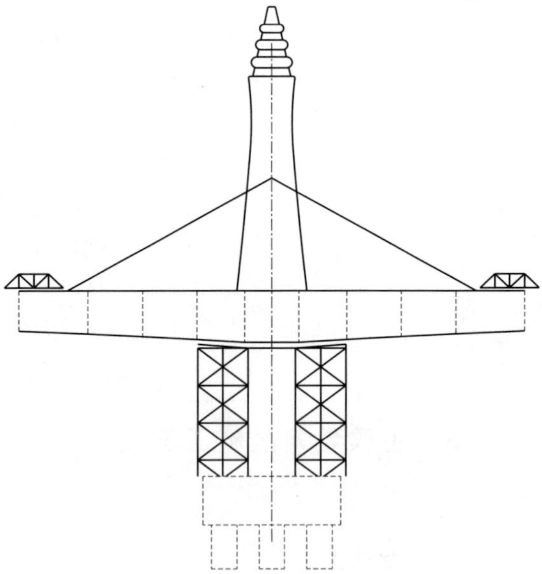

图 3.3　挂篮有索区悬臂施工

(2) 监控工作

①预告主梁定位高程；

②安装应变和高程观测点；

③每节段主梁施工观测 4 个工况（模板定位、浇筑混凝土、张拉预应力、张拉斜拉索）的

数据(混凝土应变和主梁挠度)。

(3)监控要点

基本同主梁无索区施工监控工作,增加斜拉索张拉后的测试工况。

斜拉桥索力测试的准确性与否是关系到斜拉桥施工控制能否顺利实施、斜拉桥能否成功建成的关键之一。

每对斜拉索张拉后要求测量前后共3对拉索的索力值和前后3个节段主梁的高程,测量相关位置的混凝土应变和主塔偏位。

前期斜拉索张拉以索力控制为主,中后期张拉须严格控制主梁高程,当主梁高程变化与理论值相差较大时,须停止操作,分析原因。

斜拉索初张拉完成后,须全桥测试,然后确定调索方案,调整后的目标值须满足规范和设计要求。

3.5 主梁合龙前无索区施工阶段、边跨现浇段施工阶段

(1)施工工作

①边框支架搭设、支架预压、浇筑边跨支架现浇梁段;

②对称浇筑主梁10号块;

③张拉梁体纵、横、竖向预应力束;

④前移挂篮;

⑤重复1~3步,直到完成11号梁段。

(2)监控工作

①预告主梁定位高程;

②安装应变和高程观测点;

③每节段主梁施工观测3个工况(模板定位、浇筑混凝土、张拉预应力)的数据(混凝土应变和主梁挠度)。

挂篮无索区施工及边跨现浇段施工见图3.4。

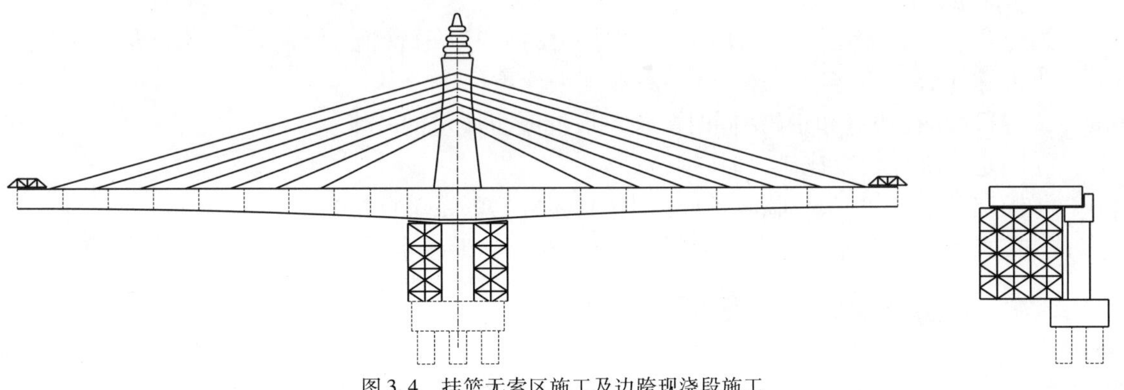

图3.4 挂篮无索区施工及边跨现浇段施工

(3)监控要点

悬臂施工基本同主梁无索区施工监控工作。边跨支架现浇段施工特别注意支架的预压工作,方法基本同挂篮预压要求,观察支架的沉降。

3.6　边跨合龙施工阶段

(1)施工工作

①安装边跨合龙吊架(700kN),同时在边跨悬臂端施工合龙段自重的一半的临时压重(625kN),见图3.5;

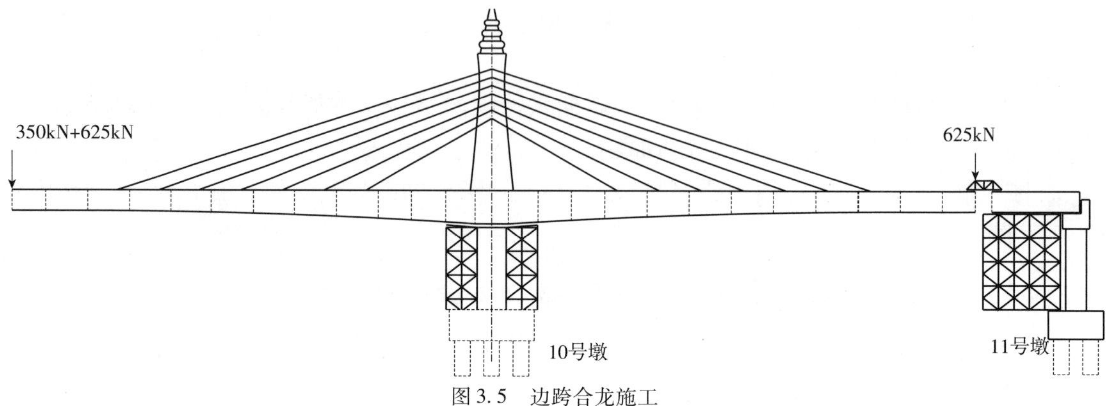

图3.5　边跨合龙施工

②在另一端悬臂处同时压重边跨合龙吊架的临时压重的一半,使T构始终处于平衡加载中;

③安装合龙劲性骨架;

④在一天的最低温浇筑完合龙段混凝土,浇筑过程中释放梁段配重,保持力的平衡;

⑤达到强度后张拉边跨合龙预应力束;

⑥解除8、10号墩的临时约束。

(2)监控工作

①提供配重重量及桥面合龙前高程;

②提供合龙临时预应力张拉值;

③观测合龙前后主梁高程及混凝土应变。

(3)监控要点

边跨合龙一定要注意合龙的工序,并保持力的平衡。悬臂施工完成后,边跨合龙顺序为:

①拆除挂篮,安装合龙吊架,在中跨端配平衡重;

②悬臂两端(边跨和中跨)同时配浇筑段混凝土质量的一半;

③固定边跨合龙段挂篮,绑扎钢筋;

④锁定劲性骨架,张拉临时预应力束(具体数据联系单提供);

⑤在当天最低温完成合龙段混凝土浇筑,在第二天注意桥面洒水养护及保持恒温。

3.7　中跨合龙施工阶段

(1)施工工作

①安装中跨合龙吊架(700kN),同时在中跨悬臂端施工合龙段自重的一半的临时压重(625kN),见图3.6;

②两合龙段同时安装合龙劲性骨架;

③在一天的最低温浇筑完合龙段混凝土,浇筑过程中释放梁段配重,保持力的平衡;

④达到强度后同步张拉两中跨合龙预应力束；
⑤解除9号墩的临时约束。

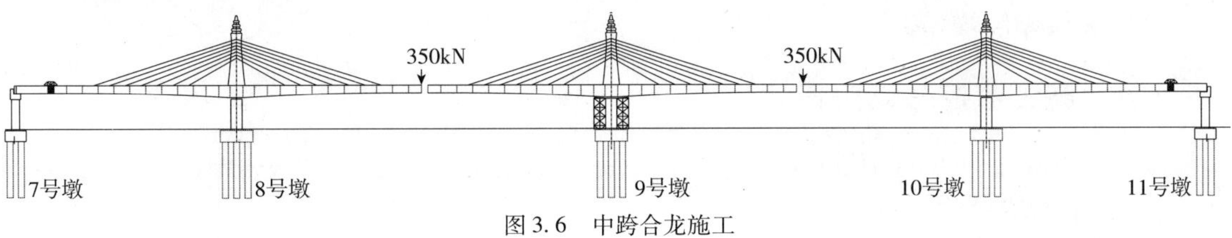

图3.6 中跨合龙施工

(2)监控工作
①提供配重重量及桥面合龙前高程；
②提供合龙临时预应力张拉值；
③观测合龙前后主梁高程及混凝土应变。
(3)监控要点
与边跨合龙相同,中跨合龙也要注意合龙的工序,并保持力的平衡。边跨合龙并张拉边跨合龙束后,须解除边墩的临时固结,然后进行中跨合龙。本单位根据结构计算及其他桥梁的监控经验,提出两中跨同步合龙的建议,原因如下：
①不对称合龙会造成两个中跨结构内力的差异。
②不对称合龙会造成两个中跨结构悬臂端高程的不一致,造成合龙误差及合龙困难。
③采用对称合龙的先决条件是两侧合龙过程中,主墩不解除临时固结。由于主墩支座本身就是固定支座,加上两侧对称加载过程中,主塔没有偏载现象,因此更有利于结构受力。
④当然同步合龙不一定时间完全相同,现场可采取措施避免不完全同步所造成的偏差。如浇筑混凝土过程中的等重替换,张拉中跨合龙束的分批张拉等,具体细节在监控联系单中叙述。

3.8 桥面施工阶段

(1)施工工作
①主桥桥面系施工(图3.7)；
②缠包斜拉索PE护套；
③桥梁荷载试验,主桥竣工。

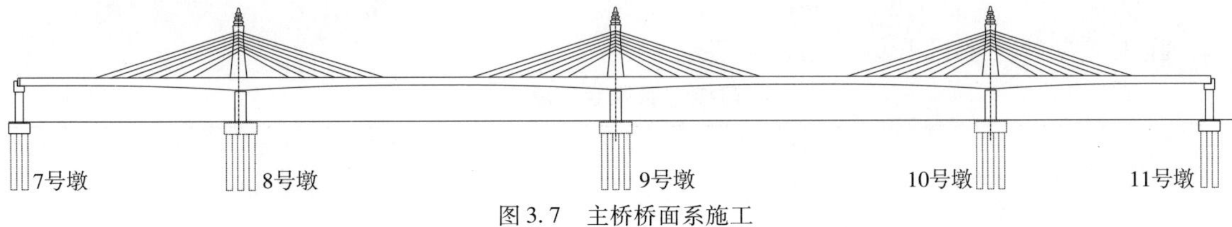

图3.7 主桥桥面系施工

(2)监控工作
①主梁高程测量,并提供栏杆和铺装高程；
②安装减振器过程中索力测试折减系数标定。
(3)监控要点
本阶段监控要点其一为栏杆和铺装高程,确定高程的原则：

①线形和顺；
②超方量控制在5%以内；
③铺装层厚度均匀。

3.9　施工监控总结阶段

项目完成后，监测单位须撰写施工监测总结报告，提交业主单位，监测报告中包括以下内容：
(1)项目概况；
(2)施工监测的目的、原理和方法；
(3)施工监测方法及测点布置；
(4)施工过程的监测数据与监控联系单；
(5)结构施工误差分析；
(6)最终结构线形与内力分析；
(7)总结(监控经验、教训及建议)；
(8)项目参加人员及鸣谢；
(9)附表(所有监控数据及联系单)。

3.10　施工监控联系单

(1)施工监控理论值提供(1份)；
(2)主梁挂篮、支架压载监控要求及监测结果(1份)；
(3)主梁悬臂施工监控要求及监测结果(11份)；
(4)边跨合龙施工监控要求及监测结果(2份)；
(5)中跨合龙施工监控要求及监测结果(2份)；
(6)桥面系施工监控要求及监测结果(2份)。

4　施工监控计算

4.1　监控计算工作

施工监控计算项目汇总表见表4.1：

监控计算项目汇总表　　表4.1

序号	监测项目	方法
1	主塔施工仿真计算	桥梁博士或MIDAS Civil
2	主梁拉索施工仿真计算	桥梁博士或MIDAS Civil
3	结构精细化计算(视情形)	MIDAS FEA 3.0
4	施工机具计算(视情形)	相关程序

根据设计图纸和施工方法，检验是否满足设计成桥期望，对大桥进行运营荷载各组合作用下的强度、刚度、稳定性进行复核检算，对结构局部强度、刚度、稳定性进行有限元分析等。

成桥计算即桥梁在运营状态下，结构内力和变形计算。建立计算模型，并将计算结果和设计单位对比，一方面验证设计，另一方面可以验证施工监控采用计算模型的准确性，拟采用平面或者空间的杆系单元进行计算，现有程序为桥梁博士 3.2 和 MIDAS Civil 7.8。

施工仿真计算是根据设计参数、实际使用的施工工艺和工序、施工荷载、桥面吊机锚固位置等数据，计算施工过程中各个施工阶段的结构挠度（或变位）、内力、拉索拉力等，为应力测量和线形控制提供理论计算值及结构状态预期。

4.2 主梁施工整体计算

根据前面所测数据，对施工过程中和各个阶段状态进行计算、调整。

施工监测计算是确定主梁立模高程、索塔的线形、分析偏差原因的主要依据。

矮塔斜拉桥的施工控制主要有两个方面：其一是线形控制，其二是内力控制。要做到万无一失，必须在前期计算上多下工夫。除了委托方要求的成桥计算、施工仿真计算和施工监测计算外，还需进行局部应力计算、抗风稳定性计算和施工机具计算。

全桥结构计算共分 178 个单元、56 个工况，全桥结构模型图见图 4.1 和图 4.2。

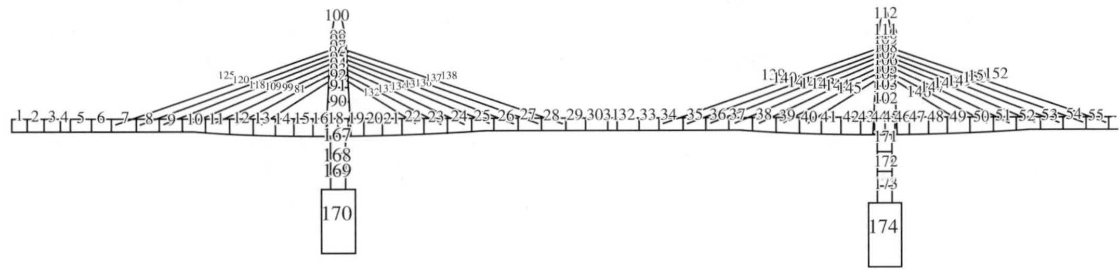

图 4.1　桥梁博士计算模型图（部分）

图 4.2　MIDAS 计算模型图

（1）主要计算内容

①主梁预抛高计算；

②各施工阶段主梁内力和线形计算；

③吊杆张拉应力计算；

④各施工阶段主塔内力和塔顶偏位计算。

（2）初始计算参数如下

主梁：C50 高性能混凝土，重度 26.5kN/m^3，单元号为 1 ~ 88，弹性模量 3.45×10^4MPa。

主塔：C40 高性能混凝土，重度 26.0kN/m^3，单元号为 89 ~ 124，弹性模量 3.25×10^4MPa。

斜拉索：A1 – A4 为 43 – 7ϕ5，A5 – A7 为 37 – 7ϕ5。

预应力钢材：15.24mm 低松弛钢绞线弹性模量 $E = 1.95 \times 10^5$MPa，标准抗拉强度 $f_{pk} = 1\ 860$MPa，腹板束和底板束张拉控制应力 1 395MPa，顶板束张拉控制应力 1 339MPa。

二期荷载：沥青铺装荷载 121kN/m，人行道、护栏荷载 65kN/m。

(3)施工顺序及计算工况

施工监控必须围绕施工进行，根据图纸及施工组织方案，本监控组进行了跟踪计算，并提供了相关计算数据。主桥结构计算工况表见表 4.2。

主桥结构计算工况表　　表 4.2

工况号	施工内容	工况号	施工内容
1	桩基、承台、桥墩施工	21	5 号块张拉
2	0 号块浇筑	22	5 号斜拉索安装
3	0 号块张拉	23	6 号块上挂篮
4	桥塔施工	24	6 号块浇筑
5	1 号块上挂篮	25	6 号块张拉
6	1 号块浇筑	26	4 号斜拉索安装
7	1 号块张拉	27	7 号块上挂篮
8	2 号块上挂篮	28	7 号块浇筑
9	2 号块浇筑	29	7 号块张拉
10	2 号块张拉	30	3 号斜拉索安装
11	3 号块上挂篮	31	8 号块上挂篮
12	3 号块浇筑	32	8 号块浇筑
13	3 号块张拉	33	8 号块张拉
14	7 号斜拉索安装	34	2 号斜拉索安装
15	4 号块上挂篮	35	9 号块上挂篮
16	4 号浇筑	36	9 号块浇筑
17	4 号块张拉	37	9 号块张拉
18	6 号斜拉索安装	38	1 号斜拉索安装
19	5 号块上挂篮	39	10 号块上挂篮
20	5 号块浇筑	40	10 号块浇筑

续上表

工况号	施工内容	工况号	施工内容
41	10 号块张拉	49	安装中跨合龙吊架，压重
42	11 号块上挂篮	50	中跨合龙
43	11 号块、现浇段浇筑	51	合龙束张拉
44	11 号块张拉	52	拆除主墩临时固结
45	拆除挂篮，边跨合龙配重	53	拆吊架
46	边跨合龙	54	桥面系施工
47	边跨合龙束张拉	55	十年徐变
48	拆除支架和边主墩临时锚固		

(4)初步计算结果

施工过程中，主梁最大应力为 17.0MPa，为 1 号拉索张拉后，在 9 号墩 1 号块附近上缘。成桥后，主梁最大应力为 12.5MPa，为 9 号墩 1 号块附近上缘。

4.3 结构精细化计算

结构精细化计算包括局部静应力计算、构件稳定性计算和动力计算。局部静应力计算就是针对薄壁构件的顶板、腹板、底板或者锚头等局部构件的计算，稳定性计算一般是受压构件的稳定性计算，动力计算一般是结构的抗风、抗震性能计算。这部分工作一般不含在施工监控合同中，如需要计算，可根据具体情况协商。

4.4 重要施工机具(支架)的验算

施工机具验算包括支架、挂篮等支承结构的计算。对于挂篮悬浇箱梁施工的斜拉桥来说，挂篮是主梁线形控制及质量保证的主要施工机具，为了更好地控制线形，保证施工过程安全，必须对挂篮进行刚度、强度验算分析。原则上由施工单位提供设计图纸和计算书，监控单位复核验算。

4.5 初步计算后建议

(1)中跨采取对称同步合龙

由于不对称合龙会造成主梁内力与高程的不平衡，因此建议在边跨合龙、张拉边跨合龙束、解除边主墩临时固结后，中跨采取对称合龙的方式。

(2)斜拉索分批张拉

根据计算，主梁悬臂施工后期，近塔处主梁上缘压应力过大，这与斜拉索的张拉力有关。因此建议，最后 1 ~2 根斜拉索采用分批张拉的方式，达到减小主梁上缘压应力的效果。

施工过程主梁绝对挠度计算表见表 4.3。

施工过程主梁应力计算表见表 4.4。

施工过程拉索索力计算表见表 4.5。

施工过程主梁绝对挠度计算表(单位:mm)　　表4.3

工况号	工况说明	构件号	边跨支架现浇段			合龙段	11	10	9	8	7	6	5	4	3	2	1	0	8号墩			0	1	2	3
		节点号	1	2	3	4	5	6	7	8	9	10	11	12	13	14	15	16	17	18	19	20	21	22	23
		输出	TY	TY	TY	TY	TY	TY	TY	TY	TY	TY	TY	TY	TY	TY	TY	TY	TY	TY	TY	TY	TY	TY	TY
	4号斜拉索安装	实测值																							
26		计算值										10	11	14	12	6	2	-1	-3	-3	-3	-1	2	6	12
	7号块浇筑	实测值																							
28		计算值									-32	-17	-8	1	4	2	0	-2	-3	-3	-3	-2	0	2	4
	7号块张拉	实测值																							
29		计算值									-20	-9	-3	4	6	3	0	-2	-3	-3	-3	-2	0	3	6
	3号斜拉索安装	实测值																							
30		计算值									12	15	15	17	13	7	2	-1	-3	-3	-3	-1	2	7	13
	8号块浇筑	实测值																							
32		计算值								-47	-29	-15	-6	2	5	2	0	-2	-3	-4	-3	-2	0	2	5
	8号块张拉	实测值																							
33		计算值								-32	-18	-7	-1	5	7	3	0	-2	-3	-4	-3	-2	0	3	7
	2号斜拉索安装	实测值																							
34		计算值								11	16	18	17	17	14	7	2	-2	-3	-4	-3	-2	2	7	14
	9号块浇筑	实测值																							
36		计算值							-66	-47	-29	-15	-6	2	5	2	0	-3	-4	-4	-4	-3	0	2	5
	9号块张拉	实测值																							
37		计算值							-49	-34	-19	-8	-2	5	6	3	0	-3	-4	-4	-4	-3	0	3	6

续上表

工况号	工况说明	构件号	边跨支架现浇段			合龙段	11	10	9	8	7	6	5	4	3	2	1	0	8号墩			0	1	2	3
		节点号	1	2	3	4	5	6	7	8	9	10	11	12	13	14	15	16	17	18	19	20	21	22	23
		输出	TY	TY	TY	TY	TY	TY	TY	TY	TY	TY	TY	TY	TY	TY	TY	TY	TY	TY	TY	TY	TY	TY	TY
38	1号斜拉索安装	实测值																							
		计算值							6	10	15	17	16	17	13	6	2	-2	-4	-4	-4	-2	2	6	13
40	10号块浇筑	实测值																							
		计算值						-58	-48	-32	-17	-6	0	6	7	3	0	-3	-4	-4	-4	-3	0	3	7
41	10号块张拉	实测值																							
		计算值						-38	-32	-21	-9	0	4	9	9	4	0	-3	-4	-4	-4	-3	0	4	9
43	11号块、现浇段浇筑	实测值																							
		计算值	0	0	0	0	-82	-115	-95	-70	-46	-27	-15	-3	2	0	-1	-3	-4	-4	-4	-3	-1	0	2
44	11号块张拉	实测值																							
		计算值	0	0	0	0	-58	-96	-80	-59	-38	-21	-11	-1	3	1	-1	-3	-4	-4	-4	-3	-1	1	3
45	拆除挂篮，边跨合龙配重	实测值																							
		计算值	0	0	0	0	-40	-79	-66	-48	-29	-15	-6	2	5	2	-1	-3	-4	-4	-4	-3	-1	2	5
46	边跨合龙	实测值																							
		计算值	0	0	0	0	-40	-79	-66	-48	-29	-15	-6	2	5	2	-1	-3	-4	-4	-4	-3	-1	2	5

施工过程主梁应力计算表(单位:MPa)　　表4.4

工况号	工况说明	构件号	边跨支架现浇段		合龙段	10	8	6	4	2	B0	8号墩		R0	2	4	6	8	10	11	10	8	6	4	2	0	9号墩	
		单元	1	2	4	6	8	10	12	14	16	17	18	19	21	23	25	27	29	30	33	35	37	39	41	43	44	45
		输出	LE	LE	LE	LE	LE	LE	LE	LE	LE	LE	RE	RE	RE	RE	RE	RE	RE	RE	LE	LE	LE	LE	LE	LE	LE	RE
	0号块张拉	上缘																										
3		计算值									1.6	2.2	2.2	1.6												1.6	2.1	2.1
		下缘																										
3		计算值									0.1	-0.2	-0.2	0.1												0.1	-0.2	-0.2
	桥塔施工	上缘																										
4		计算值									1.6	2.1	2.1	1.6												1.6	2.1	2.1
		下缘																										
4		计算值									0.1	-0.2	-0.2	0.1												0.1	-0.2	-0.2
	1号块浇筑	上缘																										
6		计算值									1.4	1.4	1.4	1.4												1.4	1.3	1.3
		下缘																										
6		计算值									0.3	0.4	0.4	0.3												0.3	0.4	0.4
	1号块张拉	上缘																										
7		计算值									4.1	4.0	4.0	4.0												4.1	4.0	4.0
		下缘																										
7		计算值									-0.2	-0.2	-0.2	-0.2												0.2	-0.2	-0.2

续上表

工况号	工况说明	构件号	边跨支架现浇段		合龙段	10	8	6	4	2	B0	8号墩		R0	2	4	6	8	10	11	10	8	6	4	2	0	9号墩	
		单元	1	2	4	6	8	10	12	14	16	17	18	19	21	23	25	27	29	30	33	35	37	39	41	43	44	45
		输出	LE	LE	LE	LE	LE	LE	LE	LE	LE	LE	RE	RE	RE	RE	FE	RE	RE	RE	LE	LE	LE	LE	LE	LE	LE	RE
	2号块浇筑	上缘																										
9		计算值								0.0	3.1	2.9	2.9	3.1	0.0										0.0	3.1	2.9	2.9
		下缘																										
9		计算值								0.0	0.5	0.8	0.8	0.5	0.0										0.0	0.5	0.8	0.8
	2号块张拉	上缘																										
10		计算值								1.6	5.6	5.2	5.2	5.5	1.5										1.6	5.6	5.2	5.2
		下缘																										
10		计算值								0.2	0.0	0.3	0.3	0.0	0.2										0.2	0.0	0.3	0.3
	3号块浇筑	上缘																										
12		计算值								1.1	3.7	3.1	3.1	3.7	1.1										1.1	3.7	3.1	3.1
		下缘																										
12		计算值								0.7	1.6	2.0	2.0	1.6	0.6										0.7	1.6	2.0	2.0
	3号块张拉	上缘																										
13		计算值								3.8	6.3	5.6	5.6	6.3	3.8										3.8	6.3	5.6	5.6
		下缘																										
13		计算值								0.0	0.9	1.4	1.4	0.9	0.0										0.0	0.9	1.4	1.4
	7号斜拉索安装	上缘																										
14		计算值								4.9	8.4	8.0	8.0	8.3	4.8										4.9	8.4	7.9	7.9
		下缘																										
14		计算值								-0.5	-0.4	-0.2	-0.2	-0.5	-0.5										-0.5	-0.4	-0.2	-0.2

续上表

工况号	工况说明	构件号	边跨支架现浇段		合龙段	10	8	6	4	2	B0	8号墩		R0	2	4	6	8	10	11	10	8	6	4	2	0	9号墩	
		单元	1	2	4	6	8	10	12	14	16	17	18	19	21	23	25	27	29	30	33	35	37	39	41	43	44	45
		输出	LE	LE	LE	LE	LE	LE	LE	LE	LE	LE	RE	RE	RE	RE	RE	RE	RE	RE	LE	LE	LE	LE	LE	LE	LE	RE
	4号块浇筑	上缘																										
16		计算值							0.0	3.2	6.0	5.4	5.4	5.9	3.2	0.0								0.0	3.2	6.0	5.3	5.3
		下缘																										
16		计算值							0.0	1.0	1.6	1.9	1.9	1.6	1.0	0.0								0.0	1.0	1.6	2.0	2.0
	4号块张拉	上缘																										
17		计算值							1.5	5.9	8.5	7.8	7.8	8.4	5.9	1.5								1.9	6.3	8.8	8.1	8.1
		下缘																										
17		计算值							0.4	0.4	1.0	1.4	1.4	1.0	0.3	0.4								0.3	0.3	1.0	1.3	1.3
	6号斜拉索安装	上缘																										
18		计算值							1.6	7.7	10.9	10.3	10.3	10.8	7.6	1.6								2.0	8.0	11.2	10.6	10.6
		下缘																										
18		计算值							0.8	−0.8	−0.7	−0.5	−0.4	−0.7	−0.8	0.8								0.7	−0.9	−0.8	−0.5	−0.5
	5号块浇筑	上缘																										
20		计算值							1.1	5.3	8.1	7.4	7.4	8.0	5.3	1.1								1.5	5.7	8.4	7.7	7.7
		下缘																										
20		计算值							1.4	1.3	1.8	2.0	2.0	1.7	1.3	1.4								1.3	1.3	1.7	2.0	2.0
	5号块张拉	上缘																										
21		计算值							2.6	6.8	9.4	8.7	8.7	9.3	6.7	2.6								3.3	7.5	10.0	9.3	9.3
		下缘																										
21		计算值							1.0	1.0	1.5	1.8	1.8	1.5	1.0	1.0								0.9	0.9	1.4	1.7	1.7

施工过程拉索索力计算表(单位:kN)

表 4.5

工况号	工况说明	构件号	A7	A6	A5	A4	A3	A2	A1	8 号塔	B1	B2	B3	B4	B5	B6	B7
		节点号	125	126	127	128	129	130	131		132	133	134	135	136	137	138
		输出	LN	LN	LN	LN	LN	LN	LN		RN	RN	RN	RN	RN	RN	RN
	7 号斜拉	实测值															
14	索安装	计算值							10 159		10 159						
	4 号块上	实测值															
15	挂篮	计算值							10 187		10 187						
	4 号块浇筑	实测值															
16		计算值							10 437		10 436						
	4 号块张拉	实测值															
17		计算值							10 169		10 169						
	6 号斜拉	实测值															
18	索安装	计算值						10 048	9 847		9 848	10 048					
	5 号块上	实测值															
19	挂篮	计算值						10 081	9 872		9 873	10 081					
	5 号块浇筑	实测值															
20		计算值						10 426	10 174		10 032	10 425					
	5 号块张拉	实测值															
21		计算值						10 255	10 032		10 032	10 254					
	5 号斜拉	实测值															
22	索安装	计算值					9 942	9 854	9 679		9 680	9 854	9 942				
	6 号块	实测值															
23	上挂篮	计算值					9 983	9 886	9 702		9 704	9 886	9 982				
	6 号块浇筑	实测值															
24		计算值					10 442	10 300	10 053		10 053	10 299	10 440				
	6 号块张拉	实测值															
25		计算值					10 239	10 126	9 910		9 911	10 125	10 238				
	4 号斜拉	实测值															
26	索安装	计算值				10 521	9 728	9 663	9 513		9 515	9 664	9 729	10 521			
	7 块浇筑	实测值															
28		计算值				11 210	10 265	10 131	9 898		9 899	10 131	10 263	11 207			

续上表

工况号	工况说明	构件号	A7	A6	A5	A4	A3	A2	A1	8号塔	B1	B2	B3	B4	B5	B6	B7
		节点号	125	126	127	128	129	130	131		132	133	134	135	136	137	138
		输出	LN	LN	LN	LN	LN	LN	LN		RN	RN	RN	RN	RN	RN	RN
29	7号块张拉	实测值															
		计算值				10 957	10 075	9 969	9 766		9 767	9 969	10 075	10 956			
30	3号斜拉索安装	实测值															
		计算值			10 316	10 279	9 541	9 495	9 367		9 369	9 497	9 542	10 280	10 316		
32	8号块浇筑	实测值															
		计算值			11 163	11 052	10 131	10 003	9 778		9 780	10 003	10 131	11 050	11 160		
33	8号块张拉	实测值															
		计算值			10 899	10 820	9 558	9 855	9 658		9 660	9 856	9 958	10 819	10 897		
34	2号斜拉索安装	实测值															
		计算值		10 113	10 140	10 122	9 418	9 384	9 266		9 268	9 385	9 419	10 123	10 141	10 113	
36	9号块浇筑	实测值															
		计算值		11 138	11 079	10 963	10 052	9 921	9 697		9 699	9 922	10 052	10 962	11 077	11 135	
37	9号块张拉	实测值															
		计算值		10 866	10 839	10 753	9 896	9 789	9 589		9 591	9 790	9 896	10 753	10 838	10 863	
38	1号斜拉索安装	实测值															
		计算值	9 911	10 032	10 070	10 057	9 365	9 331	9 213		9 215	9 333	9 366	10 059	10 071	10 032	9 911
40	10号块浇筑	实测值															
		计算值	10 727	10 780	10 742	10 650	9 805	9 699	9 504		9 506	9 700	9 805	10 650	10 741	10 778	10 725
41	10号块张拉	实测值															
		计算值	10 446	10 531	10 524	10 461	9 664	9 580	9 407		9 409	9 581	9 665	10 461	10 524	10 530	10 444
42	11号块上挂篮	实测值															
		计算值	10 522	10 594	10 575	10 502	9 692	9 601	9 422		9 424	9 602	9 692	10 502	10 575	10 592	10 520
43	11号块、现浇段浇筑	实测值															
		计算值	11 400	11 394	11 292	11 132	10 158	9 989	9 728		9 731	9 990	10 158	11 131	11 290	11 391	11 395

注:表中索力值为两根拉索索力之和。

5 施工监测方法

5.1 施工监测汇总

施工监测的目的一方面是验证理论数据,为下一阶段施工提供指导;另一方面也起到预警作用,消除结构安全隐患。根据要求,本项目需要进行塔、梁变形监测、拉索索力监测、塔梁应力监测、温度场监测等。由于矮塔斜拉桥施工有很多不确定因素,除了上述监测外,还须进行截面尺寸监测、挂篮变形监测、桥面堆载监测和预应力张拉监测等。虽然监测内容很多,但每项内容对斜拉桥控制的影响程度是不同的,具体实施时须把握重点。监测项目汇总表见表5.1。

监测项目汇总表 表5.1

序号	监测项目	方法
1	主塔线形及变位、主梁轴线监测	光学全站仪
2	挂篮变形、主梁高程监测	百分表、光学水准仪
3	斜拉索索力	索力动测仪
4	主塔、主梁应变	弦式应变计
5	结构温度场	温度计、气温计
6	断面尺寸、构件长度	钢直尺、卷尺、测距仪
7	桥面堆载	桥面巡视、目测
8	斜拉索、混凝土弹性模量	施工方提供

5.2 主塔线形及变位、主梁轴线监测

5.2.1 目的

(1)主塔施工时,控制主塔轴线(倾斜度);

(2)主梁施工时,控制主梁高程、主梁轴线以及主塔偏位。

5.2.2 主塔线形及变位监测

(1)方法、设备

主塔坐标测试采用全站仪法,观测仪器采用徕卡 TCA2003 全站仪。

(2)测点布置

主塔坐标测点包括固定测点和移动测点。固定测点为在整个施工过程中经常要观测的测点,主塔布置6个固定测点,见图5.1。移动测点为施工过程临时定位的测点,具体视施工情况而定。用全站仪进行主塔偏位测试见图5.2。

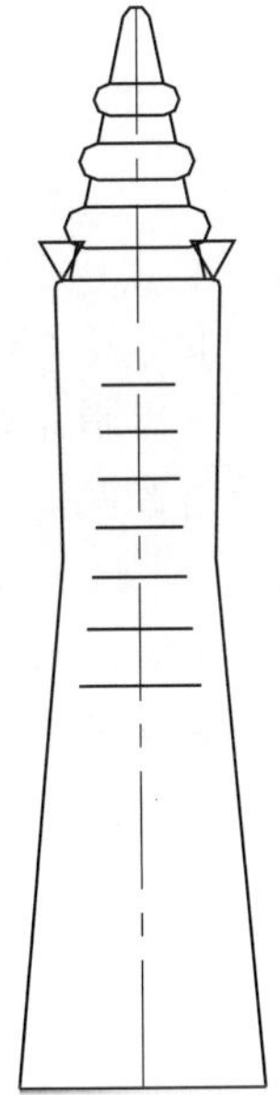

图5.1 主塔固定坐标观测点布置图

每个固定测点安放1或者2只固定棱镜(或反光贴膜),移动测点的棱镜随机布设,全桥需配置6只棱镜。

(3)测试工况

主塔坐标点监测有以下主要工况:

①主塔施工节段(主要节段定位测量);

②温度影响监测(主塔施工完成后,选择日温差变化较大的一天);

③斜拉索张拉阶段;

④体系转换阶段;

⑤桥面施工完成。

5.2.3　主梁轴线监测

(1)方法、设备

主梁轴线测试采用全站仪法(图 5.3),观测仪器采用徕卡 TCA2003 全站仪。

图 5.2　全站仪进行主塔偏位测试

图 5.3　全站仪进行桥面轴线测试

(2)测点布置

主梁轴线方向边中跨跨中位置附近各布置 1 个固定测点,施工时和斜拉索张拉时,进行轴线监测。

5.2.4　仪器及精度控制

塔柱的外形尺寸达到以下要求:索塔高度 H 偏差小于 10mm;裸塔垂直度小于 1/2 500;塔柱中心距(接缝处)偏差小于 4mm;其他参数详见设计文件以及针对本项目专门制定的"上部结构专项质量检验评定标准"等。各施工阶段工况下应对各参数偏差进行监控测量。

主塔线形对温度的变化比较敏感,每次测量时间选择在温度恒定的时间进行。

对测量仪器的要求以及主梁轴线全方位监测技术要求:主梁应每个梁段路中线设置一个测点,主梁轴线测量可采用相对 0 号块测量结果,测量误差不得大于 ±2mm。主梁轴线偏位测量每隔 3 ~5 个梁段进行一次,轴线全方位不得大于 ±10mm;相邻梁段间相对轴线偏差不得大于 1/3 000 梁段长度。

5.3　索塔、主梁高程监测

5.3.1　目的

主桥施工过程中,控制索塔、主梁的高程及其沉降。具体为:①主塔沉降观测;②主梁支架沉降观测;③主梁挠度观测。

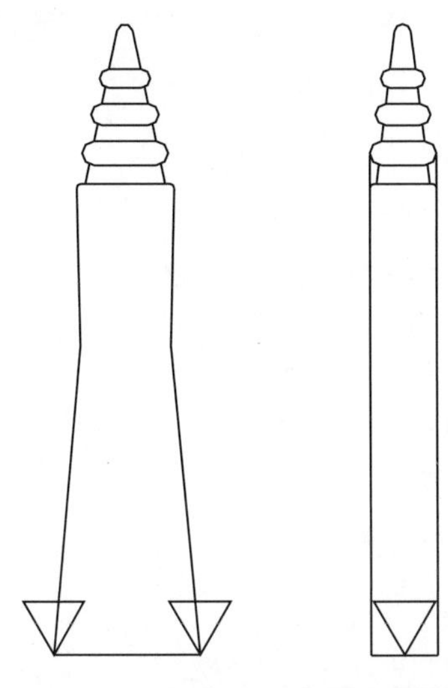

图 5.4　主塔基础沉降观测点布置图

5.3.2　索塔沉降观测

(1)方法

主塔沉降点布置在塔座位置(图 5.4),共布置 4 个测点,通过光学水准仪进行观测,测试仪器采用 Leica Sprinter250m。

(2)监测工况及工作量

索塔基础沉降观测要求:索塔基础高程观测应以塔座完成作为沉降观测起始时间点。

后期主要观测工况如下:①索塔施工期间;②主梁施工0 号块;③斜拉索张拉过程。

当观测结果发现异常时,应对观测时间间隔适当加密。为掌握索塔压缩变形量,在斜拉索张拉前后应对塔顶、塔座的坐标进行测量。

5.3.3　挂篮预压试验以及变形观测

纳金大桥上部结构采用挂篮进行悬浇施工。根据工期要求,3 个主墩投入 3 套共 6 个挂篮安排施工。为尽量消除挂篮非弹性变形、测量挂篮的弹性与非弹性变形值、验证挂篮的安全性,建议对第一套的挂篮在施工前进行加载预压试验,其他挂篮参照该挂篮的预压试验数据。

挂篮预压试验过程见本书“拉萨纳金大桥 33m 宽幅大断面箱梁挂篮施工技术”。挂篮加载工况表见表 5.2。

挂篮加载工况表　　表 5.2

工况号	加载状态	工况号	加载状态
1	加载前初始工况(0)	6	加载 95% 荷载(持荷 20min)
2	加载 20% 荷载(持荷 20min)	7	加载 100% 荷载(持荷 48h)
3	加载 50% 荷载(持荷 20min)	8	卸除 20% 荷载后(持荷 20min)
4	加载 80% 荷载(持荷 20min)	9	卸除 50% 荷载后(持荷 20min)
5	加载 90% 荷载(持荷 20min)	10	卸除所有荷载后(0)

5.3.4　主梁挠度观测

主梁挠度观测主要是箱梁定位的高程观测,混凝土浇筑后、张拉预应力后以及张拉斜拉索的挠度观测。

(1)方法

主梁高程监控技术要求:主梁至少每个梁段在顶面应设置 5 个测点,梁底为 3 个测点,测点布置图见图 5.5 和图 5.6。监测设备采用光学水准仪,Leica Sprinter250m。

(2)监测工况及工作量

①每对斜拉索张拉前后测量该拉索附近主梁高程变化;

②桥面系施工过程;

③定期高程监测(图 5.7、图 5.8)(含温度影响)。

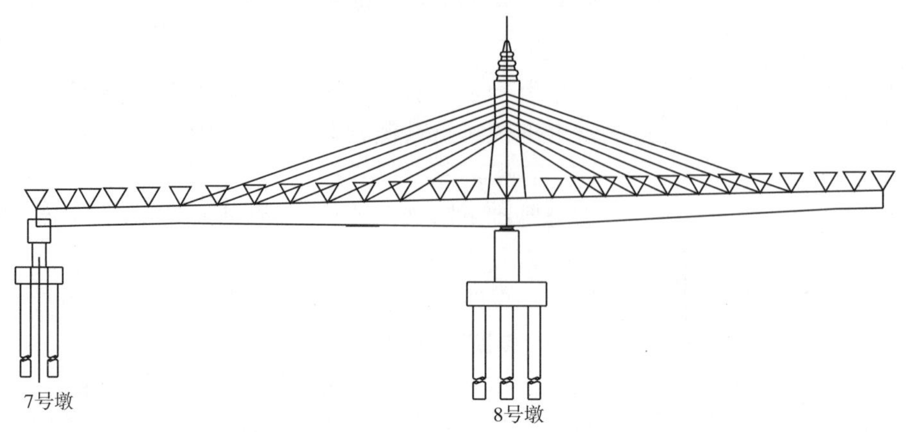

图5.5　支架预压测点立面布置图及断面布置图

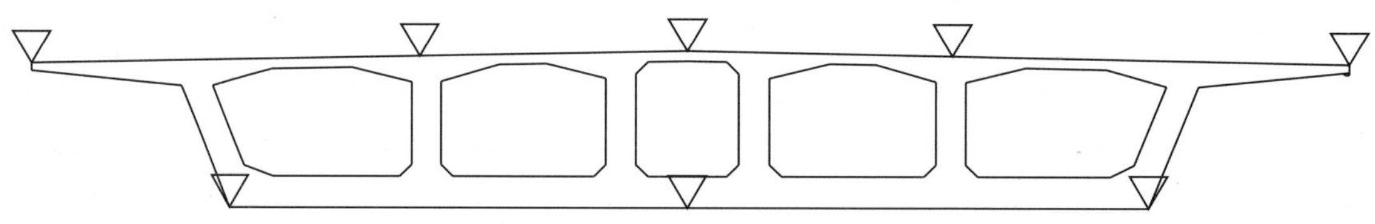

图5.6　挠度测点立面布置图及断面布置图

图5.7　主梁高程测试

图5.8　主梁顶面高程

5.3.5　仪器及精度控制

百分表测量误差控制在0.1mm以内,高程测量误差应控制在2mm以内。Leica Sprinter 250m型水准仪参数表见表5.3。

Leica Sprinter 250m 型水准仪参数表 表 5.3

序号	项目	Leica Sprinter 250m
1	每公里往返偏差	普通尺 2.5mm/条形码尺 0.7mm
2	放大倍数	24
3	最短视距	1.6m
4	工作温度	−20 ~ +50℃

5.4 斜拉索索力监测

5.4.1 索力监测方法

斜拉索索力测试采用环境随机振动法(图 5.9),即在拉索上绑扎加速度传感器,记录拉索的振动信号,通过线缆传输到信号分析仪,进行频谱分析,得出拉索的若干振动频率,然后通过对拉索的动力计算,得出拉索的索力。图 5.10 为用锚索计测斜拉索索力。

图 5.9 振动法测斜拉索索力

图 5.10 锚索计测斜拉索索力

5.4.2 测试工况及工作量

(1)悬臂施工阶段(斜拉索张拉)

在施工过程中,每张拉 1 对(包括边中跨)斜拉索,测量每根拉索的读数,并与千斤顶读数对比。

(2)合龙施工前

合龙施工前,测量全桥索力,决定是否调整索力。

(3)安装斜拉索阻尼器后

斜拉索阻尼器安装后,拉索的振动频率会发生改变,从而影响拉索索力计算,因此在阻尼器安装前后须进行对比测试,将数据保存作为后期的拉索索力计算的依据。

5.4.3 拉索测试精度

拉索索力测量绝对误差应小于 2%,相对误差应小于 1%。JMM-268 索力动测仪参数表见表 5.4。

JMM－268 索力动测仪参数表　　表5.4

序号	项目	JMM－268
1	自振频率	0.3～200Hz
2	频率精度	0.5% ±0.001Hz
3	数据储存	0.5MB/1 000 根拉索
4	工作温度	0～40℃

5.5　塔梁应变监测

主梁、主塔关键截面在各监控阶段的应力测试：在主塔的关键截面布置应变传感跟踪测试截面应力，可选择主梁悬臂根部、跨中等内力变化较大部位设置永久应力观测断面。

5.5.1　目的

主塔主梁施工时，控制主塔、主梁应力。

5.5.2　方法

结构应变测试的目的是测量结构的内力变化，将应变计埋在混凝土中或粘贴在结构表面，测量结构的应变变化，从而推算结构应力变化。由于考虑到结构施工过程中的长期稳定性拟采用弦式应变测试法。

根据本桥梁的受力特点，应变测试断面主要布置在主塔、主梁支座根部、主梁跨中断面，具体测点位置见图5.11～图5.13。

主塔、主梁应变测点布置见图5.11；其中主梁每个断面安装纵向应变计8个，主塔每个断面安装4个，4号断面为横向应力测试断面。

由于施工过程中，混凝土有可能出现裂缝，还须准备10只表面应变计进行裂缝观测。

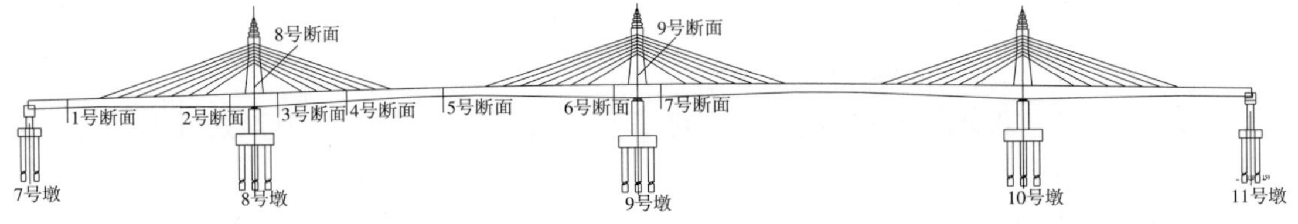

图5.11　主塔、主梁应变测点布置图

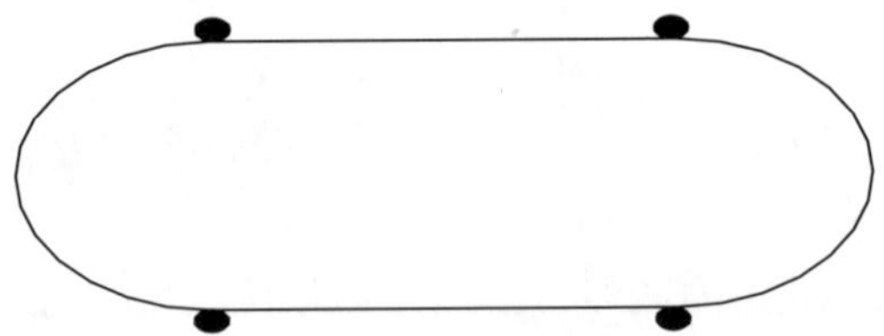

图5.12　主塔应变测点布置图(8断面、9断面)

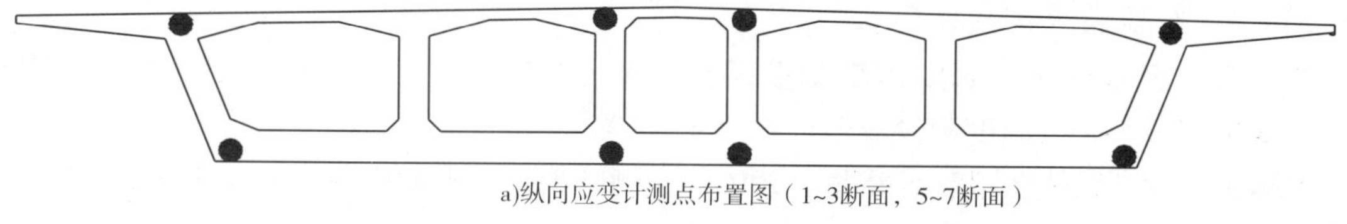

a)纵向应变计测点布置图（1~3断面，5~7断面）

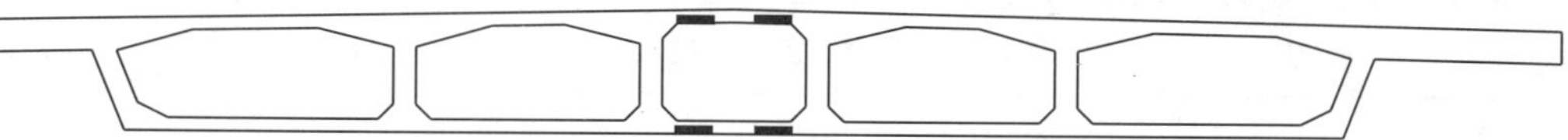

b)横向应变计测点布置图（4断面）

图 5.13　主梁应变测点布置图

5.5.3　测试工况及工作量

(1)主塔施工过程埋设 2 个断面应变计(图 5.14),并定期观测应变值。

(2)主梁施工过程埋设 7 个断面应变计,并定期观测应变值。

(3)体系转换过程中,每张拉一对斜拉索,监测所有断面应变计。

(4)如出现裂缝,安装表面应变计(图 5.15)并跟踪观测。

现场应变计读数见图 5.16。裂缝观测见图 5.17。

图 5.14　埋入式应变计

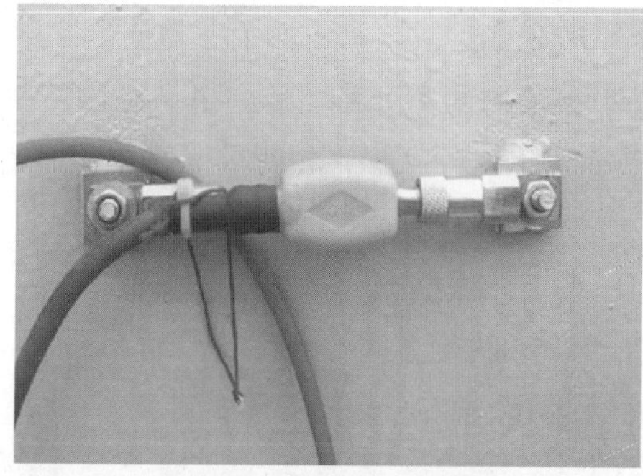

图 5.15　结构表面应变计

图 5.16　现场应变计读数

图 5.17　裂缝观测

5.5.4　仪器精度及测量要求

应力及温度监测技术要求：应变测量误差小于 ±0.5%，年漂移量小于 ±0.5%，温度漂移小于 ±0.25%/10℃，温度测量仪器误差小于 ±1℃。

采取措施保证元件损坏率不得大于20%。监测结果每边平均应力误差应小于 ±15%，当应力水平达到80%材料允许强度或超过上述误差范围时应提供预警。应变计参数表见表5.5。

应变计参数表　　表5.5

序号	项目	GJJ钢筋计	EBJ应变计
1	测量范围	(压)100MPa~(拉)200MPa	(压)1 200με~(拉)1 800με
2	分辨率	0.12%F.S	0.04%F.S
3	非直线度	1.0%F.S	1.0%F.S
3	综合误差	1.2%F.S	1.5%F.S
4	工作温度	-25~60℃	-25~60℃

5.6　结构温度监测

(1)内容

本监控项目温度测试主要在施工过程进行结构温度测试。

(2)塔梁温度测试

温度测试采用两种方法，其一是测试主塔、主梁、斜拉索结构温度。本次安装的应变计自身已有温度传感器，在测试应变的同时可以测试结构的温度。测量精度控制在0.5℃以内。其二是采用常规温度计测试大气温度。

5.7　截面尺寸、构件长度监测

截面尺寸测量的目的是为了判断混凝土是否有超方现象，可在混凝土浇筑后进行测试，见图5.18和图5.19。

图5.18　板截面尺寸测量

图5.19　顶板截面尺寸测量

(1)方法

采用钢直尺或钢卷尺进行测量，误差控制在1mm以内。

(2)测试工况

每次浇筑混凝土后测量部分断面的尺寸。

(3)测距仪

有些不方便采用尺测量的尺寸,可用测距仪进行测量。测距仪参数表见表5.6。

测距仪参数表 表5.6

序号	项目	徕卡迪士通 D2
1	测量范围	0.05 ~ 60m
2	测量精度	1.5mm

5.8 桥面荷载及材料特性监测

(1)桥面荷载监测

桥面荷载的堆放直接影响到桥梁的变形及结构的内力,特别是不对称偏载则影响更大,因此必须及时统计桥梁荷载的大小及堆载位置,并在施工监控仿真程序中计算。

通过人工巡视,统计,在进行其他项目测试过程中,顺便统计桥面荷载布置。

(2)材料特性监测

混凝土主梁质量、弹性模量及强度监测技术要求:混凝土弹性模量、强度可采取一次性测量,除非材料发生变化。主梁的质量是施工控制中的重要参数,根据以往的经验,主梁实际制造质量往往与设计值存在较大的差异,而且离散性较大,因此应对主梁断面尺寸进行逐段测量。

斜拉索质量、弹性模量及强度监测技术要求:斜拉索弹性模量、强度可采取一次性测量,除非材料发生变化。斜拉索质量可以选用2m左右的成品索进行称重。

从施工控制的角度出发,上述材料参数仅作为误差分析输入参数,需要施工控制方严密掌握的,但不作为控制目标,因此从施工控制的角度对上述参数不作具体数值上的要求,其要求根据相应的设计、施工及试验规范、规程办理。

5.9 施工监控测试中注意事项

施工测试中要注意以下几点:

(1)提高测量仪器精度,特别是高塔情况下的测量精度。

(2)由于日照的时间、方位和强度不断发生变化,主桥结构各部分受热性能各不相同,温度的变化在一定程度上影响结构变形实测值的真实性,因此坐标及高程测量至少应保证主梁经匹配及拉索最后一次张拉阶段在一天中温度最恒定的时间进行,可选择在日落2h后到日出前进行。

(3)在施工过程中及成桥后,索塔基础将发生沉降,同时塔柱本身也将产生弹性压缩。

(4)施工控制发出的指令的正确与否完全取决于上述各测试参数,因此提供准确的计算参数是非常重要的。

(5)测点的保护:所有测点的布置,应便于测量,不易破坏。应采取有效措施保证测试元件损坏率不得大于20%,如元件损坏率超过20%应进行修复,一般应执行以下规定:

①对所有测点设置醒目的标识,便于识别和避让、保护;

②在含有测试断面的位置进行施工时，应注意避免焊接电弧灼伤测试元件、测试线路；

③在测试元件附近应避免使用高温或强电磁设备；

④严禁将液体物质倾置于测试元件附近；

⑤严禁涂污线路及测点编号；

⑥严禁在测点附近堆放施工荷载；

⑦严禁故意敲打、挤压测试元件。

拉萨纳金大桥混凝土温度应力控制及裂缝防治技术

1 混凝土温度应力控制概念

我国《普通混凝土配合比设计规程》(JGJ 55—2011)认为,结构中实体最小尺寸大于或等于1m的部位所用的混凝土,称为大体积混凝土,有时结构虽然断面不大,但水泥的水化热较大,也应按大体积混凝土考虑。该定义与下列说法基本上是一致的。美国混凝土学会规定的"任何就地浇筑的大体积混凝土必须要求采取措施解决水化热及随之引起的体积变形问题,以最大限度减少开裂"。日本建筑学会(JASS5)的定义是"结构断面最小尺寸在80cm以上,同时水化热引起的混凝土内部最高温度与外界气温之差预计超过25℃的混凝土,称之为大体积混凝土。"大体积混凝土特点是:体积大、钢筋密、混凝土用量多,结构厚实、工程条件复杂,施工技术和质量要求高,水泥水化热易积聚而使结构产生温度变形、混凝土绝热温升高和收缩大。与普通混凝土结构相比,大体积混凝土有"大高难"三大特点。"大"指其几何尺寸大于800mm;"高"指其内外温差高,水化热引起的混凝土内的最高温度与环境温度之差预计超过25℃;"难"指其裂缝解决是一道绞人脑汁的技术难题。因为"难",美国混凝土学会才既"硬性"又"橡皮"地规定:其水化热及随之引起的体积变形问题要求"以最大限度地减少开裂影响"。

2 温度应力与裂缝控制

温度是表征物体冷热程度的物理量。大体积混凝土浇筑后,水泥在水化过程中产生大量水化热,使混凝土温度上升,由于混凝土表面散热快,内部散热慢,形成混凝土中心温度高,表面温度低,使混凝土内部产生压应力,表面产生拉应力,这种由于温度的升降变化而引起的应力就称为温度应力。混凝土结构温度应力变化规律与其他结构相比有一定的差别,产生这些差别的主要原因主要有两个方面:一是混凝土的弹性模量是随着龄期的变化而变化的,二是因为混凝土的徐变的影响。工程实际中,混凝土的温度应力分析比较复杂,它要受结构形式、气候条件、施工工艺、材料特性以及使用条件等多种因素的影响。

一般来说,裂缝是指固体材料中的某种不连续现象,在学术上属于结构材料强度理论范畴。近代科学关于混凝土强度的微观研究以及大量的工作实践所提供的经验表明:裂缝是不可避免的,是一种人们可以接受的材料特征。如建筑物抗裂要求过严,必将付出巨大的经济代价;科学的要求应是将其有害程度控制在允许的范围内,有害与无害裂缝的界限是由生产和生活使用功能以及环境条件决定的。这些关于裂缝的预测和处理工作,统称为建筑物的“裂缝控制”。

3 混凝土温度控制研究现状

随着科学计算水平的提高和试验技术的完善，裂缝控制的理论研究也逐步发展的。混凝土强度理论大致可以分为四种：唯象理论、统计理论、构造理论、分子理论等。唯象理论是建立在简单的基本试验基础上的，它归纳分析了大量试验数据，提出基本假定，建立计算模型，并在匀质、弹性、连续假定前提下推导出材料强度的各种计算公式，从而形成了材料力学中的一些强度理论，如最大主应力理论大变形理论、最大剪应力理论、八面体强度理论等。后期又在弹性假定基础上引进了塑性理论。在设计中考虑了混凝土和钢筋混凝土的弹—塑性质，并发展了极限状态的强度理论，包括极限强度、极限变形和极限裂缝开展三种极限状态。这些理论一直使用到今天，国际上仍在继续发展。外荷载作用下建筑材料强度问题，应用唯象理论的研究相当充分，解决了大量工程实际问题。1921年格里菲斯做玻璃丝强度试验后经证实，玻璃丝存在“微观裂缝”。唯象理论忽略了混凝土内部的构造组成，随着对材料微观结构的认识，又提出了混凝土结构的构造理论和分子强度理论，但这两方面的研究还远未成熟。热力学计算理论在计算混凝土结构内部由于水化热引起的温度变化中得到了较好的应用。在计算得到温度场的基础上建立合适的力学模型，求解结构的温度应力，进而决定是否需采取控制措施，这种方法在设计和施工过程中得到了普遍认可。对于边界条件比较简单的情况，国内外不少学者从热传导基本方程出发，推导了混凝土结构温度场和应力场的理论解。实际上无论是理论解法还是数值解法都是建立在不同程度假定的基础上，不可能完全客观地反映大体积混凝土裂缝发展的规律，在裂缝控制方面，更多的研究集中在工程实践中如何采取有效措施达到防止裂缝的目的。

王铁梦在大量建设实践和现场实验研究的基础上，从力学的角度对混凝土裂缝产生的原因进行了研究，提出了“抗”与“放”的混凝土设计准则。其主要的内容是“放”：在结构形式的选择方面，采取微动、滑动及设缝措施，提供“放”的条件，在结构设计中有意识的在构件某处设置较弱部分，诱使裂缝发生在该处，或在施工中采取分块、分段等施工方法，控制收缩与温差导致的裂缝。“抗”：在材料的性能方面，采取提高抗拉强度、抗拉变形能力及韧性等提供“抗”的条件。结构设计及施工时，针对可能产生或超过规范规定的裂缝允许值，在具体工程中，采取“抗”“放”相结合的原则，综合考虑，统筹处理。以“抗”为主或以“放”为主的措施来防止混凝土裂缝的产生。这种“抗”与“放”设计准则的提出以及将混凝土抗裂能力数字化的方法的应用使混凝土工程裂缝的控制水平大大提高，并在实际工程中取得了较好的效果。在许多情况下，我们更适合采取“抗放兼施”的方法，使结构既不产生很大的变位，又不产生很大的应力，确保承载力的极限状态，又满足使用极限状态。这一原则与一方面提高结构的“抗力”，另一方面降低外来的“作用力”原则是一致的。采用“抗”和“放”的综合方法，一方面降低混凝土内部的最高温度，另一方面提高混凝土的自身质量，提高其抗裂性能，是大体积混凝土施工中行之有效的温控措施。但是，从近代科学及大量工程实践证明，虽然混凝土结构裂缝是不可避免的，但可以把有害程度控制在某一有效范围之内。因为使用的混凝土是多种材料组成的一种混合体，且又是一种脆性材料，在受到温度、压力和外力的作用下，都有出现裂缝的可能性。裂缝控制中“抗”的原则主要体现在增加结构物的配筋。配筋对混凝土抗拉强度及极限拉伸值的影响在钢筋混凝土基本理论研究中一直是个引人注目并长期争论的问题。一种认为配筋对混凝土的极限拉伸没有影响，另一种认为配筋可以提高混凝土的极限拉伸，从而提高混凝土的抗裂性能，双方共同的观点是钢筋能起到控制裂缝扩展，减小裂缝宽度的作用。

国内一些学者对这个问题进行过大量的研究后认为：混凝土材料结构是非均质的，有大量不规则的应力集中点，这些点由于应力首先达到抗拉极限强度，引起局部塑性变形，如果没有钢筋，混凝土继续受力，便在应力集中处出现裂缝，如适当配筋，钢筋将起到约束混凝土的塑性变形，分担部分混凝土的内应力，推迟裂缝的出现，提高混凝土极限拉伸的效果。也有部分学者认为混凝土配置钢筋不但起不到抵抗收缩应力的效果，反而会增加内部自约束应力，因为混凝土发生收缩，钢筋不收缩，相互之间会产生位移，由于钢筋和混凝土之间的黏结力存在，会引起自约束应力。实际上大体积混凝土的配筋率较低，一般小于1%，因而其内部自约束应力是比较小的，可以忽略不计。

国外对混凝土早期温度影响开裂问题的研究相当早。20 世纪 30 年代在北美一座坝体的施工过程中，人们就已经认识到大体积水工混凝土会因水泥水化放热而产生明显的温升，并在降温过程中因体积收缩受约束而产生开裂。此后又发现大面积混凝土结构因失水收缩也会出现显著的裂缝，并开始根据施工经验采用掺火山灰、浇水、潮湿覆盖养护等预防措施。在以后的几十年中，各国学者对影响开裂的混凝土早期力学性能、水化规律以及环境因素等做了广泛而深入的试验研究。然而那时的大多数试验都集中于对混凝土某种特性的研究，不同研究者采用的试验方法又各不相同，致使研究结论很难相互比较，且对早期混凝土迅速而复杂的收缩规律和强度发展、徐变特性等缺乏有效的试验手段和系统分析，因此这些研究对混凝土早期收缩与开裂的认识并不深入。James Andrew Gilliland 在其论文中详细论述了温度和收缩对高强混凝土在施工中的影响。

(1)美国状况

美国的 Altoubat 等对混凝土早期收缩与徐变的关系进行了专题研究，同时开展了单轴约束和自由变形的混凝土对比试验，通过对混凝土早期同应力条件下干燥、覆盖以及潮湿养护试件不同收缩行为的比较，成功地将混凝土早期干缩与徐变、基本徐变与干缩徐变分离开来，并采用 Bazant 关于徐变的固化理论建立了混凝土早期的徐变模型，结合有限元法对多种混凝土结构的早期收缩应力进行计算，得到了与实际情况相当接近的结果。

(2)加拿大状况

加拿大的 Cussion 等以桥梁的混凝土防护栏作为研究对象进行观测，并用 ACI 规范中的公式计算其外部约束，分析早期混凝土抗拉强度、松弛、收缩、温度随时间的变化，利用叠加原理积分计算混凝土总拉应力与时间的关系，对早期混凝土的开裂进行估算。在此模型中假定混凝土受拉时为线弹性材料，墙体底部受到底板的完全约束，认为 CEB(1993 年)和 ACI(1997 年)设计规范中关于混凝土性质的公式对于 2h 龄期的混凝土是适用的，并且叠加原理对所有的时间增量是有效的。该模型考虑的是龄期为 3d 的混凝土自收缩，忽略了其塑性收缩和干缩。

(3)欧洲状况

瑞典的Emborg认为,仅考虑混凝土结构早期的温度分布对分析混凝土早期的温度应力是远远不够的,相连结构的温度、早期混凝土瞬时的力学性质和约束条件是最重要的参数。他提出的非线性模型由描述较高应力下断裂性质的单元、描述弹性和徐变的黏弹性单元、描述温度变形的单元所组成,并利用硬化过程中混凝土徐变、自由温度体积变形和松弛试验结果来校核该模型的正确性。

(4)日本

日本先后研制了能在施工现场直接测量混凝土从浇筑起直至硬化的应力发展应力计,结合现场预埋的应变仪、感温计等设备,可估算现场混凝土的早期收缩、应力以及开裂趋势,从而在现场就可直接指导施工,及时控制出现非荷载裂缝。

(5)国内研究发展状况

中国工程院院士朱伯芳提出了非均质弹性徐变体的两个基本定理。提出的水库湿度,有热源水管冷却,拱坝温度荷载,重力坝、基础梁、浇筑块、船坞、拱坝等温度应力,拱坝有限元等应力算法及应力标准等均已纳入我国有关设计规范。建立了拱坝优化的数字模型及高效解法,已应用于100多个工程。张子明基于Arrhenius理论的混凝土绝热温升和徐变模型研究了温度对早期混凝土水化反应速度和徐变特性的影响。研究中采用Bazant提出的裂缝带模型来计算温度裂缝,提出了以求解非线性微分方程的半解析迭代法来逐步加载计算温度、应力和裂缝的产生与发展。清华大学的张士海等开发了研究混凝土自收缩和温度收缩的试验方法,成功引入了混凝土的环约束试验、温度—应力试验机等,从材料本身对混凝土早期开裂敏感度和水泥—火山灰胶凝材料体系的抗裂性能进行了探讨,认为混凝土开裂时的应力或对混凝土进行人工降温时的开裂温度可以初步作为衡量混凝土早期开裂敏感性的指标。

4　拉萨纳金大桥温度与裂缝控制

纳金大桥设计为矮塔斜拉桥,位于海拔3 650m的拉萨市,属高原温带半干旱大陆性气候,全年多晴朗天气,降雨稀少,常年气温偏低,日温差大,平均温差达到14.1℃。日照充分,风力较大。主桥为70m+117m+117m+70m三跨矮塔斜拉桥,桥宽33m,采用单箱五室断面,主体结构为C50高性能混凝土。0号梁段采用支架现浇,1~11号梁段采用挂篮悬臂施工。其中1号块长4m,底板宽23.351m,底板厚0.644m,腹板厚0.75m,浇筑方量为163.4m^3。

箱梁断面图及底板纵向裂缝图见图4.1、图4.2。

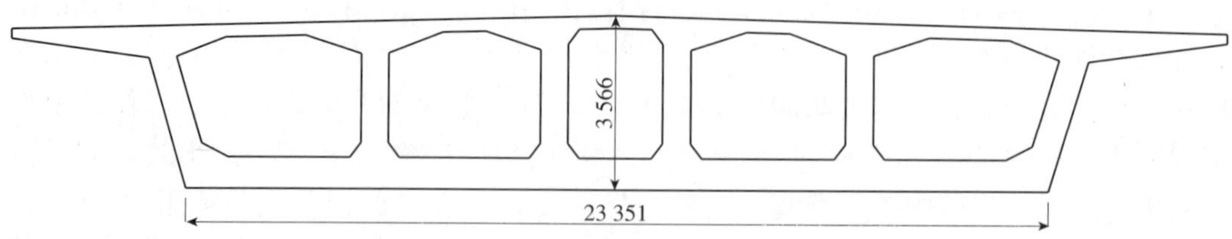

图4.1　箱梁断面图(尺寸单位:mm)

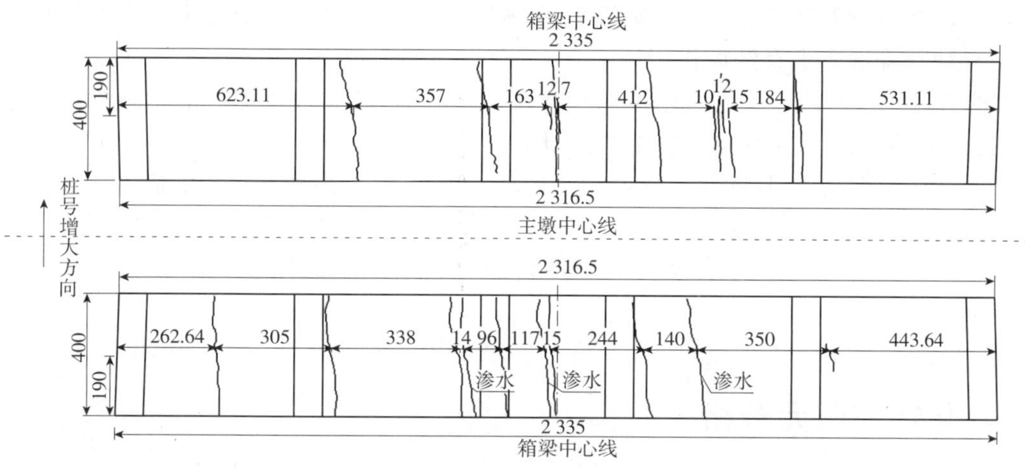

图 4.2　底板纵向裂缝图(尺寸单位:cm)

某市一座类似桥梁在浇筑完 3 个主墩 1 号梁段 7d 左右后均发现中轴线位置出现一条纵向细小裂缝,挂篮前移后,底板也出现了类似纵向裂纹,宽度在 0.1 ~0.12mm,详见图 4.3。

图 4.3　底板纵向裂纹现场照片

5　裂纹成因初步分析

根据裂纹的产生部位、走向、宽度等特征,初步认为有如下几种原因。

(1)0 号块浇筑与 1 号块浇筑时间间隔太长，相距 100 多天，0 号块混凝土收缩徐变基本完成，对 1 号块新浇混凝土有约束作用。

(2)当地昼夜温差大，1 号块浇筑期间，白天温度达到 18℃，但晚上温度能达到 -2℃，在混凝土水化热后期，底板内外温差过大使混凝土产生拉应力。

(3)高原地区，对混凝土特性要求高，施工方采用高性能混凝土，水化热过大，混凝土在高温状态下温度下降会发生收缩，但受到与其接触的已浇筑混凝土的约束而产生拉应力。根据监控单位在 1 号块埋设的温度传感器，测出混凝土浇筑后底板平均最高温度达到 60℃。

(4)箱梁宽度为底板宽度 23.351m，单箱五室，腹板对底板的收缩有约束作用。

6　水化热有限元分析

6.1　计算模型

计算采用 Midas FEA 软件，采用自动网格划分，考虑到 0 号块混凝土对 1 号块新浇混凝土的边界约束，采用二分之一模型，单元划分数 12 890，从混凝土完全入模开始计算，分析时按照 12h、24h、36h、72h、96h、120h、150h 的时间间隔设置。FEA 计算实体模型网络图见图 6.1。

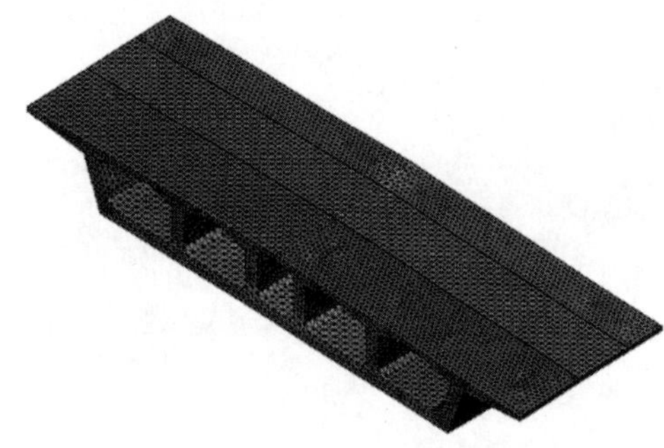

图 6.1　FEA 计算实体模型网格图

混凝土采用 C50，每方混凝土水泥用量为 450kg，混凝土浇筑温度为 20℃ ±3℃，在计算的时候取 20℃，最大绝热温度升高温度为 62℃，导温系数为 1.117，见图 6.2。

环境温度采用正弦函数，其中环境平均温度为 8℃，温度变化幅度为 10℃。1 号块混凝土一般在上午开始浇筑，晚上 21 点完成，因此延迟时间 10h，见图 6.3。

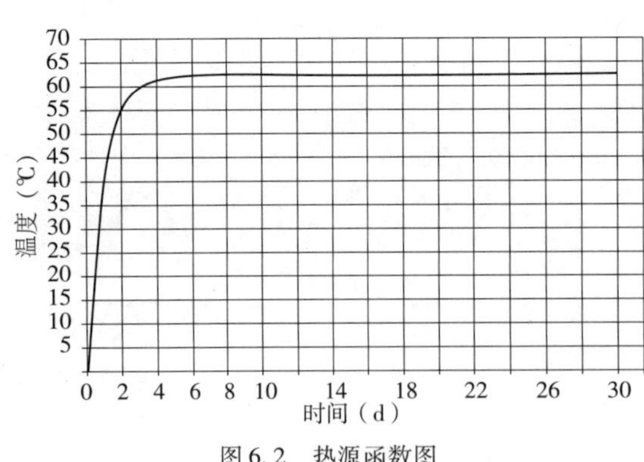

图 6.2　热源函数图

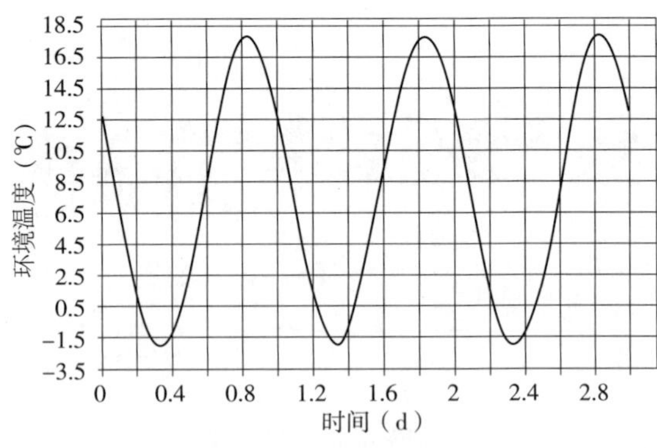

图 6.3　环境温度函数图

浇筑时采用钢模，放大系数为 1。

6.2 水化热数据分析

(1)水化热温度分析

24h、36h、72h、150h 1号块水化热温度场等值线分别见图6.4。24h工况时,水化热温度达到62.8℃,分布在底板与腹板交汇处内部,36h后开始降温,到150h基本与达到环境温度。

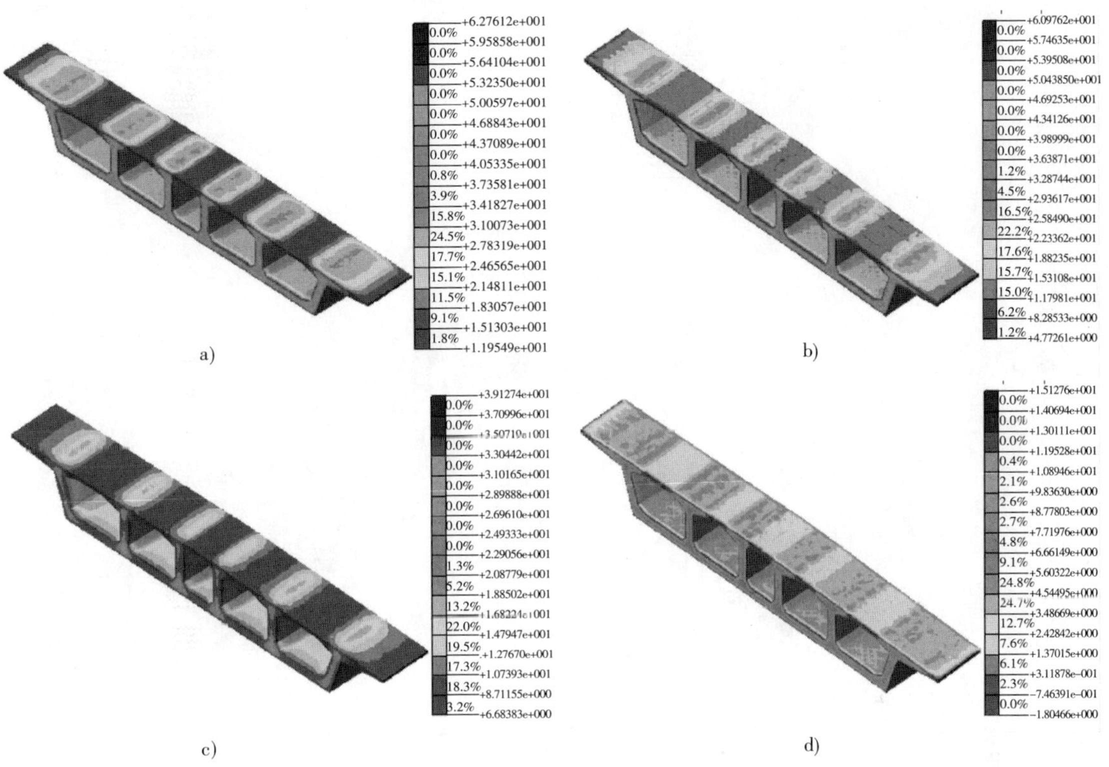

图6.4 1号块水化热温度场等值线

(2)水化热横向应力分析

36h、150h 1号块横向应力云图见图6.5。混凝土浇筑初期因混凝土内部温度升高发生膨胀,但表面混凝土随环境温度的变化下降较快,产生表面拉应力,最大为3.3MPa。后期降温时,因混凝土降温收缩,底板拉应力开始变大,在150h时,底板中轴线位置拉应力达到3.0MPa。

(3)水化热裂缝指数分析

引用韩国混凝土规范中使用温度裂缝指数(抗拉强度与发生的温度应力之比)i值预测是否发生裂缝。一般采用下面的值:

$$裂缝指数\ i = 混凝土抗拉强度/发生的温度应力$$

防止裂缝发生时:1.5以上。

限制裂缝发生时:1.2~1.5。

限制有害裂缝发生时:0.7~1.2。

36h、150h的裂缝指数等值线见图6.6,从图中可知,36h水化热峰值时,混凝土表面裂缝指数比较小,最小值为0.43;150h,底板和顶板裂缝指数比较小,最小值为底板中轴线处为0.77。

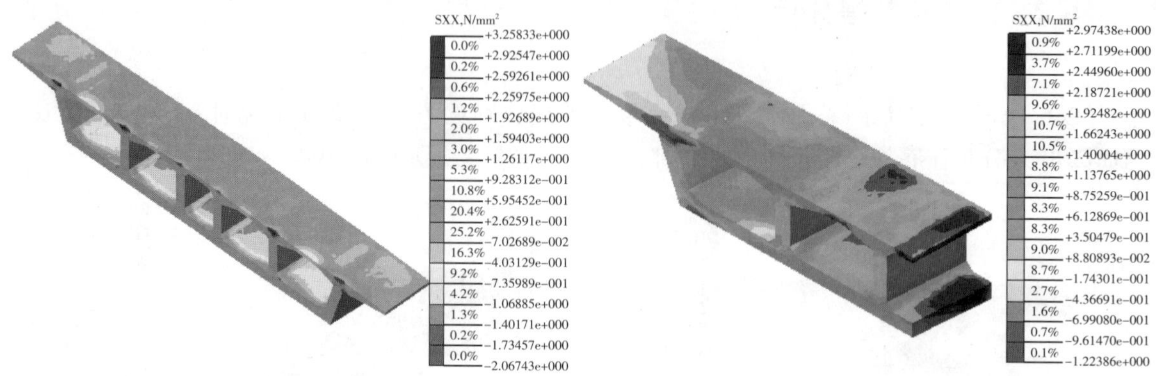

图 6.5　1 号块横向应力云图

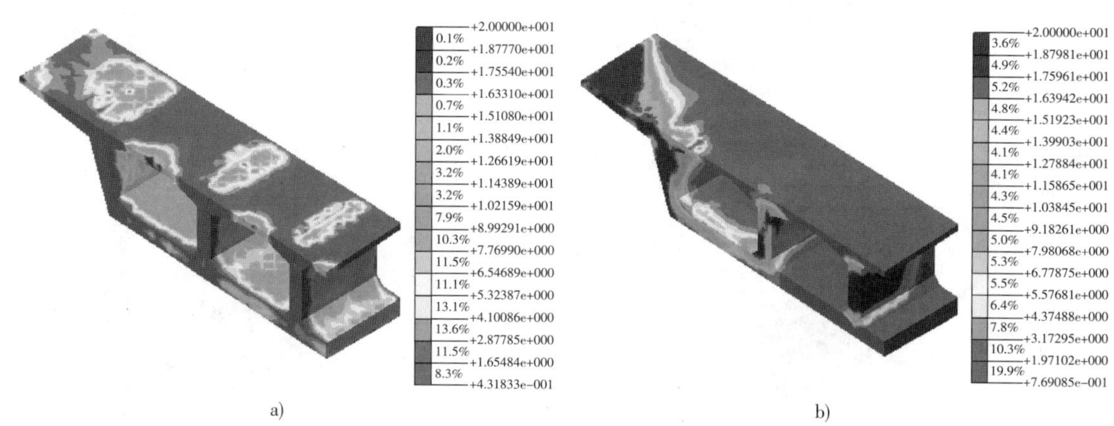

图 6.6　裂缝指数等值线

图 6.7 为底板中轴线上缘节点应力与允许应力图，从图中看出，在 148h 时，两线已经相交，应力已经超过允许应力。

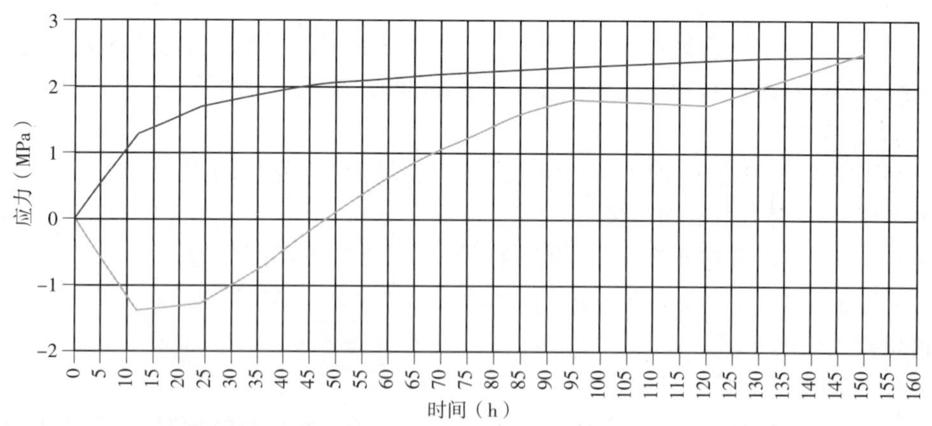

图 6.7　节点应力与允许应力图

7 结论

通过计算可知如下结论：

(1)由计算所得的温度与监控单位实测数据基本吻合，模拟过程中环境温度采用正弦曲线，基本与实际环境吻合，最高温度出现在浇筑后24h左右。对混凝土内部温度进行监测见图7.1。

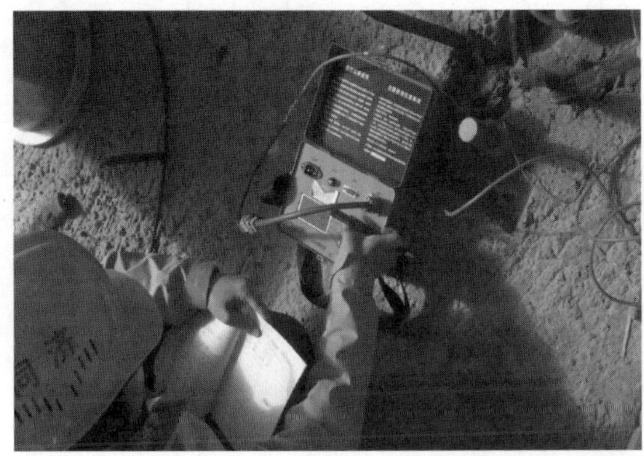

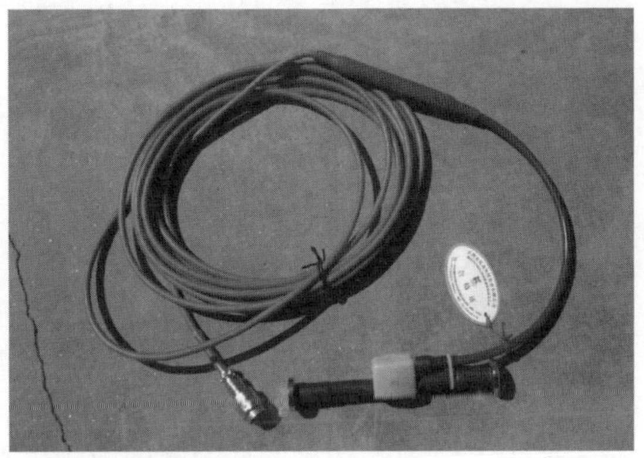

图7.1 对混凝土内部温度进行监测

(2)混凝土浇筑初期，混凝土内部升温膨胀，使混凝土表面容易产生裂缝，因此在施工过程必须加强养护。

(3)混凝土浇筑后期，箱梁底板、顶板横向拉应力逐渐增大，本桥属宽桥，且由于腹板的约束，顶、底板横向应力在150h左右，水化热应力超过允许应力，容易产生裂缝，与现场裂缝基本吻合。

(4)矮塔斜拉桥虽然可以降低梁高，但支点附近底板厚度随跨径的增大而增大，水化热比较明显，特别对于宽桥，在设计过程中，需要重视水化热的作用，可适当增大底板横向配筋率。

(5)悬臂浇筑一般在0号块浇筑后，一般需要安装挂篮以及预压工作，1号块浇筑间隔时间长，新老混凝土收缩徐变不一致，施工时尽量优化工序，缩短浇筑间隔时间。

8 应用措施效果

(1)在底板增设抗拉杆和防裂钢筋。抗拉杆采用20号槽钢，目的是制止1号块纵向裂缝的继续发展；防裂钢筋采用$\phi20$螺纹钢，防治底板表面裂缝的产生。

(2)箱室腹板、端模及倒角模板加固必须牢固。腹板及倒角模板要采取既拉又撑的方法，倒角模板与前块段混凝土要贴合密实牢固；端模要采取角钢或大于20mm的钢筋横拉，且密度不小于30cm一道。

(3)采用混凝土泵车浇筑混凝土时泵管要统一布置在前一块段的混凝土上，接头位置在两片三角梁中间，配备足够长的软管，其软管长度需要保证同时能浇筑两个底板和两个腹板,最好配备一个三通两阀的接头。

(4)所有底板、腹板均分两层或两层以上浇筑,并由端部到根部进行浇筑,确保混凝土振捣密实。

(5)底板设置“后浇带”,宽度不小于50cm,深度不小于35cm。待腹板混凝土浇筑完成后,由天窗下放混凝土,一次浇筑完成后浇带,最后要注意后浇带的二次收压面。

(6)底板、腹板的混凝土坍落度要做特殊设计,要求底板比顶板混凝土坍落度略低,便于腹板混凝土浇筑。

(7)顶板混凝土表面严格进行二次收浆,接缝处振捣,拍压密实。养护剂到场后,派专人在混凝土初凝前及时喷洒。

(8)新老梁段底板、顶板和腹板接缝处,浇筑混凝土之前,必须用水湿润凿毛面,保证新老混凝土的良好衔接。

(9)继续加强对混凝土内部温度的监控,同时加强洒水养生控制,确保混凝土表面长期湿润,养生天数确保在7d。

(10)优化施工工序,尽量减少两个块段施工的间隔时间。

(11)严格按照设计图纸推进工序,三向预应力结束后,安装斜拉索,然后进行挂篮前移,避免挂篮自身对箱梁的影响。

通过以上建议,箱梁底板裂缝的问题得到了根本的解决。后续块段再无底板裂缝情况发生。图8.1所示为抗拉杆与防裂钢筋的设置。

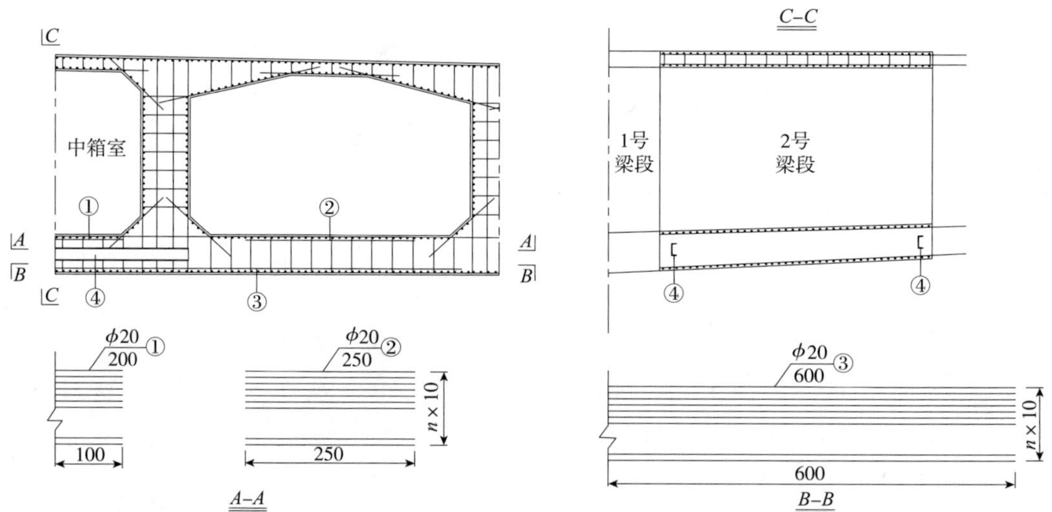

图8.1 抗拉杆与防裂钢筋设置

同样,严格执行上述措施后,箱梁其余部位:腹板、顶板、横隔梁等,也没有产生裂纹。因此,注重养生质量和时间,使之与混凝土水化热的时间相同,能有效消除混凝土表面裂缝。同时严格按照既定工序施工,确保施工质量,也能有效避免裂缝的产生。

参 考 文 献

[1] 中华人民共和国行业标准 . JTG/T F50—2011　公路桥涵施工技术规范[S]. 北京:人民交通出版社,2011.

[2] 中华人民共和国行业标准 . JTG D62—2004　公路钢筋混凝土及预应力混凝土桥涵设计规范[S]. 北京:人民交通出版社,2004。

[3] 中华人民共和国行业标准 . JTG/T B02 -01—2008　公路桥梁抗震设计细则[S]. 北京:人民交通出版社,2008.

[4] 中华人民共和国行业标准 . JTG/T D65 -01—2007　公路斜拉桥设计细则[S]. 北京:人民交通出版社,2007.

[5] 中华人民共和国行业标准. 公路施工手册-桥涵(上册)[M]. 北京:人民交通出版社,1999.

[6] 中华人民共和国行业标准. JTG E40—2007　公路土工试验规程[S]. 北京:人民交通出版社,2007.

[7] 中华人民共和国行业标准. JTG E30—2005　公路工程水泥及水泥混凝土试验规程[S]. 北京:人民交通出版社,2005.

[8] 中华人民共和国行业标准. JTG E42—2005　公路工程集料试验规程[S]. 北京:人民交通出版社,2005.

[9] 中华人民共和国国家标准. GB/T 18736—2002　高强高性能混凝土用矿物外加剂[S]. 北京:中国标准出版社,2002.

[10] 中华人民共和国行业标准. JGJ 55—2011　普通混凝土配合比设计规程[S]. 北京:人民交通出版社,2011.

[11] 中国土木工程学会标准. 混凝土结构耐久性设计与施工指南 CCES 01—2004[M]. 北京:中国建筑工业出版社,2004.

[12] 部分斜拉桥主塔鞍座节段模型试验研究[J]. 广州大学学报,2005,4(5).

[13] 拉萨市纳金大桥锚索区节段足尺模型和塔顶索鞍抗滑试验研究报告[R]. 上海:同济大学,2010.

[14] 谢理洲,金平. 斜拉桥环氧填充型钢绞线拉索体系研究[R]. 2007.

[15] 邱宗宇. 旋挖钻机在砂卵石地层桩机施工中的应用[J]. 企业科技与发展,2010(14).

[16] 陈仲先,汤雷. 大型桥梁中大体积混凝土的温度控制[J]. 桥梁建设,2001(1):14-20.

[17] 王振波,宋修广,等. 混凝土基础底板温度场及温度应力分析[J]. 南京建筑工程学院院报,1999(4):34-39.

[18] 王铁梦. 大体积混凝土的瞬态温度场和温度收缩应力的计算机仿真[J]. 工业建筑,1990(1):38-41.

[19] 陈仲先,汤雷. 大型桥梁中大体积混凝土的温度控制[J]. 桥梁建设,2001,1.

[20] 侯景鹏,熊杰,袁勇. 大体积混凝土温度控制与现场监测试[J]. 混凝土,2004,5:175.

[21] 韩素芳,耿维恕. 钢筋混凝土结构裂缝控制指南[M]. 北京:化学工业出版社,2006.

[22] 王铁梦. 工程结构裂缝控制[M]. 北京:中国建筑工业出版社,2000.

[23] 邓凯. 泵送预拌大体积混凝土工程质量控制[D]. 重庆:重庆大学,2005.

[24] 汤正华. 大体积混凝土抗裂措施分析[J]. 云南交通科技,2001,17(6).

[25] 潘振,周婷婷. 浅谈混凝土的施工温度与裂缝[J]. 国外建材科技,2004,1:25.

[26] 陈长华. 考虑钢筋作用的水工结构施工期温度场与温度应力分析[D]. 南京:河海大学,2006.

[27] 牛荻涛. 混凝土结构耐久性与寿命预测[M]. 北京:科学出版社,2003.

[28] 金伟良,赵羽习. 混凝土结构耐久性[M]. 北京:科学出版社,2002.

[29] 丁示波,杨群燕. 混凝土结构外防腐涂料防腐机理及应用[C]//第四届混凝土结构耐久性科技论坛论文集,2006.

[30] 蔡才勤,唐玲. 高性能混凝土在大体积混凝土工程中的应用[J]. 混凝土,2001(9).

[31] 周宏凯,张云莲. 外加料对大体积混凝土温差裂缝的控制[J]. 腐蚀与防护,2001,24(6).

[32] 陆士强. 膨胀剂在大体积混凝土和薄壁混凝土中的应用[J]. 混凝土,2000(2).

[33] 林志海,覃维祖,张士海,等. 混凝土早期应力发展与抗裂性能评价[J]. 建筑技术,2003,34(1):34-35.

[34] 安明哲,覃维祖. 高性能混凝土自收缩的抑制措施[J]. 混凝土,2001(5):37-41.

[35] Ibrahhal M, AI-Gahtani A S, Maslehuddin M, Almusallam A A. Effectiveness of concrete surface treatment materials in reducing chloride-induced reinforcement corrosion[J]. Construction and Building Materials, 1997, 11(7-B): 443-451.

[36] Almusallam A A, Khan F M, Dulaijan S U, et a1. Effectiveness of surface coatings in improving concrete durability[J]. Cement&Concrete Composites, 2003, 25: 473-481.

[37] De Schutter G. Finite element simulation of thermal cracking in massive hardening concrete elements using degree of hydration based material laws. Computers and Structures, 2002 (80): 2035-2044.

[38] Ye G, Van Breugel K, Fraajj A L A. experimental study and numerical simulation on the formation of microstructure in cementitious materials at early age. Cement and Concrete Research, 2003, 33(2): 233-239.

工程掠影

2011 年 2 月 22 日，项目举办纳金大桥开工典礼

开展劳动竞赛活动，掀起大干热潮

旋挖钻桩基施工

主墩深水承台施工

主墩门形墩柱施工

6 000t 双曲面减隔震支座安装

主墩 0 号块施工

冬季混凝土浇筑

挂篮拼装

挂篮拼装完成

主塔施工

主桥悬浇施工

主桥挂篮混凝土浇筑

9 号主墩挂篮悬浇施工

斜拉索安装

纳金大桥施工全景

附件3：

合同编号：KT2011-015　　　　密级：

中交第一公路工程局有限公司
科 技 研 发 项 目 合 同

项　目　名　称：高海拔地区矮塔斜拉桥施工技术研究
承　担　单　位：中交一公局第二工程有限公司
项 目 负 责 人：鞠加元　赵成升
起　止　年　限：2011年3月-2012年8月

中交第一公路工程局有限公司制订

附件3：

合同编号：KT 2012-002　　　　密级：

中交第一公路工程局有限公司
科 技 研 发 项 目 合 同

项　目　名　称：高原大温差干燥环境中混凝土施工技术研究
承　担　单　位：中交一公局第二工程有限公司
项 目 负 责 人：吴云、李晌
起　止　年　限：2011年10月～2012年11月

中交第一公路工程局有限公司制订

完成两个局级课题研究，并顺利通过验收

荣誉证书

二公司纳金大桥工程建设项目部：

《卵石地层桩基旋挖钻施工工艺》

荣获局第十一届技术革新成果

特等奖

中交第一公路工程局有限公司工会

二〇一一年十一月

“卵石地层桩基旋挖钻施工工艺”荣获局合理化建议特等奖

中交一公局第二工程有限公司文件

二办字[2012]18号

关于拉萨纳金大桥旋挖钻成孔特殊贡献奖励的通知

公司各单位：

拉萨纳金大桥项目地处高原，地质为鹅卵石透水地层，传统冲击钻成孔工期长，为保证汛期来临前完成该桥下部结构施工，该项目自主研制钻孔桩泥浆、护筒回收利用等技术难题，成功使用旋挖钻施工成孔，在拉萨地区尚属首例。同时也为我公司温州瓯江大桥钻孔灌注桩施工提供了成功经验，大幅度缩短了桩基施工工期，节约了成本。为此经公司领导班子研究决定给予该项目贰拾万元整（20万元）的特殊贡献奖励，以资鼓励。分配方案由项目经理根据贡献大小决定，报公司备案后发放。

二〇一二年二月六日

主题词：特殊　贡献　奖励　通知

综合办公室　　2012年2月6日印发

旋挖钻成孔获公司特殊贡献奖

中交第一公路工程局有限公司文件

中交一公局技字〔2012〕26号

关于公布2009年～2010年度局级工法的通知

局属各单位、各直属项目：

根据局《施工工法管理办法》（2008年修订版），2009年～2010年度局级工法评审工作已经结束。经局专家委员会评审，确定《运架一体机运架梁工法》等18项为2009年～2010年度局级工法，现予以公布（名单见附件）。同时公布局在该年度内获得的国家级一级工法1项、公路工程工法3项、中交股份级工法10项（名单见附件）。

根据局《施工工法管理办法》（2008年修订版）第二十一条的规定，对于取得的各级别的工法进行奖励。国家级工法奖励8000元/项；中交股份级（省部级）工法奖励5000元/项；局级工法奖励3000元/项人民币，奖金随后发放。

根据近年来局级工法、中交股份级及以上工法的开展情况，对局级工法计划的编制原则进行了调整，调整为："对于每个局级

卵石地层旋挖钻施工评为局工法

编号：2011141

科 技 查 新 报 告

项目名称：高海拔地区卵石地层旋挖钻桩基础施工

委托单位：中交一公局第二工程有限公司

委托日期：2011年8月22日

查新机构：交通部科技信息研究所

查新完成日期：2011年9月1日

中 华 人 民 共 和 国 科 学 技 术 部

二〇〇〇年制

挖钻施工工艺通过中国科技技术部查新

旋挖法复合泥浆获得国家发明专利证书

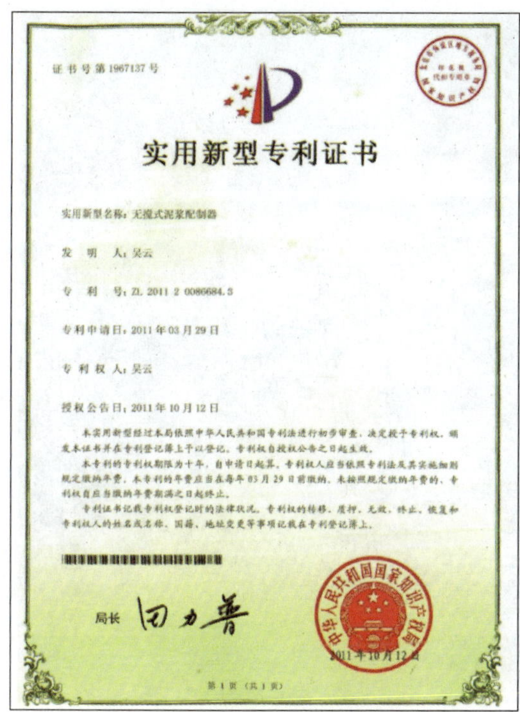

证书号第1967137号

实用新型专利证书

实用新型名称：无搅式泥浆配制器

发 明 人：吴云

专 利 号：ZL 2011 2 0086684.3

专利申请日：2011年03月29日

专利权人：吴云

授权公告日：2011年10月12日

本实用新型经过本局依照中华人民共和国专利法进行初步审查，决定授予专利权，颁发本证书并在专利登记簿上予以登记。专利权自授权公告之日起生效。

本专利的专利权期限为十年，自申请日起算。专利权人应当依照专利法及其实施细则规定缴纳年费。本专利的年费应当在每年03月29日前缴纳。未按照规定缴纳年费的，专利权自应当缴纳年费期满之日起终止。

专利证书记载专利权登记时的法律状况。专利权的转移、质押、无效、终止、恢复和专利权人的姓名或名称、国籍、地址变更等事项记载在专利登记簿上。

局长 田力普

2011年10月12日

第1页（共1页）

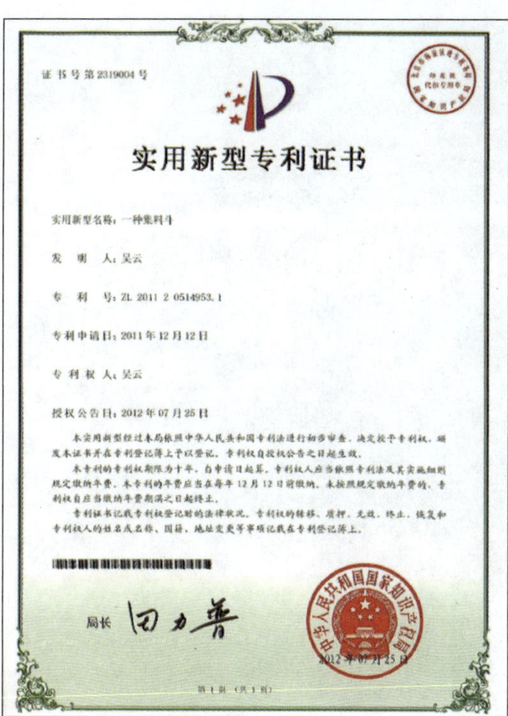

证书号第2319004号

实用新型专利证书

实用新型名称：一种集料斗

发 明 人：吴云

专 利 号：ZL 2011 2 0514953.1

专利申请日：2011年12月12日

专利权人：吴云

授权公告日：2012年07月25日

本实用新型经过本局依照中华人民共和国专利法进行初步审查，决定授予专利权，颁发本证书并在专利登记簿上予以登记。专利权自授权公告之日起生效。

本专利的专利权期限为十年，自申请日起算。专利权人应当依照专利法及其实施细则规定缴纳年费。本专利的年费应当在每年12月12日前缴纳。未按照规定缴纳年费的，专利权自应当缴纳年费期满之日起终止。

专利证书记载专利权登记时的法律状况。专利权的转移、质押、无效、终止、恢复和专利权人的姓名或名称、国籍、地址变更等事项记载在专利登记簿上。

局长 田力普

2012年07月25日

第1页（共1页）

泥浆配置器和新型集料斗获得国家实用新型专利证书

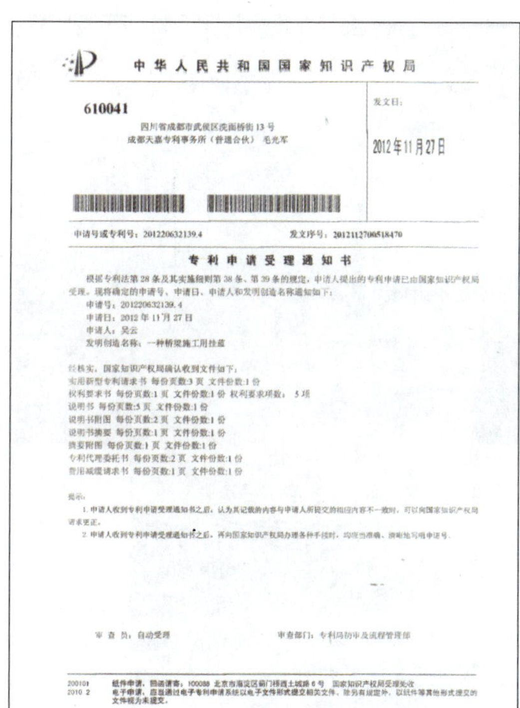

中华人民共和国国家知识产权局

610041

四川省成都市武侯区洗面桥街13号

成都天嘉专利事务所（普通合伙） 毛光军

发文日：2012年11月27日

申请号或专利号：201220632139.4　　发文序号：2012112700518470

专利申请受理通知书

根据专利法第28条及其实施细则第38条、第39条的规定，申请人提出的专利申请已由国家知识产权局受理。现将确定的申请号、申请日、申请人和发明创造名称通知如下：

申请号：201220632139.4

申请日：2012年11月27日

申请人：吴云

发明创造名称：一种桥梁施工用挂篮

经核实，国家知识产权局确认收到文件如下：

实用新型专利请求书 每份页数:3页 文件份数:1份

权利要求书 每份页数:1页 文件份数:1份 权利要求项数： 5项

说明书 每份页数:5页 文件份数:1份

说明书附图 每份页数:2页 文件份数:1份

说明书摘要 每份页数:1页 文件份数:1份

摘要附图 每份页数:1页 文件份数:1份

专利代理委托书 每份页数:2页 文件份数:1份

费用减缓请求书 每份页数:1页 文件份数:1份

提示：

1. 申请人收到专利申请受理通知书之后，认为其记载的内容与申请人所提交的相应内容不一致时，可以向国家知识产权局请求更正。

2. 申请人收到专利申请受理通知书之后，再向国家知识产权局办理各种手续时，均应当准确、清晰地写明申请号。

审 查 员：自动受理　　审查部门：专利局初审及流程管理部

200101　纸件申请，回函请寄：100088 北京市海淀区蓟门桥西土城路6号 国家知识产权局受理处收

2010.2　电子申请，应当通过电子专利申请系统以电子文件形式提交相关文件。除另有规定外，以纸件等其他形式提交的文件视为未提交。

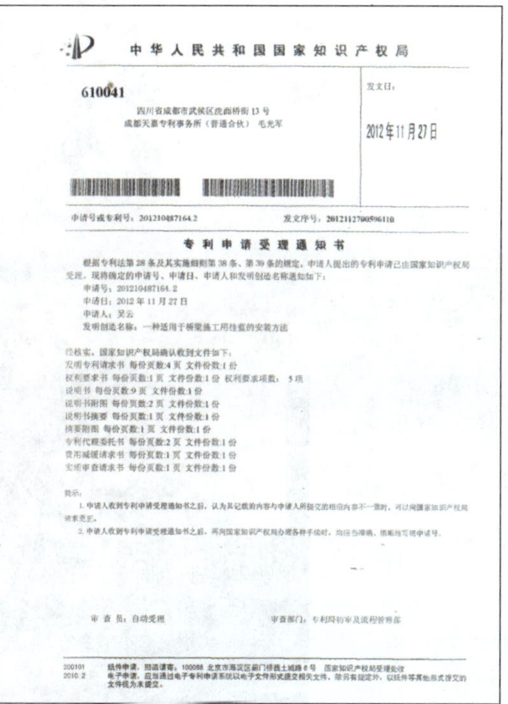

中华人民共和国国家知识产权局

610041

四川省成都市武侯区洗面桥街13号

成都天嘉专利事务所（普通合伙） 毛光军

发文日：2012年11月27日

申请号或专利号：201210487164.2　　发文序号：2012112700596110

专利申请受理通知书

根据专利法第28条及其实施细则第38条、第39条的规定，申请人提出的专利申请已由国家知识产权局受理。现将确定的申请号、申请日、申请人和发明创造名称通知如下：

申请号：201210487164.2

申请日：2012年11月27日

申请人：吴云

发明创造名称：一种适用于桥梁施工用挂篮的安装方法

经核实，国家知识产权局确认收到文件如下：

发明专利请求书 每份页数:4页 文件份数:1份

权利要求书 每份页数:1页 文件份数:1份 权利要求项数： 5项

说明书 每份页数:9页 文件份数:1份

说明书附图 每份页数:2页 文件份数:1份

说明书摘要 每份页数:1页 文件份数:1份

摘要附图 每份页数:1页 文件份数:1份

专利代理委托书 每份页数:2页 文件份数:1份

费用减缓请求书 每份页数:1页 文件份数:1份

实质审查请求书 每份页数:1页 文件份数:1份

提示：

1. 申请人收到专利申请受理通知书之后，认为其记载的内容与申请人所提交的相应内容不一致时，可以向国家知识产权局请求更正。

2. 申请人收到专利申请受理通知书之后，再向国家知识产权局办理各种手续时，均应当准确、清晰地写明申请号。

审 查 员：自动受理　　审查部门：专利局初审及流程管理部

200101　纸件申请，回函请寄：100088 北京市海淀区蓟门桥西土城路6号 国家知识产权局受理处收

2010.2　电子申请，应当通过电子专利申请系统以电子文件形式提交相关文件。除另有规定外，以纸件等其他形式提交的文件视为未提交。

宽幅轻型同步行走挂篮的施工和安装通过专利局受理

国家专利局颁发的专利证书

多篇论文发表在多种期刊